日本の金融システム

日銀の異次元緩和策を越えて

小藤康夫［著］

創成社

はじめに

わが国の代表的な金融機関として都銀、地銀、第二地銀といった銀行と、生保や損保で構成される保険会社が挙げられる。これら金融機関の収益源はともに外部から調達した資金コストとその資金の運用収益の差に求められる。銀行の場合は貸出金利と預金金利の差に相当する利鞘が主要な収益源であり、保険会社の場合は実際の運用利回りと契約者に約束した最低限の利回りである予定利率の差が収益を支える大切な要因となっている。

銀行であれ保険会社であれ、ある程度の利益を確保しなければ経営は行き詰まってしまう。健全な経営を展開するうえでも、利益の確保は経営の大前提として掲げておかなければならない。ところが、２０１３年4月に日銀の異次元緩和策が始まると、金利水準が下がり続けたため、銀行も保険会社も十分な利益を確保するのが難しくなった。

とりわけ地銀や第二地銀といった地域銀行は深刻である。人口減少や少子高齢化だけでなく貸出金利の低下も加わったことで、実質的な赤字に陥る銀行が続出しているのである。保険会社の中でも、大量の資金量を抱えた生保は予定利率が維持できないために販売停止に追い込まれている。

こうした金融機関に及ぼす弊害を、日銀の異次元緩和策の副作用と呼んでいる。当初、２

年間に絞った短期の金融政策として始まったが、2％のインフレ目標が達成されないためにかなり長引いている。この状態が今後も続けば、金融システムそのものが不安定な状態に陥ってしまう。

記憶が薄れてしまったかもしれないが、1990年代後半から2000年代初めにかけてわが国では不良債権問題が発生した。大量の不良債権を抱えた銀行が次々と破綻し、金融システムが十分に機能しなくなってしまった。この問題は資金を企業に向けて円滑に流すことができなくなるため、成長を押さえ込むことになる。この経験から日本経済が健全な成長を遂げるための条件として、金融システムの重要性をわれわれは十分に認識したと思われる。

当時は生保も連続的に破綻していった。生保の場合は不良債権問題ではなく、実際の運用利回りが予定利率に到達できない逆鞘問題が破綻の元凶であった。生保破綻は銀行と同様に成長資金を企業に供給する金融システムを大きく揺さぶったが、弊害はそれだけにとどまらず、契約者たちの将来に向けた生活を不安定なものにした。なぜなら、生保が破綻すると、約束した保険金や給付金が大幅に削減されるからである。

こうした金融危機は絶対に避けなければならない。ところが、今日の異常な低金利の環境下では、金融機関が再び不安定な状態に追い詰められている。銀行も保険会社も厳しい運用環境下では経営が不安定にならざるを得ない。もし、この状態がいつまでも続けば、金融機関の破綻が起きる可能性が強まり、金融システムの不安定性が深刻な問題として浮上してくるであろう。その時は過去の金融危機と同じような状況に陥っていくと思われる。

本書では銀行と保険会社に焦点を当てながら、長期にわたる低金利のもとでどのような経営行動を取っているかを分析している。その内容をまとめると、次のようになる。

まず、第1部では日銀の異次元緩和策による銀行行動への影響が説明される。金融緩和が極度に強められると、銀行貸出から利益が得られない状況が生み出される。こうした日銀がもたらす副作用を金融政策の波及経路を通じて明らかにするだけでなく、銀行決算の数値からも厳しい現状を示している。

なかでも地域銀行は、決算からも一段と経営が苦しいことがわかる。ここでは経営指標の連続的データを活用するだけでなく、具体的な事例を取り上げながら現状を報告している。このほうが抽象的な数値を扱うよりもわかりやすいと思われる。

第2部は生保と損保に分けながら保険会社の経営行動を扱っている。異次元緩和策の影響として生保の予定利率引き下げを取り上げながら、日銀が狙った外債投資による円安効果が皮肉にも弱まる可能性を指摘している。また、金融庁が求める生保と地銀の適正な関係についても考察している。生保が地銀の大株主であるにもかかわらず、地銀にあまり働きかけない理由を明らかにしている。

損保は他の金融機関に比べて金融の側面が強調されることが少ないが、ここでは本業の保険引受利益を補完するうえで資産運用粗利益が重要な役割を果たしていることを示している。

また、損保のグローバル化を促す諸要因として、外国法人持ち株比率と国際的保険資本規制の影響にも触れられている。グローバル化が高まれば資産運用業務の重要性もさらに高まっていくものと推測できる。

日銀の異次元緩和策は過去の金融政策の中でもきわめて異質であり、過度な金融緩和策としてとらえられる。そのために副作用が銀行や保険会社といった金融機関に現れている。その一方で、この政策を評価する関係者も存在する。異次元緩和策を実施したことで、国民総生産は上昇し、有効求人倍率も高まっているからである。為替相場を円高から円安に転換させたことで、輸出の拡大にも貢献している。

確かに生産や労働、そして貿易に目覚ましい成果をあげている。その意味では日銀の異次元緩和策は評価できるかもしれない。だが、その効果の持続性は曖昧である。副作用が浸透し金融機関への悪影響が時間の経過とともに強まっていけば、いずれ生産や労働、そして貿易も元の状態に引き戻す力が作用すると考えられるからである。したがって、表面的な成果だけに目を奪われるのではなく、金融機関への副作用についても十分に注意を払わなければならない。

なお、本書では説明するにあたってシステムダイナミクスのソフトであるＳＴＵＤＩＯを用いる場合が多い。本来ならばソフトに組み込まれた方程式や係数の意味等も丁寧に説明すべきであろうが、ここではそうした複雑な作業は割愛し、体系図を載せているだけである。

なぜなら、このソフトは迅速で正確な計算力を発揮できるだけでなく、直感的に誰でも理解できる図を作成できることにも優れた機能をもっているからである。本書を読むにあたって、このソフトから導出された体系図も十分に眺めて頂きたい。そうすることで理解が一層深まっていくと確信している。

２０１８年12月

小藤康夫

目　次

第2部　保険会社の経営行動

第1部　銀行の経営行動

第1章　日銀の異次元緩和策の副作用

第1節　異次元緩和策の変遷

(1) マネタリーベースの拡大戦略

日銀の黒田東彦・総裁は、2013年4月4日に従来とは量的にも質的にも次元の違う異次元緩和策を打ち出した。日銀が供給するマネタリーベースを拡大させることで、消費者物価の対前年比上昇率を2年で2％まで引き上げることを目標とした。

具体的にはマネタリーベースを2012年末の138兆円から2年後の2014年末までにほぼ倍の270兆円に増大させる。これにより人々の予想がデフレからインフレに変わり、日本経済が大きく好転することが期待された。日銀が2％のインフレ目標を達成する強い意思を宣言すれば、人々の間に予想インフレの上昇が根付き、バブル崩壊後の長期にわたるデフレ経済から脱却できると考えた。

マネタリーベースを2年間で倍増させるには年間60兆円から70兆円の増加が必要である。その目標を実現する量的金融緩和策の中心となる手段が、年間50兆円規模の長期国債の購入である。また、質的金融緩和策として国債の平均残存期間を従来の3年弱から7年程度に伸ばしている。そのほかにも上場投資信託（ＥＴＦ）の年間1兆円規模の購入や不動産投資信託（Ｊ－ＲＥＩＴ）の年間３００億円規模の購入も実行している。

２０１４年10月31日には異次元緩和策がさらに強化され、マネタリーベースを年間80兆円規模にまで引き上げている。また買入国債の平均残存期間は7年から10年程度に延長している。金融緩和策が強化されたのは、当初に想定していた2％のインフレ目標が2年目に突入しても達成できなかったからである。

その後も２０１５年12月18日には異次元緩和策の補完措置が取られ、買入国債の平均残存期間が7年から12年程度に延長されている。しかしながら、2％のインフレ目標に到達できない状態が依然として続いた。

これでは人々が抱くインフレ期待が形成されないため、日本経済を安定的に浮上させるのが難しい。そのため、新たな手段を打ち出していかなければならなかった。

(2) 金利操作への転換

そこで、日銀はついに２０１６年1月29日にマイナス金利付き量的・質的金融緩和策という大胆な手段を実行した。金融機関が保有する日銀当座預金の一部にマイナス０・１％の金利を適用したのである。強力な措置を取ることで、名目金利も実質金利も引き下げようとした。

金利の引き下げは民間投資を刺激するだけでなく、外国為替相場を円安に導き、輸出も拡大していく。総需要が高まれば予想インフレ率の上昇にも結びつき、2％のインフレ目標に近づいていく。

だが、異次元緩和策を取り続けながらマイナス金利政策も導入すれば、副作用が生じる恐れがある。なぜなら、金利の引き下げから金融機関の収益を過度に圧迫し、金融システムそのものが不安定になるかもしれないからである。

実際、マイナス金利が導入されると、イールドカーブは下方にシフトし、短期から長期にわたって国債利回りは全体的に低下していった。その結果、短期金利だけでなく長期金利までマイナスの状態に陥ってしまった。金融機関の収益源である利鞘がますます薄くなり、これでは金融機関の経営は行き詰まってしまう。

そのため日銀は2016年9月21日に長短金利操作付き金融緩和策を導入した。いままで通り、日銀当座預金にマイナス0・1％の金利を適用しながら、10年物長期国債金利はゼロ％に推移する方針が打ち出された。マイナス金利付き量的・質的金融緩和策を維持しながらも金融機関の経営にも配慮した措置が取られたのである。

その一方で、オーバーシュート型コミットメントを導入している。消費者物価上昇率の実績値が安定的に目標値の2％を超えるまで、マネタリーベースを拡大し続けることを約束している。日銀の金融緩和への強い姿勢を示すことで予想インフレ率の持続的上昇を生み出そうとしているのである。

もちろん、2%のインフレ目標を実現するため、従来通り、年間80兆円規模の長期国債買入が宣言されているが、金利とマネタリーベースを同時にコントロールするのは基本的に無理がある。日銀もそのことを理解しているのであろう。長期金利をマイナスからゼロ%に戻すため、実際は長期国債買入の規模は80兆円を下回っていた。それでも金融機関にとって経営改善には結びつかず、利鞘が薄くなる傾向はまったく変わらなかった。

市場では副作用を意識する発言がさらに強まり、日銀の対応に注目が集まっていった。そうした中で、2018年7月31日に日銀は長期金利の変動を容認する動きに転じた。約2年ぶりの政策修正となる。ゼロ%程度に誘導してきた長期金利を0・2%程度まで容認する考えを発表したのである。だが、その程度の上昇を容認しても金融機関の利鞘を根本から改善するにはまったく不十分である。金融機関が期待した発表とはかなりの隔たりがあった。

しかも2%のインフレ目標を達成するまでは、依然として強力な金融緩和策を続行することも表明している。金融緩和の長期化を意味するフォワードガイダンスの公表である。極めて低い金利水準を将来にわたって維持することを約束したのである。これにより長期金利の変動幅が2倍の水準まで上昇することを容認しながらも、さらに金融緩和策の長期化が宣言されたことになる。

(3) 波及経路

いままで見てきたように日銀は2%のインフレ目標の達成に向けて、異次元緩和策を継続するという力強い約束を次々と宣言している。人々が日銀の実行力を信じれば予想インフレ率は確実に上昇するであろう。

インフレ期待の醸成は日本経済を活気づかせ、成長につながっていく。そのため、日銀は長期にわたるデフレ経済から日本を脱却させようと、大胆な金融緩和策を取り続けている。その際、実体経済に及ぼす波及経路の中で重要な役割を果たすのが実質金利である。

実質金利は名目金利から予想インフレ率を差し引いたものである。日銀がマネタリーベースを増やせば名目金利は下落し、予想インフレ率は上昇すると想定しているので、2つの効果から実質金利は下落していく。そうすれば民間企業の設備投資や個人の住宅投資も高まっていく。

また、円高修正にも影響を及ぼし、円安から輸出が拡大していく。さらに実質金利の下落は保有資産の価格を引き上げるので、資産効果が作用し個人の消費も拡大していく。そうすれば総需要が増大し需給ギャップが縮小するので、生産は増加するとともに物価も上昇していく。

このように名目金利と予想インフレ率を動かすことで実質金利に働きかけ、日本経済を活性化させようとするのが日銀の異次元緩和策である。なかでも日銀が注目したのが民間の金融機関の行動である。とりわけ銀行の貸出行動である。

日銀は銀行が保有する大量の国債を買い取り、マネタリーベースを増大させていく。それは日銀に保有する銀行の現金・預け金の増加となって現れてくる。銀行はそのままでは利益が得られないので、現金・預け金を梃子にしながら企業に向けて貸出を膨らましていく。

企業も実質金利が下がれば利益を確保する可能性が高まるので、銀行に向けて貸出を求めていく。銀行による貸出供給と企業による貸出需要が高まれば民間投資も増大し、最終的に総需要も拡大していくであろう。

(4) 異次元緩和策の副作用

こうした好循環を想定しながら日銀は異次元緩和策に踏み切っていった。だが、時間が経過するにつれて当初の効果よりも副作用のほうが顕在化するようになった。預金金利がゼロに近い状態で貸出金利が下がり続けたため、銀行の利鞘が薄くなってしまったのである。この状態がいつまでも続けば銀行の経営が悪化していく。

規模の大きな都市銀行ならば海外業務の利益が悪化した国内の利鞘を多少補えるが、国内業務に基盤を置く地銀や第二地銀では難しいため、利鞘の縮小は深刻な問題になっている。ましで規模の小さな信用金庫や信用組合となれば一層困難な状況に置かれている。

日銀も副作用を認識しているからこそ長短金利操作付き金融緩和策に切り替えたのだろう。

2018年4月に再選された黒田東彦・日銀総裁は、最初の金融政策決定会合でも短期金利をマイナス0・1％に維持しながらも、長期金利をゼロ％程度に誘導する従来の方針を発表している。また、同年8月には長期金利を0・2％まで容認している。

新たな動きとして記者会見のたびに発表してきた2％のインフレ目標の達成時期に関する文言を削除している。いままでに6回も達成時期を先送りしてきたが、その都度、市場から金融緩和の追加が求められてきた。

文言の削減は市場からの要請を和らげるための措置であり、異次元緩和策の副作用を意識した措置でもあった。これ以上に金融緩和を進めれば、銀行経営は深刻な副作用から危機的な状況に陥るからである。そうした懸念の高まりからインフレ目標の達成時期が発表されなくなったのであろう。

すでに黒田東彦・日銀総裁は2017年11月の講演でBrunnermeier and Koby（2017）が唱えるリバーサル・レートの議論に触れている。金利を下げ過ぎると預貸金利鞘の縮小から銀行経営が悪化し金融仲介機能が阻害されるため、金融緩和の効果が反転（reverse）するという論理である。まさに金融緩和が引き起こす副作用の可能性を指摘している。

本章ではこうした金融緩和の副作用がどのような状況で発生するのかを簡単なモデルを用いて示していきたい。単にマネタリーベースを拡大し続ければよいのではなく、ある一定の規模を超えると、金融緩和の効果を抑制する恐れがあることを指摘したい。このことから日銀の異次元緩和策の限界が見えてくるのではないだろうか。

第2節　マネタリーベースと銀行貸出の理論分析

(1) 民間投資の貸出需要

日銀は銀行が保有する国債を大量に買い取ることでマネタリーベースを拡大させている。銀行貸出市場では名目金利が下がり、人々に予想インフレ率の上昇が醸成されることから、実質金利が名目金利以上に下落していく。

実質金利の引き下げは民間投資を誘引するので貸出需要が増大する。銀行は日銀に売却した国債の売却資金として現金・預け金が得られるので、利益を確保する誘引から貸出供給を拡大しようとする。その結果、民間投資の貸出需要と銀行の貸出供給が一致するところまで銀行貸出は増大していく。

こうしたマネタリーベースと銀行貸出の関係を体系的に整理したものが**図表1-1 (1) (2) (3)** である。民間投資の貸出需要、銀行の貸出供給そして両者から決定する実現可能な貸出がそれぞれマネタリーベースに関連づけながら描かれている。

図表1-1 (1) では民間投資による貸出需要とマネタリーベースの関係が示されている。左象限は横軸にマネタリーベースを取り、縦軸に実質貸出金利を取っている。民間投資に

図表1-1　マネタリーベースと銀行貸出の関係

(1) 民間投資の貸出需要

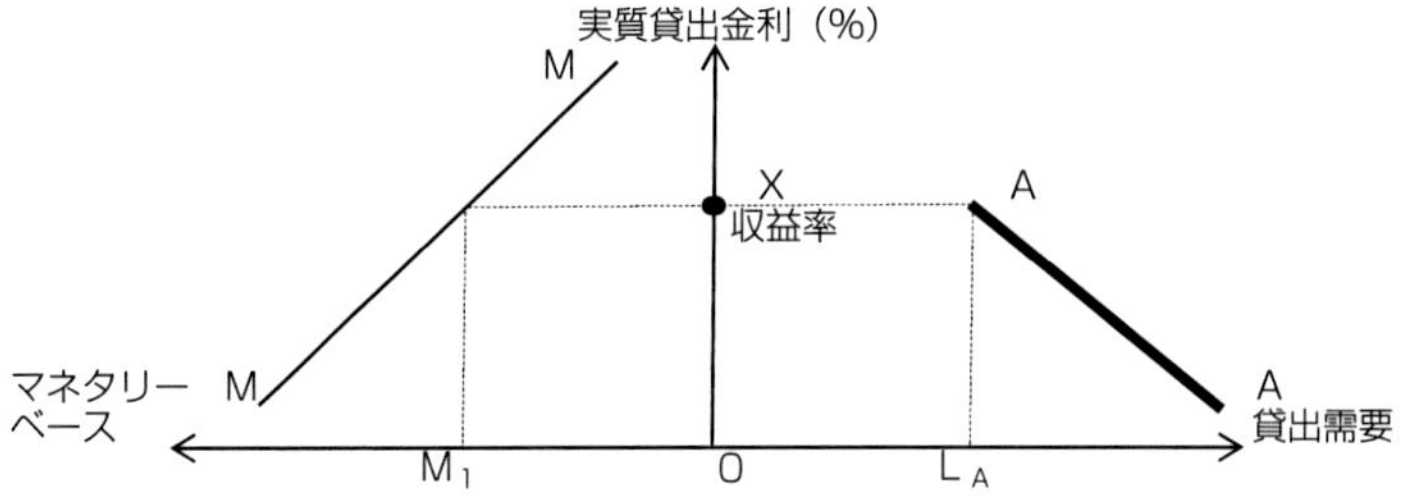

(2) 銀行の貸出供給

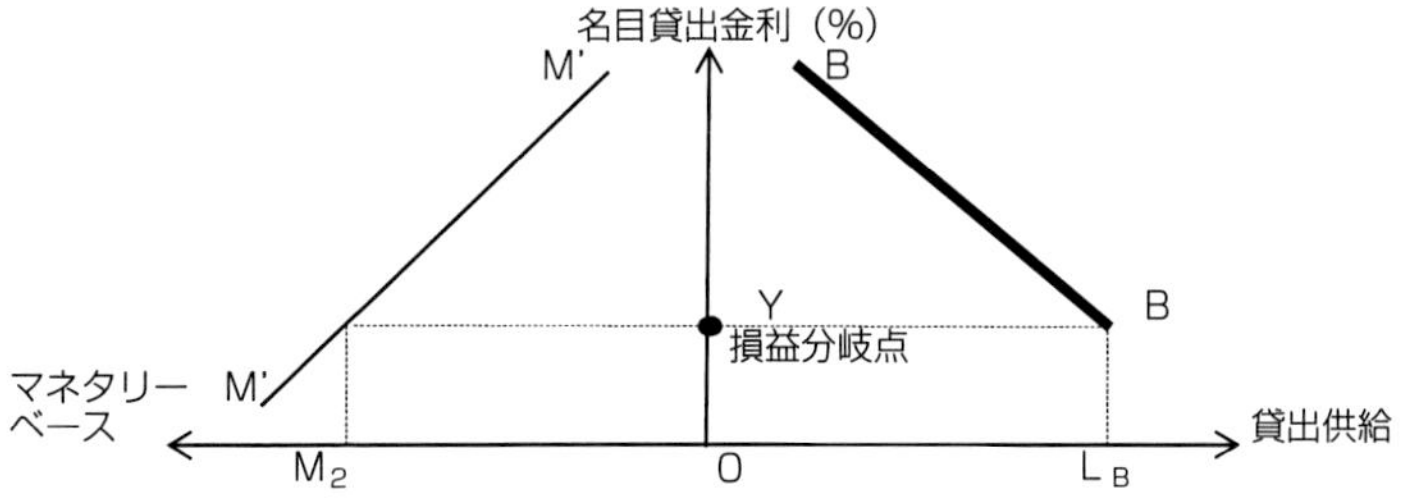

(3) 実現可能な貸出

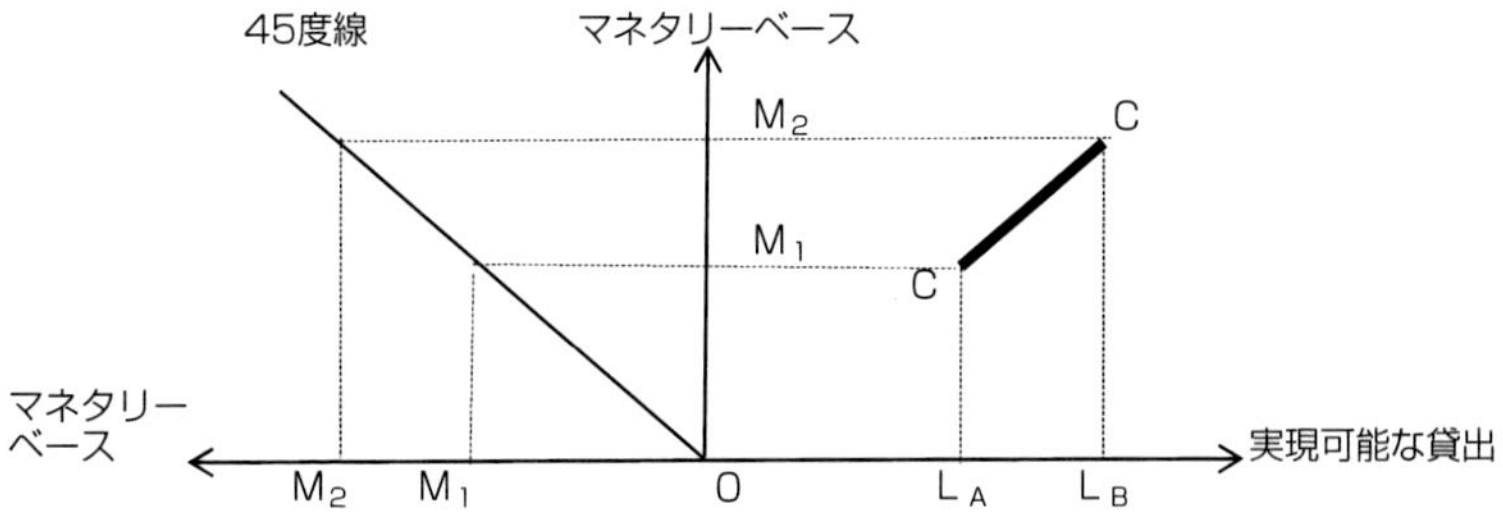

とって重要な金利は名目貸出金利ではなく、予想インフレ率も考慮した実質貸出金利である。日銀によるマネタリーベースが拡大すれば名目貸出金利が下落し、さらに予想インフレ率が高まると想定しているので、実質貸出金利が確実に下がっていく。そのため、マネタリーベースと実質貸出金利の関係は右上がりのMM曲線で示せる。

右象限では縦軸に実質貸出金利、横軸に貸出需要を取り、民間投資による貸出需要を表している。実質貸出金利が下落するにつれて貸出需要も増大していく。だが、ここで注目しなければならないのは民間投資の最低限の収益率X％である。

実質貸出金利がこの収益率を下回れば貸出需要が発生するが、逆に上回れば貸出需要は発生しない。そのため、民間投資の有効な貸出需要はX％の収益率を始点とした右下がりのAA曲線となる。

例えば、マネタリーベースがM_1の時に実質貸出金利が収益率と同じX％である場合、貸出需要はL_Aとなる。さらにマネタリーベースが増えれば実質貸出金利は下がり、貸出需要は一層拡大していく。したがって、有効な貸出需要はL_Aから右側の領域となる。

(2) 銀行の貸出供給

一方、**図表1-1（2）**ではマネタリーベースと銀行の貸出供給の関係が示されている。

この図の左象限では横軸にマネタリーベース、縦軸に名目貸出金利を取っているので、マネタリーベースと名目貸出金利の関係は右上がりの$M'M'$曲線で示せる。つまり、日銀によるマネタリーベースが増えるにつれて銀行の貸出市場では名目貸出金利が下がっていく。

それに対して右象限では縦軸に名目貸出金利、横軸に貸出供給を取ることで銀行の貸出行動を描いている。銀行は利益が確保できる限りマネタリーベースの増加に応じるように貸出供給を拡大させていく。それゆえ、名目貸出金利が下がるにつれて銀行の貸出供給は増えていく。

ただし、銀行が利益を確保できるのが貸出の条件である。あくまでも名目貸出金利が預金金利、経費率、信用コストの合計を上回らなければ貸出に応じない。Ｙ％の名目貸出金利はそうした損益分岐点を表している。したがって、名目貸出金利と銀行の貸出供給の関係を示す右下がりのＢＢ曲線はＹ％の名目貸出金利までしか描かれず、それを下回った領域は有効な貸出供給とは成り得ない。

例えば、マネタリーベースがM_2の時に名目貸出金利がちょうどＹ％に決定づけられたとしよう。その場合、銀行の貸出供給はL_Bとなる。だが、マネタリーベースをさらに拡大させ、名目貸出金利を引き下げても有効な貸出供給は発生しない。

この場合の名目貸出金利は損益分岐点に相当するＹ％よりも低くなるので、銀行にとって損失をもたらすからである。したがって、利益を生み出す有効な貸出供給の条件として、名目貸出金利はＹ％を上回らなければならないことになる。

（3）実現可能な貸出

実際の貸出は、銀行が供給する貸出と民間投資が需要する貸出のうちショートサイドで決定される。貸出供給が貸出需要よりも小さければ銀行の供給サイドで貸出が決定し、逆に貸出需要が貸出供給よりも小さければ民間投資の需要サイドで貸出が決定する。

図表1-1（3）はそうした実現可能な貸出を表したものである。左座標は横軸と縦軸に同じマネタリーベースを置いた45度線が引かれている。右座標はマネタリーベースに対応する貸出が示されている。いままでの２つの図から明らかなように、銀行側の貸出供給と民間投資側の貸出需要が重なる領域が実現可能な貸出となる。

したがって、マネタリーベースM_1の時に生じる貸出L_AからマネタリーベースM_2に対応した貸出L_Bまでの領域が実現可能な貸出となる。それはＣＣ曲線で描かれている。それ以外の領域は貸出として成立しないので、実現不可能な貸出となる。

日銀は２％のインフレ目標を達成するためマネタリーベースを引き上げてきた。だが、インフレ目標に届かないばかりか、大胆な金融緩和策の副作用が意識されるようになった。そうした現象は、この図で説明すればマネタリーベースM_2を超えた領域に近づきつつあることを意味している。

いくらマネタリーベースを拡大させても名目金利の引き下げから利鞘が確保できなくなるので、銀行は積極的に貸出を増やそうとはしない。これでは日銀がかなり強い姿勢で金融緩和策を続けると宣言してもいずれ限界が生じる。長短金利操作付き金融緩和策はまさに副作用を意識した政策転換と言える。

第3節　異次元緩和策の波及経路と政策効果

(1) マネタリーベースから民間投資への波及経路

日銀の異次元緩和策が銀行の貸出需給に及ぼす効果を中心に理論的な説明を行ってきた。そこで、今度はこの銀行行動をマクロ経済モデルに組み入れながら、体系的に日銀の政策効果を見ていくことにしたい。

モデルを作成するにあたって、システムダイナミクス・ソフトのＳＴＵＤＩＯを利用する。これにより金融政策の波及経路が図を眺めるだけで簡単に把握できるであろう。ここではモデルの中に取り入れられた方程式や係数等についてほとんど説明していない。詳細な設定は章末の付録にまとめられているので、関心のある方は**付録1−1・マクロ経済モデルの方程式**を見ていただきたい。

まず、**図表1−2**は「**日銀の金融緩和策**」が民間投資である「**設備・住宅投資**」にどのような経路を通じて波及していくかが描かれている。日銀は銀行からの国債購入を通じて「**マネタリーベース増加**」を実行していく。日銀が目指す「**2%インフレ目標**」が人々の心理に

図表1-2　マネタリーベースから民間投資への波及経路

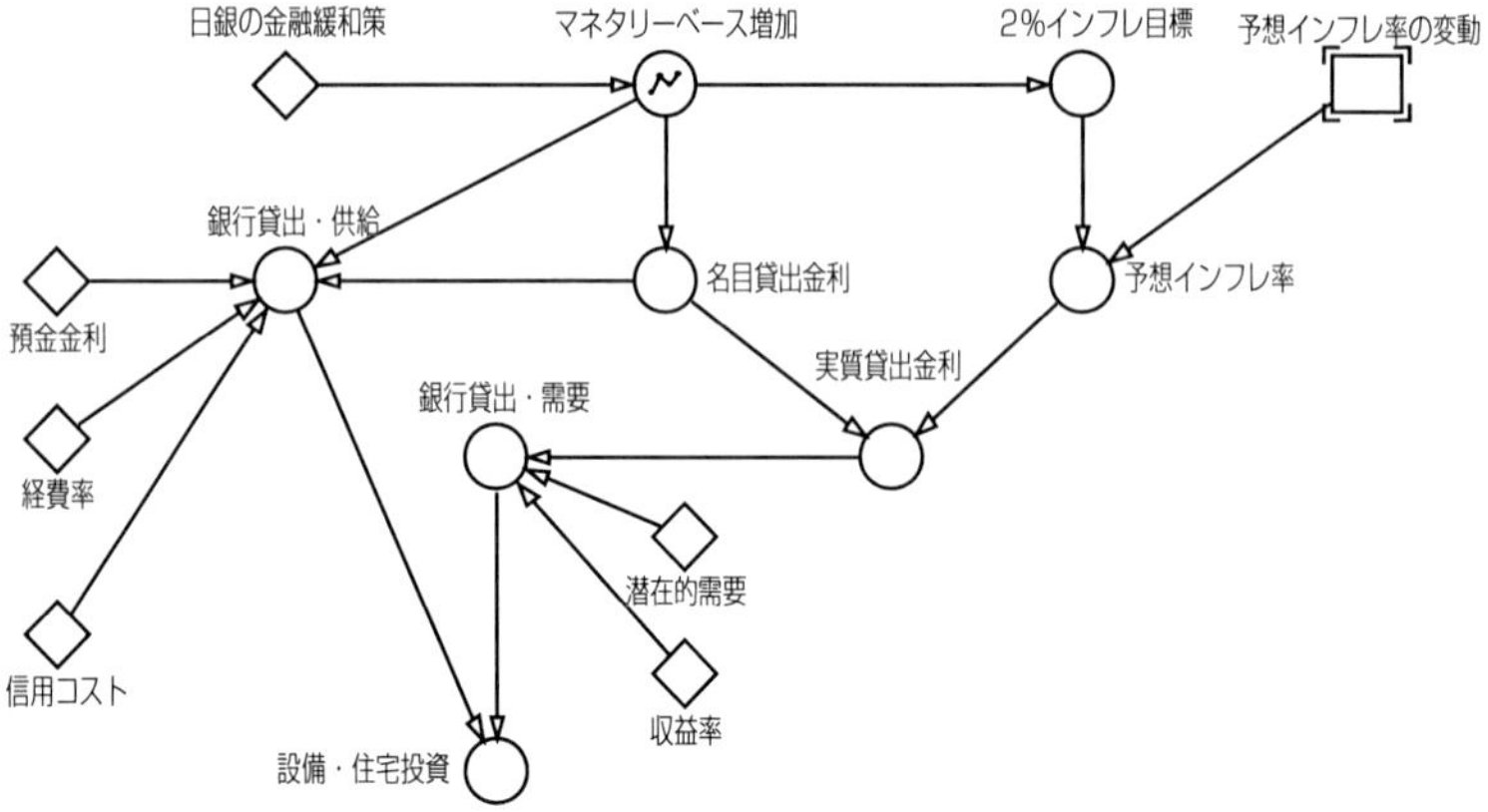

浸透すれば「**予想インフレ率**」に直接的な影響をもたらす。それは「**予想インフレ率の変動**」という間接的な影響も受ける。

　マネタリーベースを増やせば予想インフレ率を高めるだけでなく、同時に「**名目貸出金利**」を下げるため、「**実質貸出金利**」は名目貸出金利以上に下落する。実質貸出金利が「**収益率**」を下回れば企業の「**潜在的需要**」が「**銀行貸出・需要**」として発生する。だが、銀行貸出は需要側だけで決定されるわけではない。供給側の条件も伴わなければならない。「**銀行貸出・供給**」は「**マネタリーベース増加**」と最初に設定した金額から形成される。ただし、名目貸出金利が「**預金金利**」と「**経費率**」と「**信用コスト**」を加えたものよりも大きいことが絶対的な条件となる。利益を生み出さない限り、銀行は貸出に応じないからである。

　こうして民間投資の貸出需要と銀行の貸出供給が

出会うことで「**設備・住宅投資**」が決定される。その場合、ショートサイド側の金額が投資額となる。民間投資の貸出需要のほうが小さければ、いくら銀行が豊富な資金を持っていてもそれ以上の貸出はできない。逆に民間投資の貸出需要が大きくても銀行の貸出供給のほうが小さければ、その金額を上回るような民間投資は実現不可能となる。

(2) 実質貸出金利から総需要への波及経路

マネタリーベースが実質貸出金利を通じて民間投資に影響をもたらす波及経路が明らかになったので、次に消費と輸出についていて見ていくことにしよう。民間投資に消費と輸出が加わることで総需要が決定づけられ、総供給との差である超過需要から予想インフレ率に新たな変化が生じる。そうした波及経路を描いたものが**図表1-3**である。

実質貸出金利が与えられると、「**総需要**」を構成する民間投資の設備・住宅投資のほかに「**外国為替相場**」の変動を通じて「**輸出**」も決定づけられる。金利が下落すれば海外金利差が拡大し、本国の通貨価値が安くなるので輸出は増大していく。

また、人々が保有する有価証券の価値が変動することから「**消費**」にも影響をもたらしていく。つまり、株式や債券などの有価証券を保有している個人は金利の下落から「**資産効果**」が発生し、消費を増やす傾向が強まっていく。

こうして設備・住宅投資、輸出、消費の3つの要因から決定づけられた総需要は「**総供**

図表1−3　実質貸出金利から総需要への波及経路

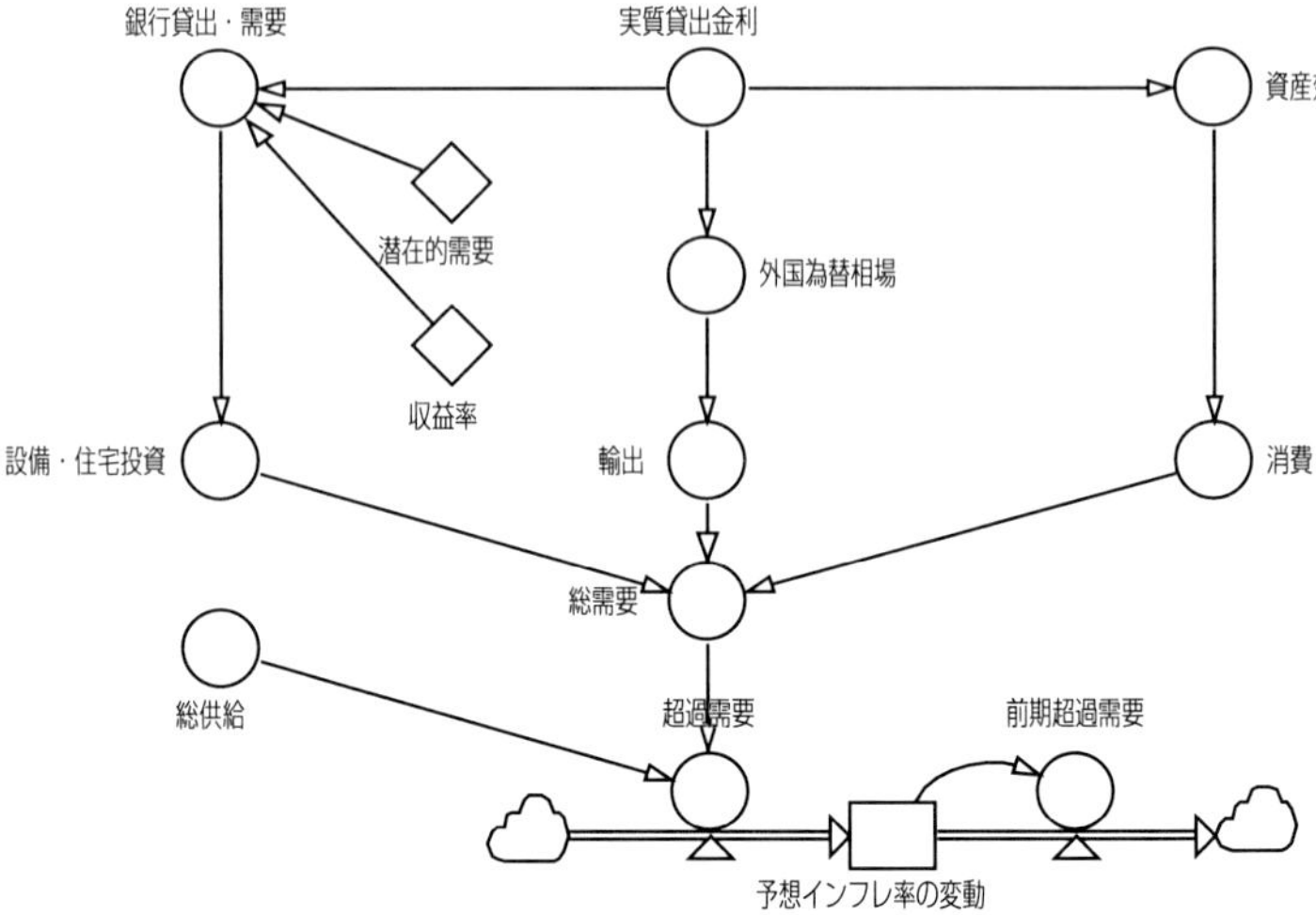

給」との差額である「**超過需要**」から「**予想インフレ率の変動**」を引き起こす。それは時間の経過とともに「**前期超過需要**」からの効果が消失し、新たな超過需要が予想インフレ率を動かしていく。

絶えず変化する予想インフレ率は再び実質貸出金利を動かしながら、新規の総需要を決定づけていく。その過程は総需要と総供給が一致するまで続き、予想インフレ率の変動からマクロ経済は変化していくことになる。

図表1-4は図表1-2と図表1-3を合わせたものであり、マクロ経済の全体像を描いている。この図を眺めることから日銀の異次元緩和策がマネタリーベース増加を通じて経済活動に変化をもたらす波及経路が理解できると思われる。

図表1-4　金融緩和策の波及経路

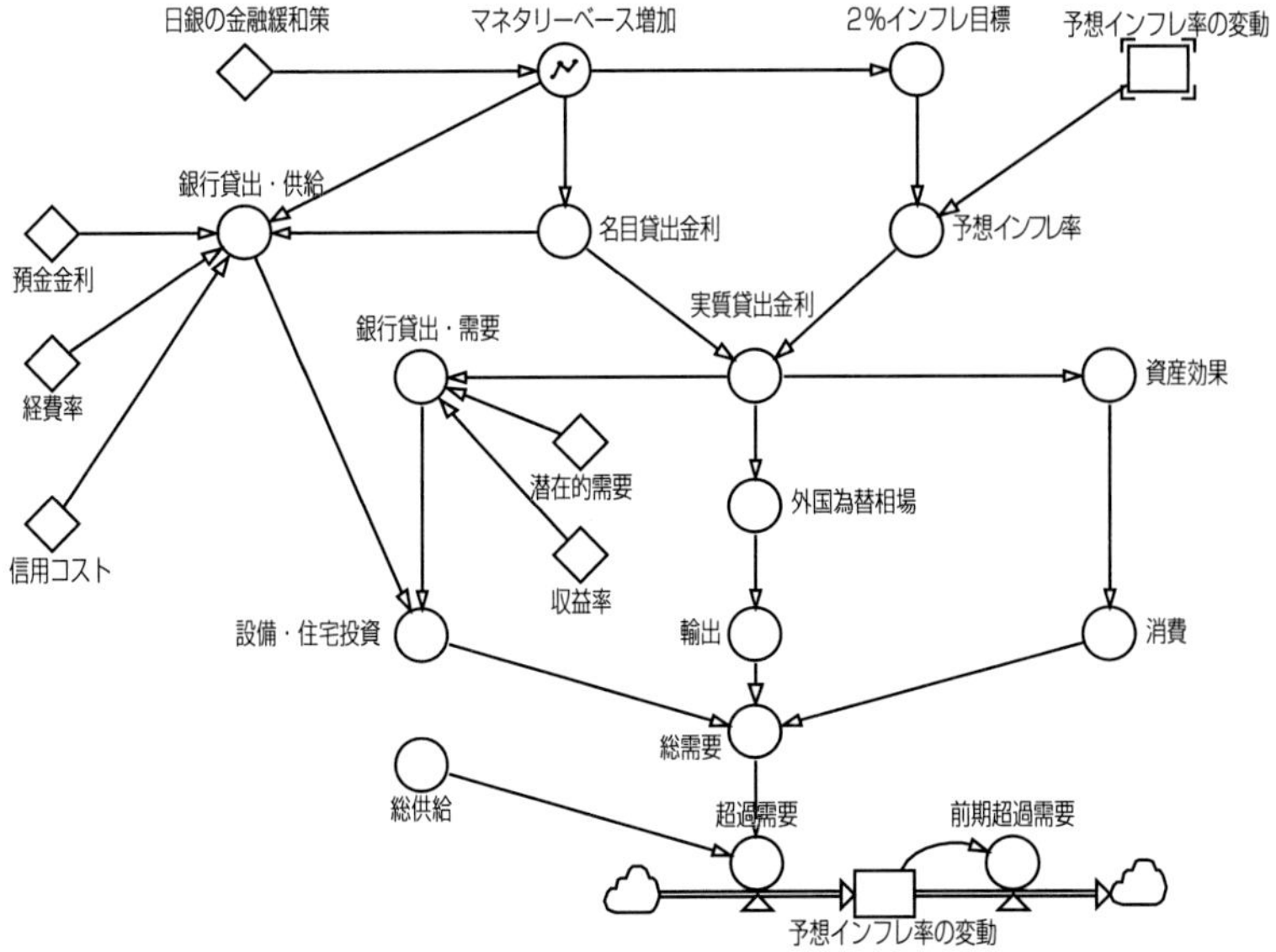

(3) 異次元緩和策の政策効果

日銀による金融緩和策の波及経路が説明されたので、次に政策効果を模索したい。章末の付録1-1に掲げられたマクロ経済モデルの詳細な設定に基づきながら、日銀の政策効果をシミュレーションを通じて見ていくことにする。ここではマネタリーベース増加の規模に応じて3つのケースに分けながら政策効果を追っている。

図表1-5はそうした3つのケースごとに0期および5期の金利関連指標、銀行貸出関連指標、そしてマクロ経済関連指標の数値を整理している。マネタリーベース増加が実質貸出金利を通じて銀行貸出から設備・住宅投資への効果を決定し、さらに消費と輸出への

図表1－5　金融緩和策のシミュレーション

	ケース1		ケース2		ケース3	
	0期	5期	0期	5期	0期	5期
（1）日銀の金融緩和策 マネタリーベース増加	20.0	20.0	50.0	50.0	80.0	80.0
（2）金利関連指標 名目貸出金利（%）	5.0	5.0	2.0	2.0	1.3	1.3
2%インフレ目標（%）	0.0	0.0	2.0	2.0	2.0	2.0
予想インフレ率（%）	0.0	▲ 7.0	2.0	2.0	2.0	▲ 3.3
実質貸出金利（%）	5.0	12.0	0.0	0.0	▲ 0.8	4.6
預金金利（%）	0.0	0.0	0.0	0.0	0.0	0.0
経費率（%）	0.5	0.5	0.5	0.5	0.5	0.5
信用コスト（%）	1.0	1.0	1.0	1.0	1.0	1.0
（3）銀行貸出関連指標 銀行貸出・供給	40.0	40.0	70.0	70.0	20.0	20.0
銀行貸出・需要	0.0	0.0	100.0	100.0	100.0	0.0
潜在的需要	100.0	100.0	100.0	100.0	100.0	100.0
収益率（%）	2.0	2.0	2.0	2.0	2.0	2.0
設備・住宅投資	0.0	0.0	70.0	70.0	20.0	0.0
（4）マクロ経済関連指標 資産効果	1.0	0.9	1.0	1.0	1.0	1.0
外国為替相場	95.2	89.3	100.0	100.0	100.8	95.6
消費	333.3	312.6	350	350	352.6	334.7
輸出	76.2	71.5	80.0	80.0	80.6	76.5
総需要	409.5	384.1	500.0	500.0	453.2	411.2
総供給	500.0	500.0	500.0	500.0	500.0	500.0
超過需要	▲ 90.5	▲ 115.9	0.0	0.0	▲ 46.8	▲ 88.8
前期超過需要	0.0	▲ 115.9	0.0	0.0	0.0	▲ 88.7
予想インフレ率の変動	0.0	▲ 115.9	0.0	0.0	0.0	▲ 88.7

効果が合わさり、総需要が決定づけられていく。そのプロセスが数値で示されている。

ケース1は日銀の異次元緩和策が行われる以前の姿をイメージしたものであり、マネタリーベース増加額が20となっている。また、2％のインフレ目標が宣言されていないので、当初の予想インフレ率は0％となっている。

0期の各指標を見ると、名目貸出金利も実質貸出金利も5％であり、銀行貸出・供給が40であるのに対して銀行貸出・需要は0であるため、設備・住宅投資は0となっている。また、消費は333・3であり、輸出は76・2であるため、総需要は409・5となり、総供給500との差額である超過需要は▲90・5となる。

5期になると、マイナスの予想インフレ率から実質金利は12％まで上昇するので、銀行貸出・供給が40であっても銀行貸出・需要が0であるため、設備・住宅投資は0期と同様に0となっている。消費は資産効果がマイナスの方向に作用しているため312・6に減少し、外国為替相場は増価しているので輸出も71・5まで下がっている。そのため、総需要は384・1に下がっている。

日銀によるマネタリーベース増加額が20である限り、当初の目標である2％のインフレ率が達成できず、しかも超過需要はマイナスの状態から脱却できないままとなる。これではいつまでも日本経済はデフレから逃れられないことになる。

ケース2では、マネタリーベース増加額を50にまで拡大した場合を示している。日銀が、

２０１３年4月に異次元緩和策を発表したケースをイメージしている。これにより２％のインフレ率の達成と景気回復を目指していった。

０期を見ると、日銀の力強いコミットメントから２％のインフレ目標が達成できると想定しているので、当初の予想インフレ率は２％となっている。名目貸出金利が２％であるので実質貸出金利は０％となる。この場合、銀行貸出・供給が70に対して銀行貸出・需要が１００であるため、設備・住宅投資は70となる。消費は３５０であり、輸出は80であるので総需要は５００となり、総供給の５００と一致するため超過需要は０となる。

５期になってもそれぞれの経済指標はまったく同じであり、総需要と総供給が一致した状態が続いている。マネタリーベース増加額50はまさに２％のインフレ目標を達成し、デフレ経済からの脱却に成功したケースを描いている。異次元緩和策が発表された頃はこのような理想的な姿を描いていたのであろう。

だが、実際は思惑通りに展開できず、２％のインフレ目標は達成できない状態が続いた。そこで２０１４年10月に強力な異次元緩和策としてマネタリーベース増加額が80にまで引き上げられた。それでも目標が達成できないばかりか、逆に副作用が叫ばれるようになった。

ケース3はそうした状況を描いたものである。ここではマネタリーベース増加額にはある一定の限界があり、それを超えるとマクロ経済に対してマイナスの影響を及ぼすことを示している。０期は強力な金融緩和策から名目貸出金利は１・３％となり、さらに日銀による強力な取り組みへの期待感から予想インフレ率は2％となるため、実質貸出金利は▲0・8％となる。

銀行貸出・需要は潜在的需要まで伸びることから100となるが、銀行にとって貸出から利益が得られないので銀行貸出・供給は基礎的な需要の20となる。まさに副作用が銀行に発生した状況を表している。その結果、設備・住宅投資も20となる。消費は352・6であり、輸出が80・6となるので、総需要は453・2となる。総供給が500であるため、超過需要はマイナスとなる。

5期になると、予想インフレ率の変動がマイナスに陥るため実質貸出金利は4・6％となる。設備・住宅投資は0となり、消費は334・7であり、外国為替相場の増価から輸出は76・5に下がっている。そのため、総需要は411・2となり、0期よりも減少し、超過需要のマイナスの幅は広がっている。

日銀による金融緩和策の展開を3つのケースから整理してきた。そこから得られた発見はマネタリーベース増加額をコントロールしながらインフレを引き起こそうとしても、ある規模を超えれば逆の効果が生じるということである。

副作用が深刻な状態に陥れば金融緩和策を修正せざるを得なくなる。2016年9月に発表された長短金利操作付き金融緩和策への転換は、まさに日銀が異次元緩和策の副作用を意識した時期であると思われる。

総資産構成の推移

信託	有価証券		貸出金		外国為替		貸倒引当金	
構成比	残高	構成比	残高	構成比	残高	構成比	残高	構成比
(0.1)	1,948,133	(24.1)	4,659,970	(57.8)	31,386	(0.4)	▲ 58,664	(−)
(0.1)	2,316,318	(28.4)	4,491,898	(55.0)	27,484	(0.3)	▲ 56,931	(−)
(0.1)	2,575,175	(30.6)	4,469,852	(53.1)	36,076	(0.4)	▲ 53,878	(−)
(0.1)	2,786,521	(32.0)	4,582,542	(52.6)	39,097	(0.4)	▲ 50,889	(−)
(0.1)	2,850,218	(31.2)	4,786,309	(52.5)	46,674	(0.5)	▲ 48,548	(−)
(0.1)	2,546,104	(27.1)	4,992,580	(53.0)	56,756	(0.6)	▲ 41,567	(−)
(0.1)	2,573,750	(25.3)	5,230,015	(51.4)	59,501	(0.6)	▲ 36,956	(−)
(0.1)	2,404,149	(23.0)	5,378,330	(51.5)	49,778	(0.5)	▲ 34,802	(−)
(0.1)	2,177,771	(20.3)	5,513,937	(51.4)	58,619	(0.5)	▲ 33,564	(−)
(0.1)	2,164,271	(19.5)	5,580,524	(50.4)	76,670	(0.7)	▲ 28,374	(−)

第4節　銀行の貸出行動

(1) 総資産構成の動き

日銀による異次元緩和策の波及経路で中心となるのが実質貸出金利を通じた民間投資の貸出需要であり、銀行がその貸出需要にどれだけ応じることができるかに人々の関心が集まっている。したがって、銀行貸出が増え続けていれば、日銀の金融緩和策は成功していると言える。そこで、銀行の貸出状況について見ていくことにしたい。

図表1－6は全国銀行（都市銀行、地方銀行、第二地銀、信託銀行の合計）の総資産構成の推移を示している。ここではそれぞれの資産残高だけでなく、構成割合も記されている。対象期間は2008年度から2017年

図表1－6　全国銀行の

	現金・預け金		コールローン等		特定取引資産		商品有価証券		金銭の
	残　高	構成比	残　高	構成比	残　高	構成比	残　高	構成比	残　高
＜以前＞									
2008年度	317,348	(3.9)	136,724	(1.7)	245,689	(3.0)	1,178	(0.0)	10,663
2009年度	314,604	(3.9)	162,811	(2.0)	200,377	(2.5)	1,362	(0.0)	9,554
2010年度	449,861	(5.3)	138,694	(1.6)	186,192	(2.2)	1,074	(0.0)	8,566
2011年度	399,748	(4.6)	167,021	(1.9)	178,974	(2.1)	1,176	(0.0)	8,244
2012年度	510,761	(5.6)	185,119	(2.0)	194,408	(2.1)	1,013	(0.0)	7,873
＜以後＞									
2013年度	1,067,210	(11.3)	57,716	(0.6)	155,178	(1.6)	808	(0.0)	7,562
2014年度	1,478,037	(14.5)	42,899	(0.4)	180,250	(1.8)	756	(0.0)	7,393
2015年度	1,739,601	(16.7)	45,198	(0.4)	187,426	(1.8)	769	(0.0)	7,225
2016年度	2,097,023	(19.6)	48,087	(0.4)	138,452	(1.3)	727	(0.0)	7,861
2017年度	2,349,076	(21.2)	53,618	(0.5)	117,152	(1.1)	696	(0.0)	9,479

（注１）単位：億円，％　　▲印は控除を意味する。
（注２）「全国銀行財務諸表分析」（全国銀行協会）参照。なお，図表１－７～図表１－11も同様。

度の10年間である。

２０１３年度から異次元緩和策が始まったので、２００８年度から２０１２年度の５年間が「異次元緩和策以前の期間」であり、２０１３年度から２０１７年度の５年間が「異次元緩和策以後の期間」となる。

日銀の異次元緩和策は、銀行から国債を積極的に買い取ることでマネタリーベースを拡大させていく。銀行は民間投資の需要がある限り、国債の売却から得た現金・預け金を貸出に変えていく。

実際に図表１－６から現金・預け金、有価証券、貸出金の３種類の資産を取り出し、それぞれの動きを見てみることにしよう。**図表１－７**は３種類の資産の残高を追ったものである。残高の推移を見ると、異次元緩和策が実施されると現金・預け金が増大し、有価証

図表1－7　貸出金，有価証券，現金・預け金の残高推移

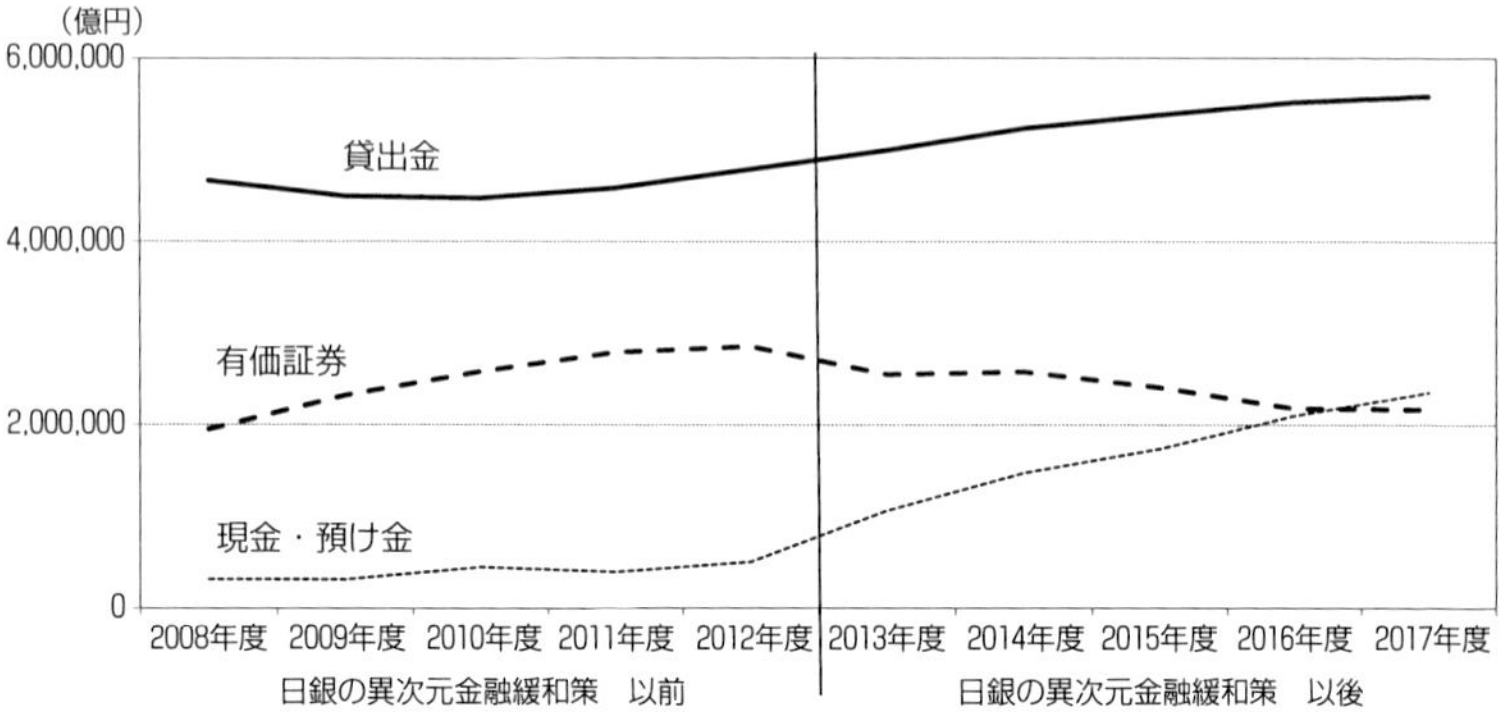

図表1－8　全国銀行の貸出金，有価証券，現金・預け金の総資産割合

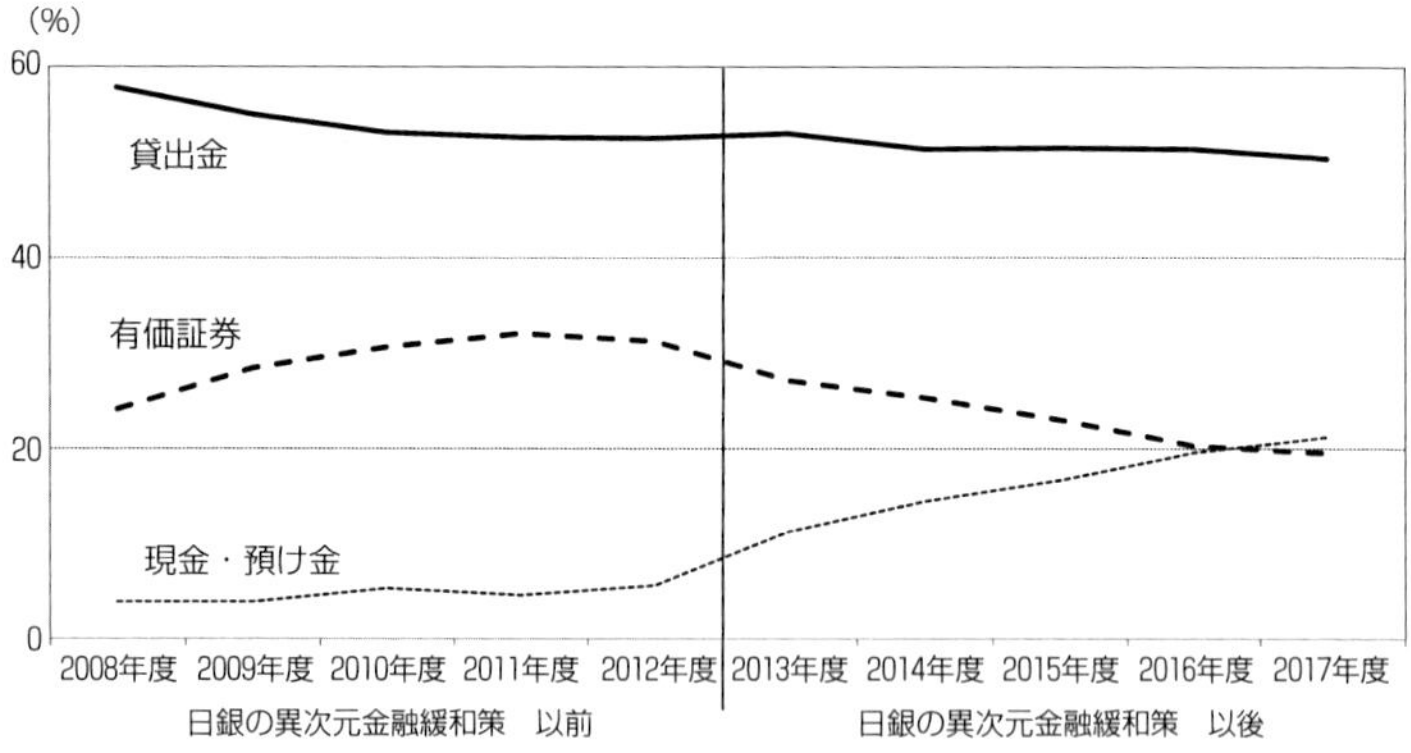

券が減少している。これは銀行が保有する国債を日銀が買い取っているからである。

それに対して貸出金は異次元緩和策の実施とともに増大傾向にある。だが、現金・預け金の伸びに比べれば、貸出金の伸びはかなり小さく、微増に過ぎないこともわかる。本来ならば、貸出金が大幅に伸びてこそ日銀の意図した政策が実現できたと解釈できるが、これでは必ずしも成功しているとは言えない。

そのことを一層明確に捉えたのが**図表1-8**であり、3種類の資産の構成比が示されている。これを見るとわかるように現金・預け金の割合は急上昇し、有価証券の割合は確実に下降している。ところが、貸出金の割合は増えるどころか、わずかではあるが減少している。

これでは日銀が当初に描いた姿とは異なる。現金・預け金の割合を上回るような勢いが貸出金に見られない限り、日銀の異次元緩和策は成功したとは言えないであろう。

(2) 収益環境の悪化

銀行の貸出が増えていかない理由として需要の側面と供給の側面が考えられる。民間投資の貸出需要が増えなければ銀行は貸出を行おうとしても実現できない。また、民間投資の貸出需要が旺盛でも銀行が貸出を行おうとしなければやはり実現できない。こうして需要と供給が相互に絡み合いながら銀行の貸出が決定づけられていく。

それでも銀行の収益環境が良好であれば貸出供給が全体をリードしていく。これにより貸出需要も増大していくであろう。**図表1-9**は全国銀行を対象にした資金運用利回り、資金調達原価および利鞘を、先ほどと同じ2008年度から2017年度にわたって整理したものである。

このうち資金運用利回りを構成する貸出金利回りと、資金調達原価を構成する経費率と預金債券等利回りの動きを描いたものが**図表1-10**である。預金金利に相当する預金債券等利回りは低下傾向にあり、0%に限りなく近づいている。さまざまな経費を削減する努力の成果から経費率も低下傾向にある。預金金利と経費率が下がれば、十分な利鞘が確保しやすくなる。だが、貸出金利回りの下落が激しいために利鞘がかなり薄くなっていることがわかる。

さらに全体の利鞘を見たものが**図表1-11**である。資金運用利回りも資金調達原価も下落傾向にある中で、相対的に資金運用利回りのほうがさらに下回っているため、総資金利鞘は低下しているのが確認できる。こうした厳しい運用環境のもとでは、貸出金利息や有価証券の利息配当金等で得られる資金運用収益から預金利息等の資金調達費用を差し引いた資金運用益は低

資金調達原価および利鞘

税金率	預金債券等原価	コールマネー等利回り	資金調達原価	総資金利鞘
0.06	1.42	0.75	1.37	0.28
0.05	1.26	0.55	1.20	0.25
0.05	1.16	0.49	1.12	0.21
0.05	1.10	0.46	1.04	0.18
0.05	1.04	0.42	0.99	0.14
0.04	1.00	0.42	0.96	0.14
0.05	0.97	0.34	0.92	0.10
0.05	0.92	0.36	0.86	0.10
0.05	0.87	0.46	0.81	0.10
0.05	0.82	0.47	0.76	0.08

図表1－9　全国銀行の資金運用利回り，

日銀の異次元金融緩和策	貸出金利回り	有価証券利回り	コールローン等利回り	資金運用利回り	預金債券等利回り	経費率	人件費率	物件費率
＜以前＞								
2008年度	1.98	1.12	0.96	1.65	0.31	1.11	0.45	0.60
2009年度	1.79	0.90	0.72	1.45	0.21	1.04	0.44	0.55
2010年度	1.69	0.80	0.58	1.33	0.14	1.02	0.43	0.53
2011年度	1.59	0.73	0.54	1.22	0.10	1.00	0.43	0.52
2012年度	1.49	0.67	0.47	1.13	0.09	0.95	0.42	0.49
＜以後＞								
2013年度	1.38	0.84	0.57	1.10	0.07	0.93	0.41	0.47
2014年度	1.29	0.86	0.63	1.02	0.06	0.91	0.40	0.46
2015年度	1.21	0.94	0.59	0.96	0.05	0.87	0.39	0.43
2016年度	1.10	1.06	0.49	0.91	0.03	0.84	0.37	0.41
2017年度	1.04	0.94	0.38	0.84	0.02	0.80	0.35	0.39

（注）単位：％　総資金利鞘は資金運用利回りマイナス資金調達原価である。

迷状態に陥ってしまう。

以上のことから日銀の異次元緩和策が実施されたことで、銀行を取り巻く収益環境はかなり悪化していることがわかる。その中で利益を確保しようとするには、リスクを伴った貸出先を見出さなければならない。

うまく利益を確保できれば銀行ばかりでなく相手企業にとっても好ましい。だが、予想に反して大きな損失が発生する可能性もある。それを覚悟しながら貸出に応じるのは、かなりの決意が必要であろう。そのために日銀が期待したほど積極的な貸出行動が取れないのが、現在の銀行の姿だと思われる。

図表1−10　全国銀行の貸出金利回り，預金債券等利回り，経費率の推移

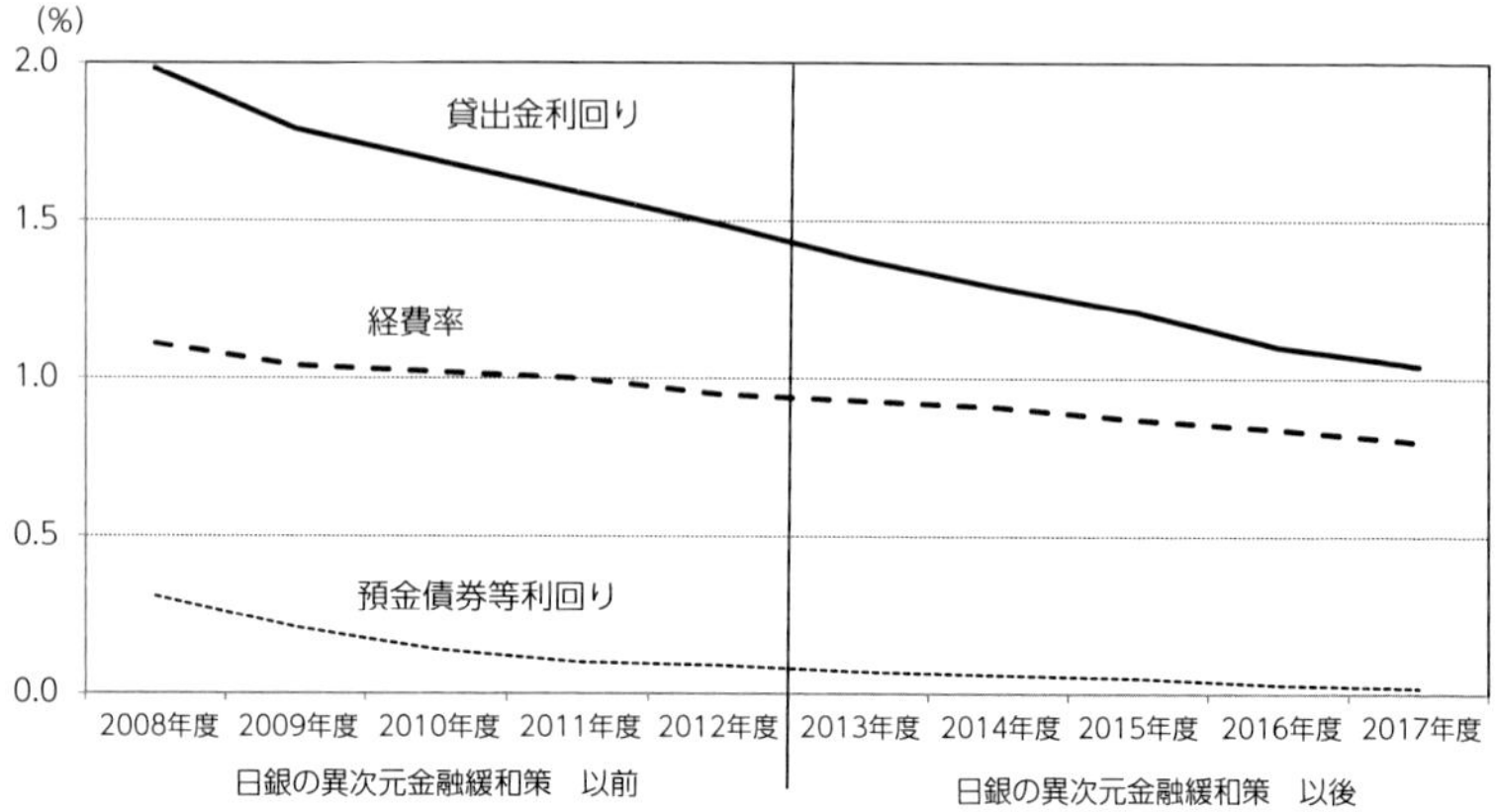

図表1−11　全国銀行の資金運用利回り，資金調達原価，総資金利鞘の推移

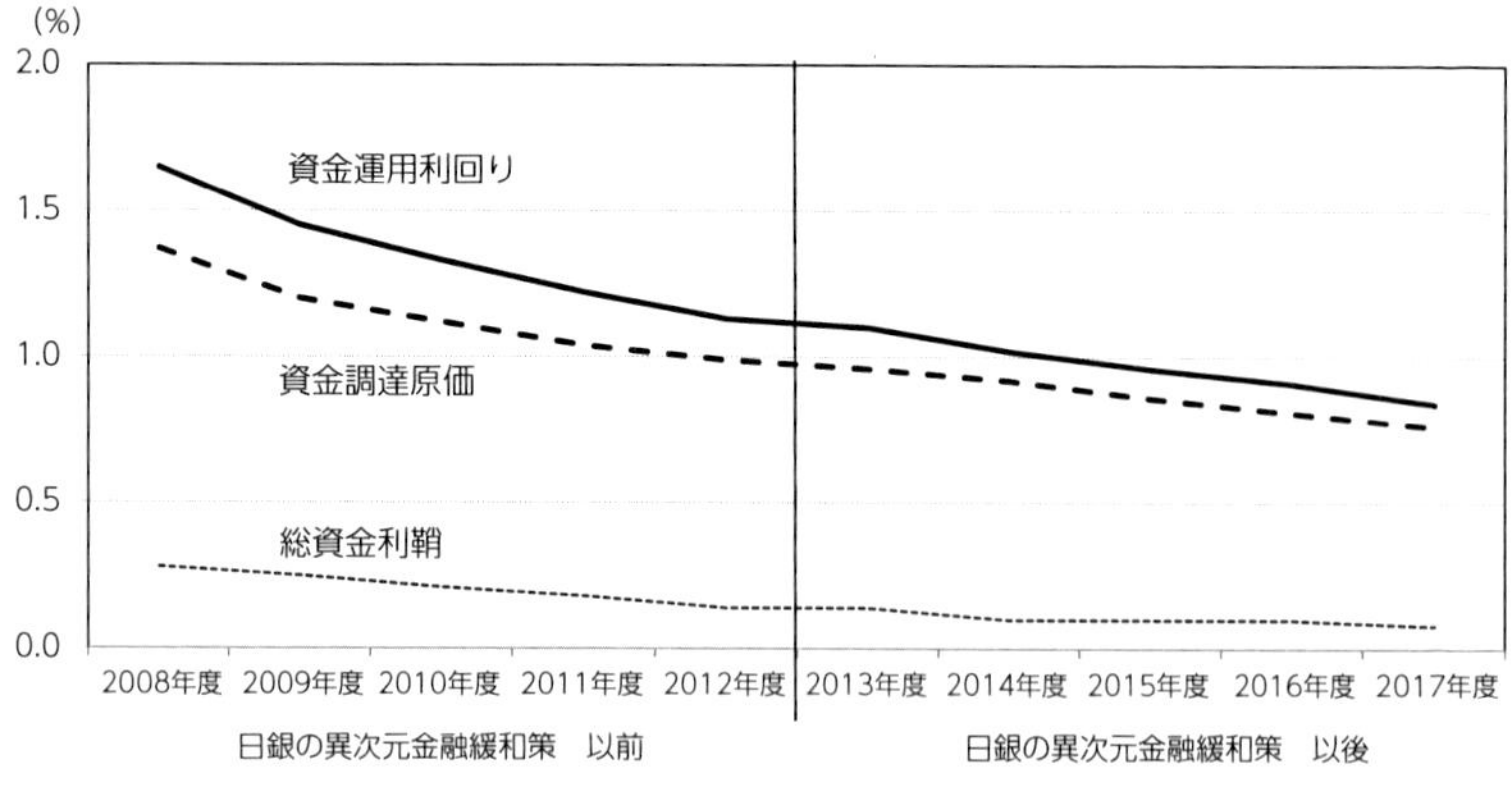

第5節　異次元緩和策の限界

(1) 難しい利鞘の確保

日銀が国債を買い取ることで銀行の現金・預け金は増大していく。それを梃子にしながら貸出が拡大すれば景気は浮揚していく。信用創造が機能すれば同時に銀行預金も増えていく。

だが、実際は日銀の思惑通りには進まず、マネタリーベースが積み上がるだけで銀行の貸出は思うほど増大しなかった。その結果、銀行の資産構成からもわかるように、現金・預け金が上昇傾向をたどるのに対して貸出は下降傾向を歩み、日銀が当初に描いたような姿とは違っている。

日銀が掲げた2％のインフレ目標の達成も、銀行貸出の増大が大前提であったのだろう。銀行貸出が増えればマクロ経済に超過需要が発生し、予想インフレ率の上昇に結びついていく。だが、銀行貸出が低迷しているために、予想インフレ率は伸び悩み、インフレ目標が依然として達成できない状態が続いている。

銀行貸出の伸び悩みの原因として深刻な少子高齢化が挙げられる。そうした厳しい経済環境下で日銀がいくら金融を緩和させても、銀行は優良な貸出先を見つけるのは難しい。それでも日銀による名目金利の引き下げは企業にとって投資需要を引き出す誘引であり、ある程度の刺激を与えている。

収益率の低下が叫ばれる中で貸出金利がいままで以上に下がれば、投資需要は増えているはずである。だが、期待したほど銀行貸出が伸びなかったのは需要側の要因だけではなく、供給側の要因も影響していると思われる。貸出金利があまりにも下がり過ぎたために、十分な利鞘が確保できにくくなったからである。これでは企業の投資需要に対して、銀行は十分に対応できないであろう。

日銀は銀行をはじめとする金融機関から国債を買い取り、マネタリーベースを拡大させている。その結果、貸出金利は下がり続け、銀行の経営を難しくしている。まさに日銀による異次元緩和策の副作用が現実の問題として発生していると言える。こうした現状を顧みればマネタリーベースの拡大に一定の限界が見えてきたように感じる。

(2) 曖昧な予想インフレ率の形成メカニズム

日銀の異次元緩和策が発表された当初、予想インフレ率が目標の2%にそれほど時間をかけずに到達できると思われた。これが実現できていたならば、名目貸出金利をそれほど引き下げなくても実質貸出金利は名目貸出金利以上に下落したであろう。

そうであれば企業の貸出需要は実質貸出金利の下落から増大し、さらに銀行の貸出供給は名目貸出金利が下落しても一定の利鞘が確保できるので貸出需要に応じることができる。ところが、日銀の思惑と異なり予想インフレ率は低迷状態が続いたため、マネタリーベースの引き上げから名目貸出金利が下がり続けた。これでは利鞘の確保がますます難しくなり、企業の貸出需要が増えても銀行は十分に対応できないであろう。

こうして見ていくと、予想インフレ率の上昇がすぐに実現できていれば、日銀の異次元緩和策は成功したように思える。それができなかったためにマネタリーベースを拡大させ、さらにマイナス金利政策まで打ち出していった。その結果、名目貸出金利は一層下落し、悪循環に陥ってしまった。

異次元緩和策の波及経路として、最初に2％のインフレ目標が予想インフレ率に反映されるように描かれている。その場合、マネタリーベースの増大が予想インフレ率の上昇につながることが大前提になっているからだ。だが、そのメカニズムは極めて曖昧である。

マネタリーベースを増大させると、なぜ予想インフレ率が上昇するのであろうか。確かに名目貸出金利の引き下げが民間投資を誘発し総需要を拡大させることで、超過需要が間接効果として予想インフレ率に影響を及ぼすが、必ずしも総供給を上回るほどの総需要が発生するかどうかはわからない。まして瞬時に予想インフレ率に反映される直接効果の根拠は曖昧である。

異次元緩和策が成功するには、初期段階において予想インフレ率が上昇する必要がある。日銀はマネタリーベースを拡大さえすれば予想インフレ率はすぐに上昇すると想定していた

付録1－1　マクロ経済モデルの方程式

	変数	単位	定義
□	予想インフレ率の変動	TJPY	0<<TJPY>>
⇨●⇨	前期超過需要	TJPY	予想インフレ率の変動
⇨●⇨	超過需要	TJPY	総需要－総供給
○	マネタリーベース増加	TJPY	GRAPH（日銀の金融緩和策，0，1，{0<<TJPY>>，10<<TJPY>>，20<<TJPY>>，30<<TJPY>>，40<<TJPY>>，50<<TJPY>>，60<<TJPY>>，70<<TJPY>>，80<<TJPY>>，90<<TJPY>>，100<<TJPY>>//Min:-1;Max:11//}）
○	予想インフレ率	%	2％インフレ目標＋0.3＊予想インフレ率の変動/500<<TJPY>>＊100<<%>>
○	名目貸出金利	%	2<<%>>＊50<<TJPY>>/マネタリーベース増加
○	外国為替相場		100/（1＋実質貸出金利）
○	実質貸出金利	%	名目貸出金利－予想インフレ率
○	消費	TJPY	0.7＊500<<TJPY>>＊資産効果
○	総供給	TJPY	500<<TJPY>>
○	総需要	TJPY	消費＋設備・住宅投資＋輸出
○	設備・住宅投資	TJPY	IF（銀行貸出・供給＞銀行貸出・需要，銀行貸出・需要，銀行貸出・供給
○	資産効果		1/（1＋実質貸出金利）
○	輸出	TJPY	80<<TJPY>>＊外国為替相場/100
○	銀行貸出・供給	TJPY	IF（(名目貸出金利－信用コスト－経費率－預金金利）＞0，マネタリーベース増加，0<<TJPY>>）+20<<TJPY>>
○	銀行貸出・需要	TJPY	IF（収益率＞実質貸出金利，潜在的需要，0<<TJPY>>）
○	2％インフレ目標	%	IF（マネタリーベース増加<50<<TJPY>>，0<<%>>，2<<%>>）
◆	信用コスト	%	1<<%>>
◆	収益率	%	2<<%>>
◆	潜在的需要	TJPY	100<<TJPY>>
◆	経費率	%	0.5<<%>>
◆	預金金利	%	0<<%>>

が、その大前提がうまく展開しなかった。

成功するには、マネタリーベースの増大が予想インフレ率を直接引き上げるメカニズムを人々に明確に説明する必要があった。多くの人たちを納得させることができれば、異次元緩和策は期待通りの成果を収められたと思われる。そうであれば銀行に副作用をもたらすこともなかったであろう。

第2章　日銀の異次元緩和策と銀行経営

第1節　銀行経営の悪化

(1) 出口なき緩和策

前章の冒頭部分において日銀の異次元緩和策の発表から今日に至るまでの経緯を詳細に説明したが、もう一度、節目となる時期を中心にしながらコンパクトにまとめると、次のように整理することができる。

最初に日銀は大胆な金融政策として、2013年4月に2%のインフレ率を2年以内に達成する内容の異次元緩和策を発表した。当初は銀行をはじめとする金融機関からの国債買入を通じてマネタリーベースを年50兆円まで増やしていった。この規模だけでも過去の実績を上回るほどの金額である。だが、思惑通りの動きにはつながらなかったため、2014年10月に年80兆円まで規模を拡大した。それでも目標の2%インフレ率には届かなかった。

2016年1月にはさらに刺激的なマイナス金利付き量的・質的金融緩和策が打ち出されたが、インフレ率は目標の2%に達しない状態が長期間にわたって続いた。政策効果がなかなか表れない中で、反対に緩和策の副作用だけが目立つようになった。異次元緩和策の実施により異常なほどの低金利状態が長引き、銀行の収益は低迷し利益が得られない状態が定着したのである。

そこで日銀はインフレ目標だけを追求するのではなく銀行経営にも配慮し、2016年9月には副作用の緩和を目指した長短金利操作付き金融緩和策を導入した。だが、低金利の運用環境であることには変わりなく、依然として銀行収益の低迷状態は長引いた。2018年7月には低金利が引き起こす銀行の副作用を多少なりとも解消しようと、長期金利の上限をいままでのゼロ%程度から0・2%程度まで容認する考えを表明した。

それでも異次元緩和策の基本姿勢は従来とまったく変わらず、2%インフレ率の達成がずれこむ見通しから一段と長期化することが表明されている。金利のわずかな変動を認めながらも、将来にわたり現在の低金利を持続させるフォワードガイダンスの導入が打ち出されている。市場関係者にとって極めて理解しにくい日銀の政策発表である。

一見、銀行の副作用を意識しているように見えるが、緩和の姿勢は変わらないばかりか終わりの見えない状態に突入したようにも感じる。そもそも長期金利の0・2%程度の上昇では銀行収益に及ぼす効果は極めて限定的である。それよりも緩和策の出口が不透明な状態に陥ったことのほうが銀行経営にとって深刻な問題のように見える。

(2) 緩和策の限界

日銀の異次元緩和策が始まってから貸出金利は下がり続けている。貸出は銀行にとって主要な業務であるため、貸出金利が下がれば収益の獲得が難しくなる。この状態がいつまでも続けば銀行経営は悪化し、金融システムそのものが不安定な状態に陥る恐れが生じる。

バブル崩壊後に悩まされた不良債権問題を思い出すまでもなく、銀行経営に深刻な問題が生じれば金融システムの健全性が維持できなくなり、日本経済そのものが沈んでしまう。そう考えれば日銀の金融政策に修正が求められるように思われる。

本章では、日銀の異次元緩和策が長期にわたって実施され続けた場合、銀行への副作用が顕在化し、日銀が意図したものとはまったく違った結果が起きる恐れがあることを指摘したい。単純に考えれば、日銀の緩和策を通じて銀行貸出が増えれば景気浮揚につながり、それに伴ってインフレ率も2%の目標に到達するであろう。

ところが、緩和策が強められれば金利の下落から銀行収益は低迷し、逆に貸出を押さえ込んでしまう。これでは日銀の意図した政策効果と異なり、景気は浮揚できないどころか悪化の方向に進んでいく。もちろん、インフレ目標も達成できない状態が持続する。

分析の進め方として、最初に全国銀行の決算データから銀行への副作用が実際に発生し、銀行収益が日銀の緩和策による負の影響を受けていることを確認する。

その際、銀行特有の損益計算書に注目し、幾種類かの利益指標を紹介する。これにより当期純利益に至るまでの銀行収益の構造が正確に把握できるであろう。一般企業と同様のスタイルを取った通常の損益計算書に基づきながら利益が形成されるプロセスを重視した銀行特有の損益計算書のほうが、銀行経営を理解するうえで有益である。

次に銀行経営の実態を十分に認識したうえで、日銀の緩和策がある限度を超えると銀行への副作用が強くなることを簡単な銀行経営モデルを通じて明らかにしていく。日銀による緩和策を全面的に否定するのではなく、適度な緩和策ならば歓迎すべきである。だが、過度な緩和策を続ければ銀行経営を悪化させることを指摘していく。

最後に全国銀行を構成する都市銀行、地方銀行、第二地銀、信託銀行のうち、地域銀行である地銀と第二地銀がとりわけ日銀の緩和策に苦しんでいることを指摘したい。これらの地域銀行は都銀や信託銀行と異なり、国内の貸出が中心業務となっているからである。業態による副作用の違いも認識していきたい。

第2節　銀行の利益指標と副作用

(1) プロセスごとの利益指標

銀行経営を探るうえで重要な情報を提供してくれるのが、決算で発表される損益計算書である。銀行の場合、通常の損益計算書と利益形成を中心とした損益計算書の2種類がある。

図表2－1　銀行の2種類の損益計算書

（1）通常の損益計算書

(1)経常収益　①＋②		×××
資金運用収益　①	×××	
役務取引等収益　②	×××	
(2)経常費用　③＋④＋⑤		×××
資金調達費用　③	×××	
役務取引等費用　④	×××	
営業経費　⑤	×××	
(3)経常利益　(1)－(2)		×××
(4)特別損益		×××
(5)税引前当期純利益　(3)＋(4)		×××
(6)法人税，住民税及び事業税		×××
(7)当期純利益　(5)－(6)		×××

（2）利益形成を中心とした損益計算書

(1)業務粗利益　①＋②		×××
資金利益　①	×××	
役務取引等利益　②	×××	
(2)経費(△)		×××
(3)実質業務純益　(1)－(2)		×××
うち国債等債券関係損益	×××	
(4)一般貸倒引当金繰入(△)		×××
(5)業務純益　(3)－(4)		×××
(6)臨時損益　－③＋④		×××
個別貸倒引当金繰入額(△)　③	×××	
株式等関係損益　④	×××	
(7)経常利益　(5)＋(6)		×××
(8)特別損益		×××
(9)税引前当期純利益　(7)＋(8)		×××
(10)法人税，住民税及び事業税		×××
(11)当期純利益　(9)－(10)		×××

図表2－1は2種類の損益計算書を相互に関連づけながら描いたものである。

通常の損益計算書では一般企業と同様に経常収益から経常費用を差し引いたものが経常利益となる。経常収益は資金運用収益と役務取引等収益から成り立ち、経常費用は資金運用費用と役務取引等費用そして営業経費から形成されている。さらに経常利益に特別損益を加えたものが税引前当期純利益となり、そこから法人税、住民税及び事業税を引くことで最終的な利益である当期純利益が得られる。

それに対して利益形成を中心とした損益計算書は、基本的に通常の損益計算書と同じであるが、経常利益が導き出されるまでのプロセスがいくつかのステップに分けながら説明されている点に特徴がある。このほうが銀行業務の実態を正確に捉えやすいと思われる。

最初に得られるのが業務粗利益であり、資金利益と役務取引等利益を加えたものである。そこから経費を引くことで実質業務純益が得られる。さらに一般貸倒引当金繰入を控除したのが業務純益であり、臨時損益を加えることで経常利益が得られる。ここまでは通常の損益計算書と異なるが、それ以降の当期純利益までの扱いはまったく同じである。

銀行決算で発表される業務粗利益、実質業務純益、業務純益、そして経常利益の数値は、利益形成を中心とした損益計算書から導き出されたものである。これら4種類の利益を観察することで銀行経営がどのような状況に置かれているかがすぐに理解できる。

今日、日銀は異次元緩和策を実施し、金利水準を極度に低下させている。この環境の下では銀行の資金利益が低迷すると同時に業務粗利益も下がっていくと予想される。役務取引等利益が増えればその動きを阻止できるので、そのための対策として手数料収入の獲得といった手段を打ち出していく。そうすれば資金利益と役務取引等利益の合計である業務粗利益はある程度の改善を見せるであろう。

あるいは貸出金利の低迷から資金利益が十分に確保できなければ、人件費や物件費といった経費を削る手法も考えられる。実質業務純益は業務粗利益と比較することで、そうした動きを確認できる経営指標でもある。さらに一般貸倒引当金を控除した業務純益に注目すれば正確な利益をつかむことができる。

これらの経営指標は銀行の本来業務から生み出される利益を表している。だが、本来業務の利益が低迷した場合は、保有株式の含み益を吐き出すことで銀行の利益を一時的に上乗せできる。経常利益は業務純益に株式等関係損益を加えたものである。

したがって、業務純益と比較することで、銀行がどれだけ含み益を実現益に転換しているかを見ることができる。業務純益が落ち込んでいるにもかかわらず、経常利益が上向いていれば、含み益の吐き出しが行われていると考えられる。

こうして得られた経常利益に特別損益を加え、法人税、住民税及び事業税を差し引くことで当期純利益が得られる。当期純利益は最終的な経営指標であるが、これだけを観察しても銀行経営の実態を正確に捉えることはできない。この指標が導き出されるまでのプロセスで派生する業務粗利益、実質業務純益、業務純益、そして経常利益も同時に観察しなければならない。これらの利益指標を合わせながら銀行経営の実態を読み取っていく必要がある。

(2) 副作用の確認

こうした銀行の利益指標のうち全国銀行の業務純益、経常利益、当期純利益を業態ごとに取り出したものが**図表2-2**である。業態とは全国銀行を構成する都銀、地銀、第二地銀、信託銀行であり、観測期間は2008年度から2017年度である。このうち2008年度から2012年度の期間が日銀の異次元緩和策以前であり、2013年度から2017年度

図表２－２　全国銀行・業態別の業務純益，経常利益，当期純利益の推移

		2008年度	2009年度	2010年度	2011年度	2012年度	2013年度	2014年度	2015年度	2016年度	2017年度
		日銀の異次元緩和策　以前					日銀の異次元緩和策　以後				
全国銀行											
	業務純益	34,953	48,049	49,471	50,332	49,999	45,720	47,127	47,975	37,027	32,394
	経常利益	▲16,096	24,457	32,611	38,173	39,833	50,897	50,919	47,903	39,461	40,461
	当期純利益	▲19,956	18,116	25,084	24,812	30,311	33,944	32,747	33,888	29,394	30,355
都市銀行											
	業務純益	21,765	26,313	27,291	28,111	27,625	24,704	25,749	26,806	20,700	16,451
	経常利益	▲6,064	13,035	19,251	22,212	23,171	29,526	28,307	25,214	21,494	21,921
	当期純利益	▲11,056	10,727	16,223	15,673	19,365	19,766	18,232	18,265	16,418	16,606
地方銀行											
	業務純益	9,957	13,557	13,818	13,616	13,994	12,317	12,817	12,702	10,348	9,464
	経常利益	▲1,341	8,066	8,599	10,252	10,403	12,433	13,381	13,892	11,317	11,015
	当期純利益	▲699	5,527	5,428	5,795	6,497	7,808	8,211	9,404	7,954	7,839
第二地銀											
	業務純益	28	3,183	3,492	3,456	3,395	3,803	2,896	2,678	2,161	1,947
	経常利益	▲4,510	833	1,558	2,072	1,968	3,481	3,071	2,885	2,350	2,206
	当期純利益	▲3,755	613	752	1,118	1,234	2,527	2,066	1,923	1,701	1,584
信託銀行											
	業務純益	5,131	4,383	4,299	4,472	4,236	4,267	4,945	5,025	3,154	3,861
	経常利益	▲173	2,916	2,843	3,061	3,628	4,569	5,104	4,873	3,470	4,382
	当期純利益	▲423	1,649	2,252	1,636	2,564	3,062	3,298	3,455	2,452	3,501

（注１）単位：億円　▲はマイナスを意味する。
（注２）「全国銀行財務諸表分析」（全国銀行協会）　参照。　なお，図表２～５，図表２−15～図表２−18も同様。

の期間が日銀の異次元緩和策以後に相当する。

図表2-3～図表2-5ではそれぞれの利益指標を積み上げ棒グラフで表している。全体の大きさだけでなく、それを構成する各要素の割合も同時に把握できるように描かれている。これにより4業態の合計である全国銀行の動きに留まらず、業態ごとの動きも捉えることができる。

全体的に眺めると日銀の異次元緩和策が始まる2013年度を基準にして、それ以前と以後では動きが変わっているのに気づく。緩和策以前ではどの利益指標も全体的にほぼ上昇傾向にあるが、緩和策以後は逆に低下傾向にある。とりわけ、マイナス金利政策の影響を受けた2016年度ならびに2017年度では落ち込みが激しい。

日銀の緩和策が実施されたことで貸出金利が急激に下がったからである。貸出金利と預金金利の差である資金利鞘が薄くなり、資金利益が低下し、業務粗利益ならびに実質業務純益も下がってしまった。そのことが業務純益、経常利益、当期純利益を引き下げているのである。

銀行の対応策として預金金利の引き下げがあげられるかもしれないが、引き下げの余地がほとんど残されていないのが現状である。ゼロ%に限りなく近い水準に張り付いているため、資金利鞘は貸出金利の引き下げの影響をもろに受けて下がり続けている。

先ほども指摘したように、資金利益が低迷すれば役務取引等利益の引き上げから業務粗利

図表２－３　全国銀行・業態別の業務純益の推移

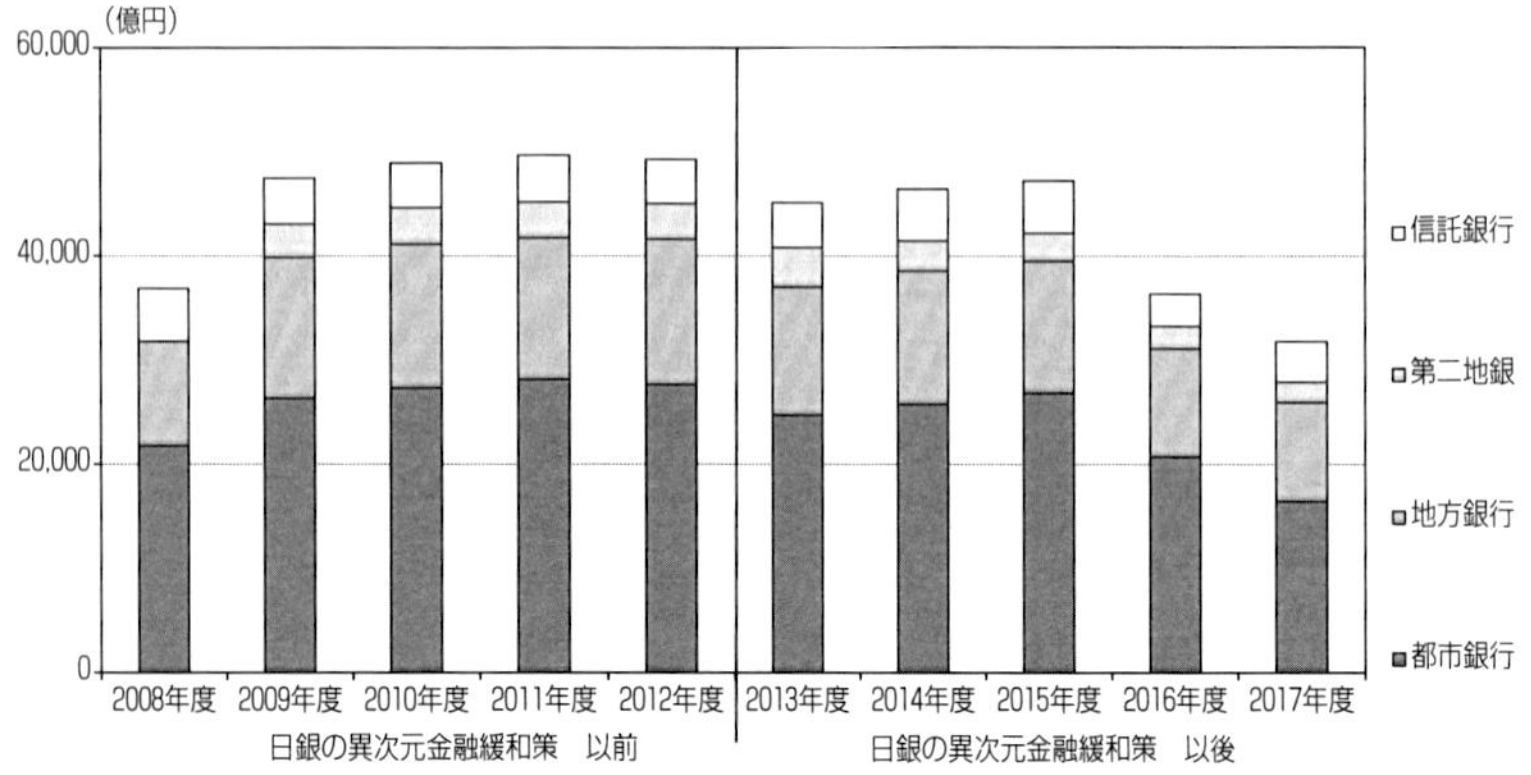

図表２－４　全国銀行・業態別の経常利益の推移

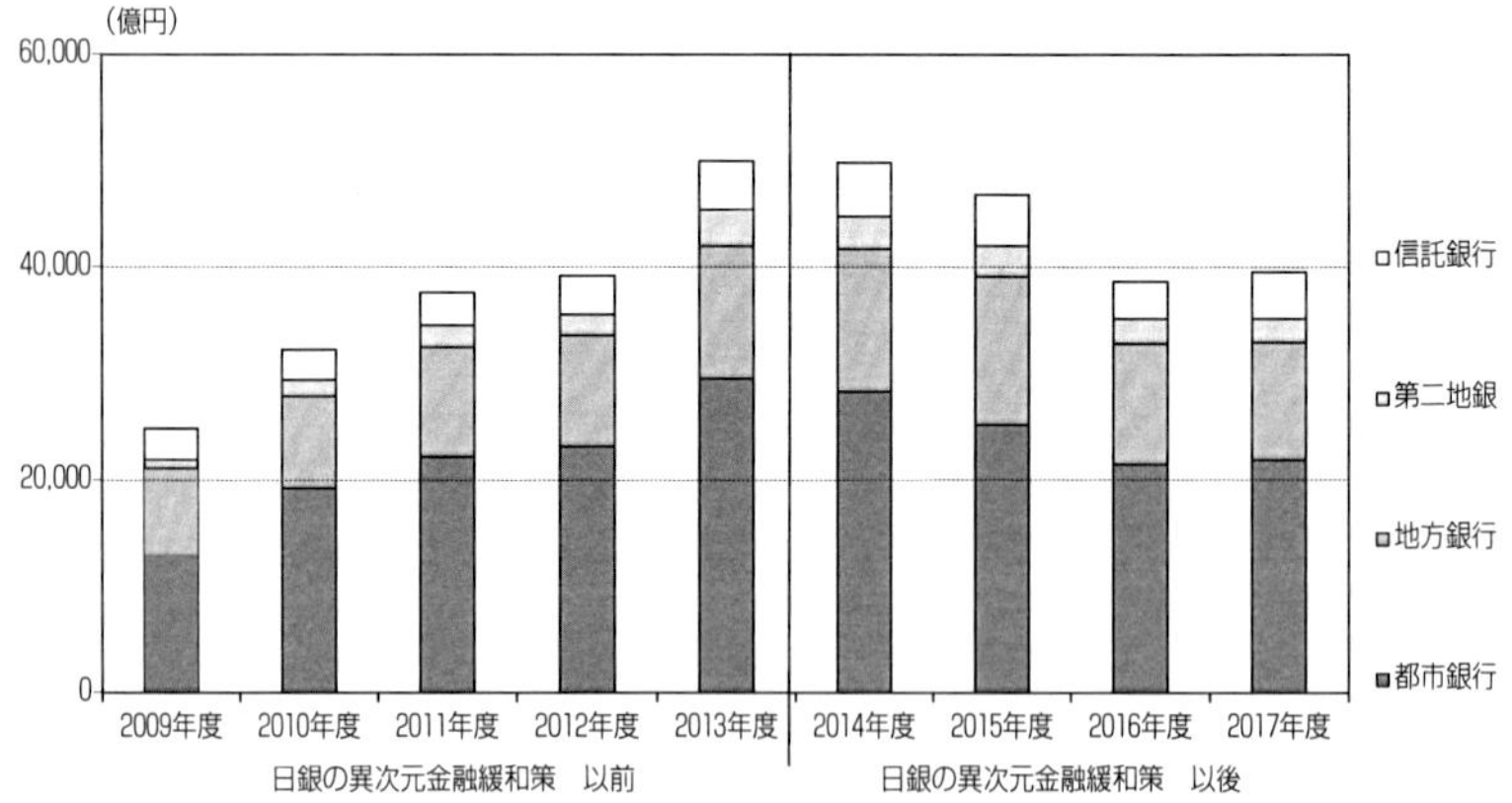

図表2－5　全国銀行・業態別の当期純利益の推移

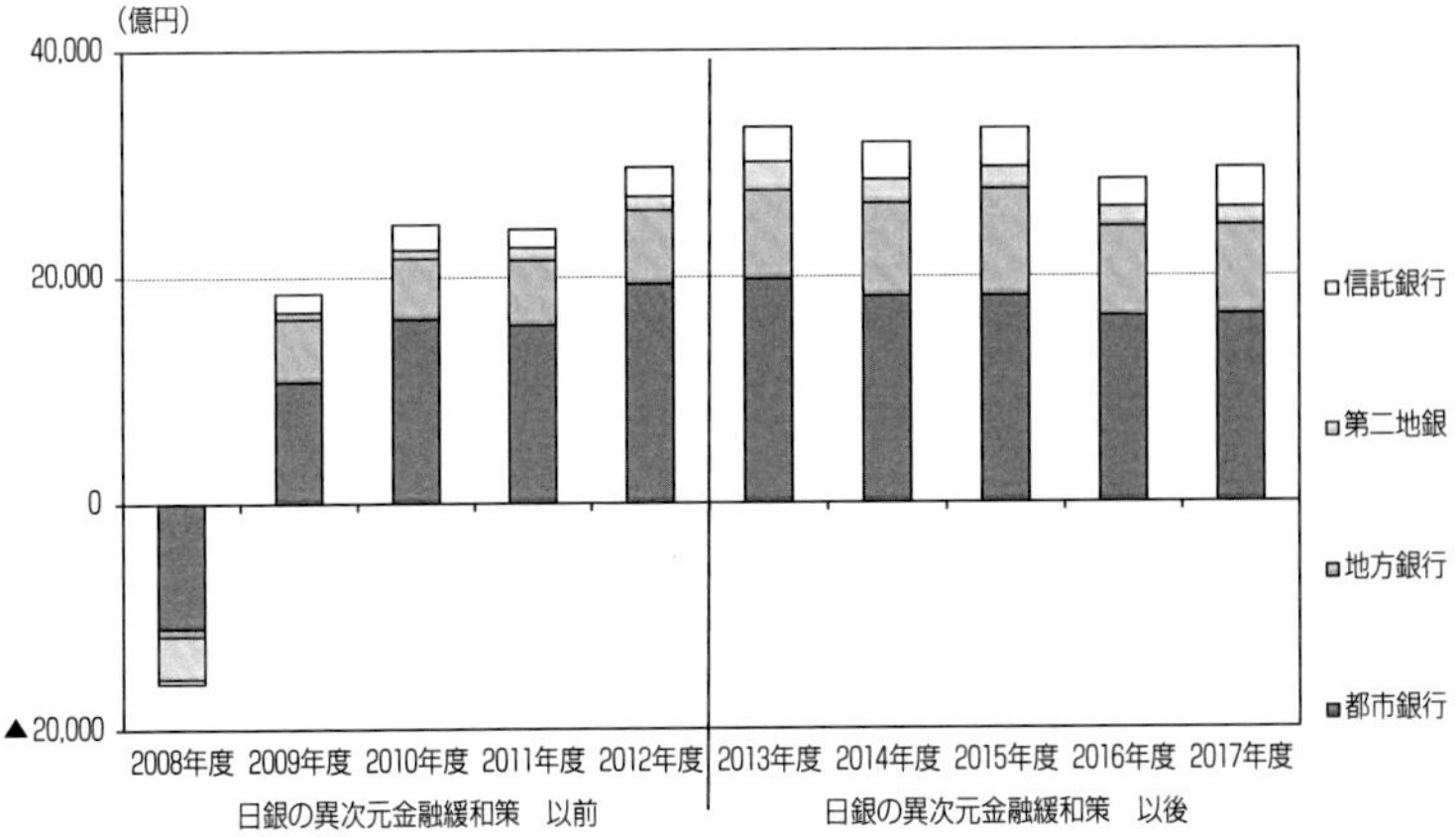

益は落ち込まずに済む。そのため銀行は手数料獲得に力点を置いた経営を展開しているように思われるが、資金利益の落ち込みを十分に補うのは難しいのが現状である。それゆえ、業務粗利益は低迷状態に陥った状態にある。

業務粗利益が改善できなければ、人件費や物件費といった経費を削減することで実質業務純益を高めることができる。銀行は業務全般に関わる大なり小なりのリストラを繰り返しながら経費を削減しようとしている。それでも元々の利益源である資金利益が低迷している限り、経費の削減だけでは限界が生じる。

あるいは国債等債券関係損益を拡大させる手段も存在する。例えば外国債券を大量に購入し、外国為替相場が円安の方向に振れた時に売却すれば利益が得られる。これにより実質業務純益は上昇する。だが、そうした手段は一時的であり、恒常的に銀行の利益を確保するのは困難である。逆に外国為替相場が円高の方向に向かった場合、損失が拡大する恐れもある。

実質業務純益が低迷すれば、一般貸倒引当金繰入を控除した業務純益も当然ながら低迷する。それでも銀行が保有する株式を売却すれば株式等関係損益が増大し、経常利益は高まっていく。これならば低下傾向にある資金利益を補うことができるかもしれない。しかしながら、保有株式の売却による利益も一時的手段であり、いつまでも利用できるものではない。

日銀の異次元緩和策が続く限り、業務純益も経常利益も基本的に低迷せざるを得ない状況にある。利益を一時的に押し上げる手段はいくつかあるが、それらの利益を持続的に補完するほどの勢いはない。それゆえ、最終的な利益である当期純利益も他の利益指標と同様に低迷状態にある。

こうして見ていくとわかるように日銀の緩和策が銀行経営に与えるダメージはかなり大きい。貸出金利を強引に引き下げることで銀行の収益を悪化させ、利益が生み出しにくい状態が作り出されている。これでは銀行経営がいずれ行き詰まってしまう。まさに副作用が顕在化していることが全国銀行を対象とした利益指標から確認できる。

第3節　金融政策と銀行行動

(1) 銀行経営モデル

日銀の異次元緩和策がもたらす副作用が全国銀行の決算データから確認できたので、次に金融政策が銀行の利益に及ぼすメカニズムをモデル化していくことにしたい。**図表2-6**は日銀の金融政策と銀行の利益形成メカニズムをシステムダイナミクスのソフトであるSTUDIOを使って描いたものである。

モデルに組み込まれた方程式の内容や係数の説明は割愛するが、詳細は章末の**付録2-1・銀行経営モデルの方程式**にまとめてある。興味のある読者は付録の方程式を見てもらいたい。それを眺めることでモデルの特徴が理解できると思われる。ここでは日銀の緩和策が銀行の利益に至るまでの波及経路に焦点を当てながら説明していきたい。

まず利益指標として「**業務粗利益**」は「**資金利益**」と「**役務取引等利益**」から成り立っている。資金利益は「**貸出利息**」と「**預金利息**」の差から決定づけられ、このうち貸出利息は「**貸出金利**」と「**貸出残高**」から導き出される。この中で「**日銀の金融政策**」が影響を及ぼすのは貸出金利と「**貸出増加率**」である。

日銀は異次元緩和策として銀行から国債を買い入れることでマネタリーベースを増やして

図表2－6　日銀の金融政策と銀行の利益形成メカニズム

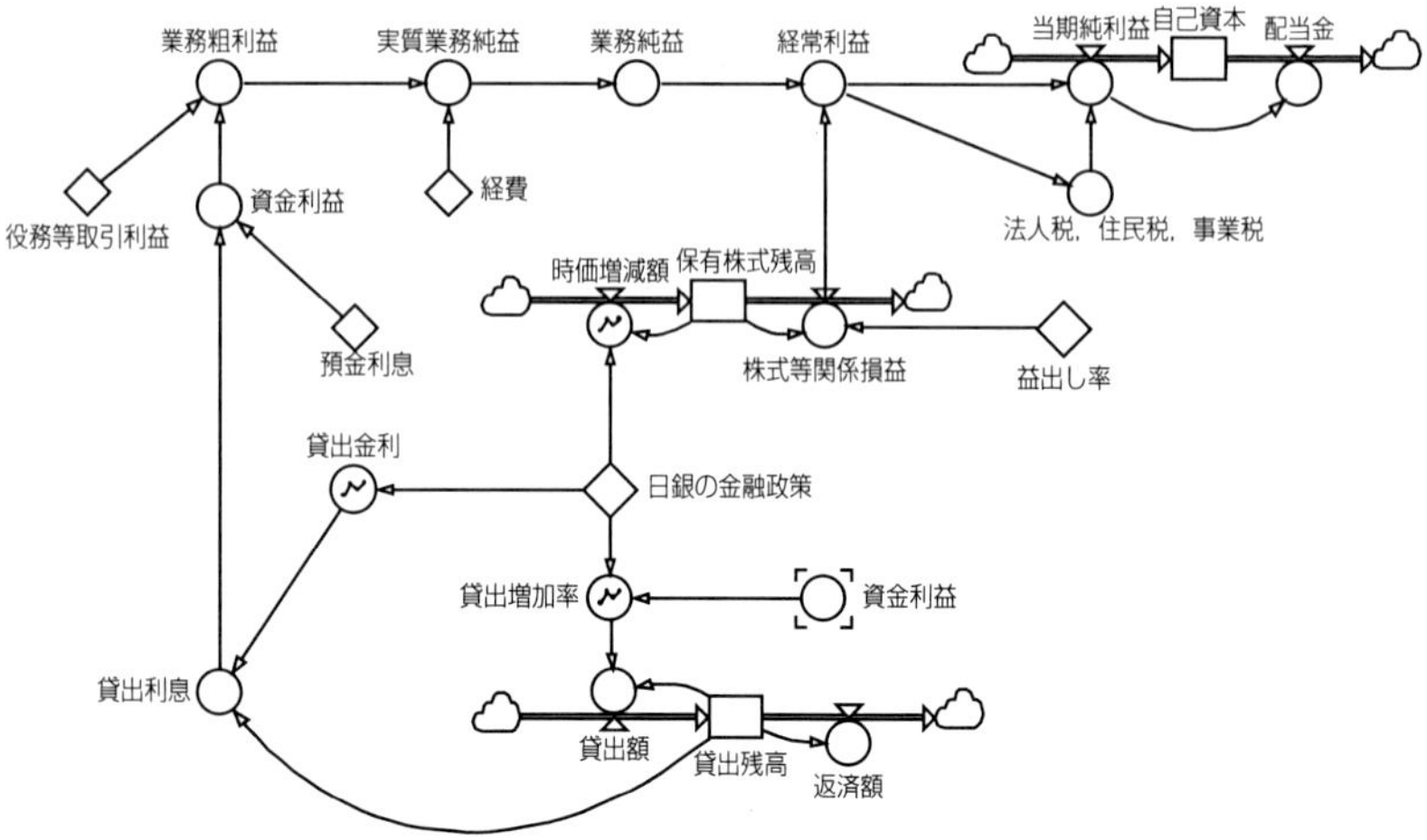

いるが、この政策は貸出金利の引き下げと銀行の貸出増加を求めたものである。思惑通りの動きに転じれば「**貸出額**」と「**返済額**」の差額だけ銀行の貸出残高は増えていく。さらに貸出金利が下落しても貸出残高が拡大すれば資金利益も増えていく。日銀にとっても銀行にとっても好ましい結果がもたらされる。

だが、日銀の緩和策の行き過ぎから貸出金利が大幅に下落した場合は、資金利益が落ち込んでしまう。その時は貸出を抑えようと銀行は判断するであろう。株式会社である銀行にとって当然の行動である。したがって、貸出増加率は資金利益の状況によって決定づけられ、銀行経営にとって好ましくない場合は貸出残高は減少する。

次に「**実質業務純益**」は業務粗利益から「経費」を差し引くことで得られる。それは「**業務**

純益」につながり、「**株式等関係損益**」を加えることで「**経常利益**」が導き出される。銀行の株式等関係損益は「**時価増減額**」から絶えず変動する「**保有株式残高**」に「**益出し率**」を掛けたものである。日銀の金融政策はここにおいても影響を及ぼす。

なぜなら異次元緩和策を実施することで株式市場の活性化から保有株式の含み益は拡大し、それを売却することで実現益が獲得できるからである。日銀によるマネタリーベースの増大は、株式投資家にとって株価上昇の期待が高まるので日経平均株価は上昇し、銀行の保有株式の時価を高めていく傾向にある。

また、日銀は世界の中で株式を購入する唯一の中央銀行であり、年間6兆円ものETF（上場投資信託）の買入は株価上昇を引き起こす直接的な役割を果たしている。したがって、日銀の金融政策は貸出金利や銀行の貸出増加率を通じた資金利益だけでなく、株式等関係損益による経常利益にも影響を及ぼすことができる。

最終的に得られる「**当期純利益**」は経常利益から「**法人税、住民税、事業税**」を差し引いたものであり、その資金は「**自己資本**」に流れ、一部が「**配当金**」として株主に分配される。こうした一連の流れが銀行経営のメカニズムとして捉えることができる。

（2）3種類の緩和策

モデルの枠組みが説明されたので、次に日銀の緩和策が銀行経営に及ぼす影響を見ていくことにしたい。このモデルでは日銀の緩和策が最初に銀行の貸出金利、貸出増加率、そして保有株式残高の時価増減率に変化をもたらすことから出発する。これらの要因を通じて銀行がどのような経営行動を展開するかに注目している。

ここでは日銀の緩和策の強弱に応じた次の3種類のケースを取り上げている。弱い緩和策は異次元緩和策が実施される以前の金融政策、適度な緩和策は異次元緩和策が実施された初期の頃の金融政策、そして過度な緩和策は年度を重ねながら異次元緩和策が強化された時期の金融政策をイメージしている。

①日銀の弱い緩和策（ケース1）

日銀の金融政策が弱い緩和策を採用したケースであり、モデルで設定された数式から貸出金利は2・4%、貸出増加率は0・1%、初期の保有株式の時価増減額は0・1《BJPY》となっている。**図表2−7**はそこから得られたシミュレーションの結果が0期から100期にわたってまとめられている。

②日銀の適度な緩和策（ケース2）

日銀の金融政策が適度な緩和策を採用したケースであり、貸出金利は2・2%、貸出増加率は0・3%、初期の保有株式の時価増減額は0・15《BJPY》となっている。**図表2−8**

図表２－７　日銀の弱い緩和策（ケース１）

（１）貸出の動き	0期	10期	20期	30期	40期	50期	60期	70期	80期	90期	100期
貸出額	0.10	0.10	0.10	0.10	0.10	0.10	0.10	0.10	0.10	0.10	0.10
返済額	0.10	0.10	0.10	0.10	0.10	0.10	0.10	0.10	0.10	0.10	0.10
貸出残高	100.00	100.00	100.00	100.00	100.00	100.00	100.00	100.00	100.00	100.00	100.00

（２）損益計算書	0期	10期	20期	30期	40期	50期	60期	70期	80期	90期	100期
貸出利息	2.40	2.40	2.40	2.40	2.40	2.40	2.40	2.40	2.40	2.40	2.40
預金利息	2.00	2.00	2.00	2.00	2.00	2.00	2.00	2.00	2.00	2.00	2.00
資金利益	0.40	0.40	0.40	0.40	0.40	0.40	0.40	0.40	0.40	0.40	0.40
役務等取引利益	1.00	1.00	1.00	1.00	1.00	1.00	1.00	1.00	1.00	1.00	1.00
業務粗利益	1.40	1.40	1.40	1.40	1.40	1.40	1.40	1.40	1.40	1.40	1.40
経費	1.00	1.00	1.00	1.00	1.00	1.00	1.00	1.00	1.00	1.00	1.00
実質業務純益＝業務純益	0.40	0.40	0.40	0.40	0.40	0.40	0.40	0.40	0.40	0.40	0.40
時価増減額	0.05	0.04	0.03	0.02	0.02	0.01	0.01	0.01	0.00	0.00	0.00
保有株式残高	50.00	37.25	27.76	20.68	15.41	11.48	8.55	6.37	4.75	3.54	2.64
益出し率	3.00%	3.00%	3.00%	3.00%	3.00%	3.00%	3.00%	3.00%	3.00%	3.00%	3.00%
株式等関係損益	1.50	1.12	0.83	0.62	0.46	0.34	0.26	0.19	0.14	0.11	0.08
経常利益	1.90	1.52	1.23	1.02	0.86	0.74	0.66	0.59	0.54	0.51	0.48
法人税，住民税，事業税	1.00	1.00	1.00	1.00	1.00	1.00	1.00	1.00	1.00	1.00	1.00
当期純利益	0.90	0.52	0.23	0.02	▲ 0.14	▲ 0.26	▲ 0.34	▲ 0.41	▲ 0.46	▲ 0.49	▲ 0.52

（３）関連指標	0期	10期	20期	30期	40期	50期	60期	70期	80期	90期	100期
自己資本	100.00	105.03	107.71	108.63	108.08	106.14	103.17	99.43	95.11	90.36	85.29
配当金	0.27	0.16	0.07	0.01	0.00	0.00	0.00	0.00	0.00	0.00	0.00
経常利益／自己資本	1.90%	1.44%	1.14%	0.94%	0.80%	0.70%	0.64%	0.59%	0.57%	0.56%	0.56%

（注）単位：BJPY

図表２－８　日銀の適度な緩和策（ケース２）

（１）貸出の動き	０期	10期	20期	30期	40期	50期	60期	70期	80期	90期	100期
貸出額	0.30	0.31	0.31	0.32	0.32	0.33	0.34	0.35	0.35	0.36	0.37
返済額	0.10	0.10	0.10	0.11	0.11	0.11	0.11	0.12	0.12	0.12	0.12
貸出残高	100.00	102.02	104.08	106.18	108.32	110.51	112.74	115.01	117.33	119.70	122.12

（２）損益計算書	０期	10期	20期	30期	40期	50期	60期	70期	80期	90期	100期
貸出利息	2.20	2.24	2.29	2.34	2.38	2.43	2.48	2.53	2.58	2.63	2.69
預金利息	2.00	2.00	2.00	2.00	2.00	2.00	2.00	2.00	2.00	2.00	2.00
資金利益	0.20	0.24	0.29	0.34	0.38	0.43	0.48	0.53	0.58	0.63	0.69
役務等取引利益	1.00	1.00	1.00	1.00	1.00	1.00	1.00	1.00	1.00	1.00	1.00
業務粗利益	1.20	1.24	1.29	1.34	1.38	1.43	1.48	1.53	1.58	1.63	1.69
経費	1.00	1.00	1.00	1.00	1.00	1.00	1.00	1.00	1.00	1.00	1.00
実質業務純益＝業務純益	0.20	0.24	0.29	0.34	0.38	0.43	0.48	0.53	0.58	0.63	0.69
時価増減額	0.15	0.11	0.09	0.07	0.05	0.04	0.03	0.02	0.02	0.01	0.01
保有株式残高	50.00	38.03	28.92	22.00	16.73	12.72	9.68	7.36	5.60	4.26	3.24
益出し率	3.00%	3.00%	3.00%	3.00%	3.00%	3.00%	3.00%	3.00%	3.00%	3.00%	3.00%
株式等関係損益	1.50	1.14	0.87	0.66	0.50	0.38	0.29	0.22	0.17	0.13	0.10
経常利益	1.70	1.39	1.16	1.00	0.88	0.81	0.77	0.75	0.75	0.76	0.78
法人税，住民税，事業税	1.00	1.00	1.00	1.00	1.00	1.00	1.00	1.00	1.00	1.00	1.00
当期純利益	0.70	0.39	0.16	▲ 0.00	▲ 0.12	▲ 0.19	▲ 0.23	▲ 0.25	▲ 0.25	▲ 0.24	▲ 0.22

（３）関連指標	０期	10期	20期	30期	40期	50期	60期	70期	80期	90期	100期
自己資本	100.00	103.85	105.79	106.35	105.77	104.27	102.18	99.78	97.27	94.81	92.51
配当金	0.21	0.12	0.05	0.00	0.00	0.00	0.00	0.00	0.00	0.00	0.00
経常利益／自己資本	1.70%	1.33%	1.09%	0.94%	0.84%	0.78%	0.75%	0.75%	0.77%	0.80%	0.85%

（注）単位：BJPY

はそうしたケースのもとで得られたシミュレーションの結果が示されている。

③日銀の過度な緩和策（ケース3）

日銀の金融政策が過度な緩和策を採用したケースであり、貸出金利は2・0％、貸出増加率は0・0％、初期の保有株式の時価増減額は0・25《BJPY》となっている。**図表2-9**はシミュレーションの結果が整理されている。

こうした3つのケースを比較するとわかるように、日銀の緩和策が強まるにつれて銀行の貸出金利は2・4％→2・2％→2・0％へと低下していく。日銀が銀行の保有する国債を大量に購入するので国債金利は下落し、それに引きずられるように貸出金利も下がっていく。同時に銀行は国債の売却から得た資金を貸出に向かわせるので、貸出増加率は日銀の緩和策が強められるにつれて上昇すると考えられる。銀行は日銀に売却資金を預けておいてもほとんど利益に結び付かないので、利息収入を求めて貸出に動いていく。

ところが、モデルでは貸出増加率は0・1％→0・3％→0・0％となり、必ずしも緩和策の強度に比例した動きを展開していない。確かに日銀の弱い緩和策（ケース1）から適度な緩和策（ケース2）にかけて貸出増加率は0・1％→0・3％に上昇しているが、過度な緩和策（ケース3）が採用されると貸出増加率は0・0％となり貸出が行われない状態に陥って

図表２－９　日銀の過度な緩和策（ケース３）

（１）貸出の動き	０期	10期	20期	30期	40期	50期	60期	70期	80期	90期	100期
貸出額	0.00	0.00	0.00	0.00	0.00	0.00	0.00	0.00	0.00	0.00	0.00
返済額	0.10	0.10	0.10	0.10	0.10	0.10	0.09	0.09	0.09	0.09	0.09
貸出残高	100.00	99.00	98.02	97.04	96.08	95.12	94.17	93.24	92.31	91.39	90.48

（２）損益計算書	０期	10期	20期	30期	40期	50期	60期	70期	80期	90期	100期
貸出利息	2.00	1.98	1.96	1.94	1.92	1.90	1.88	1.86	1.85	1.83	1.81
預金利息	2.00	2.00	2.00	2.00	2.00	2.00	2.00	2.00	2.00	2.00	2.00
資金利益	0.00	▲ 0.02	▲ 0.04	▲ 0.06	▲ 0.08	▲ 0.10	▲ 0.12	▲ 0.14	▲ 0.15	▲ 0.17	▲ 0.19
役務等取引利益	1.00	1.00	1.00	1.00	1.00	1.00	1.00	1.00	1.00	1.00	1.00
業務粗利益	1.00	0.98	0.96	0.94	0.92	0.90	0.88	0.86	0.85	0.83	0.81
経費	1.00	1.00	1.00	1.00	1.00	1.00	1.00	1.00	1.00	1.00	1.00
実質業務純益＝業務純益	0.00	▲ 0.02	▲ 0.04	▲ 0.06	▲ 0.08	▲ 0.10	▲ 0.12	▲ 0.14	▲ 0.15	▲ 0.17	▲ 0.19
時価増減額	0.25	0.19	0.15	0.12	0.09	0.07	0.05	0.04	0.03	0.03	0.02
保有株式残高	50.00	38.82	30.13	23.39	18.16	14.10	10.95	8.50	6.60	5.12	3.98
益出し率	3.00%	3.00%	3.00%	3.00%	3.00%	3.00%	3.00%	3.00%	3.00%	3.00%	3.00%
株式等関係損益	1.50	1.16	0.90	0.70	0.54	0.42	0.33	0.25	0.20	0.15	0.12
経常利益	1.50	1.14	0.86	0.64	0.47	0.33	0.21	0.12	0.04	▲ 0.02	▲ 0.07
法人税，住民税，事業税	1.00	1.00	1.00	1.00	1.00	1.00	1.00	1.00	1.00	0.50	0.50
当期純利益	0.50	0.14	▲ 0.14	▲ 0.36	▲ 0.53	▲ 0.67	▲ 0.79	▲ 0.88	▲ 0.96	▲ 0.52	▲ 0.57

（３）関連指標	０期	10期	20期	30期	40期	50期	60期	70期	80期	90期	100期
自己資本	100.00	102.33	102.34	99.94	95.54	89.54	82.27	73.96	64.80	56.45	51.02
配当金	0.15	0.04	0.00	0.00	0.00	0.00	0.00	0.00	0.00	0.00	0.00
経常利益／自己資本	1.50%	1.12%	0.84%	0.64%	0.49%	0.36%	0.26%	0.16%	0.07%	▲ 0.03%	▲ 0.14%

（注）単位：BJPY

いる。

なぜ貸出が停止してしまうのであろうか。それは貸出金利が過度な緩和策の影響から平時に比べて極端に下がってしまい、貸出利息と預金利息との差額である資金利益が得られない状態が生じるからである。資金利益が得られないもとでは銀行は貸出を行うはずがない。それゆえ、貸出増加率は0・0%となるのである。

日銀の異次元緩和策が実施され十分な時間が経過したにもかかわらず、銀行貸出が想定したほど伸びず、マネタリーベースだけが積み上がってしまったのは、まさにこうした資金利益が得られない状態が生じたためである。銀行は株式会社組織であり、利益の獲得を第一に考えなければならないので当然の結果であろう。

一方、保有株式の時価増減率は日銀の緩和策が強まるにつれて0・1《BJPY》↓0・15《BJPY》↓0・25《BJPY》と増大している。これは緩和策の強化に伴って株式投資家の期待感が高まると同時に、日銀による株式購入額の拡大から日経平均株価が上昇し、銀行の保有株式の時価も上昇する姿を描いている。

第4節　銀行経営に及ぼす影響

前節の銀行経営モデルで得られた図表2-7~図表2-9のシミュレーション結果に基づきながら、日銀による3種類の緩和策が銀行行動にいかなる影響を与えるかを具体的に見ていくことにしよう。**図表2-10**は銀行の貸出残高を取り出し、その推移を描いたものである。この図を見ることで日銀の金融政策の特徴が理解できよう。

(1)銀行の貸出残高と経常利益

日銀の弱い緩和策(ケース1)のもとでは銀行の貸出残高は100《BJPY》のままで変化がまったくない。貸出額と同じ金額の返済額が同時に生じているからである。これでは日銀が目指す政策目標が実現できているとは言えない。貸出残高が増えていかない限り、景気の拡大ばかりかインフレ目標も達成の目途が立たない。

そこで緩和策が強化され、日銀の弱い緩和策(ケース1)から適度な緩和策(ケース2)に転換した場合、銀行の貸出残高は増え続けている。緩和策が強められたことで毎期ごとに貸出額が返済額よりも増えているからである。まさに日銀が目指した理想的な姿であろう。緩和策が弱くもなければ強過ぎもしない適度な緩和策と言える。

ところが、過度な緩和策(ケース3)が実施されると、貸出残高は減少傾向を歩んでいく。

図表２-10　銀行の貸出残高の推移

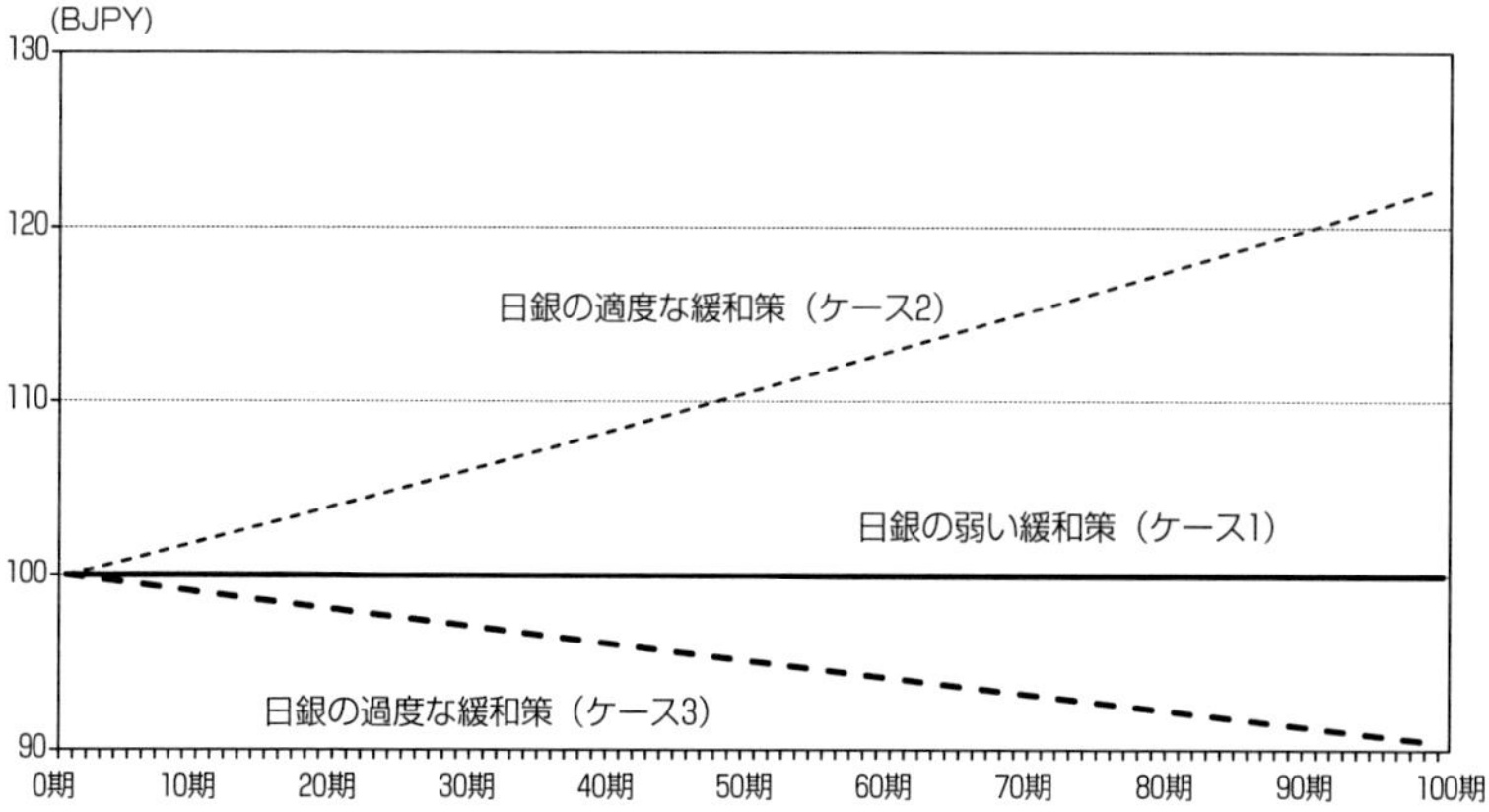

あまりにも貸出金利が下がり過ぎたために、貸出を行っても資金利益が得られないからである。それゆえ、新規貸出が一切行われず、返済だけが生じるので貸出残高が減り続けていく。

図表２-11は日銀による３種類の緩和策に対応した銀行の資金利益の推移を示したものである。この図から確認できるように弱い緩和策（ケース１）は一定のプラスを維持し、適度な緩和策（ケース２）では上昇傾向にある。それに対して過度な緩和策（ケース３）ではマイナスの幅を広げる動きを見せている。貸出を実施しても利益が得られないことがわかる。

日銀の緩和策は単に強めれば良いわけではない。ある限界を超えれば銀行は貸出をためらうであろう。貸出を実施しても利益が得られないという副作用だけが顕在化するからである。過度な緩和策（ケース３）はこの状況を説明している。

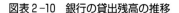

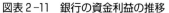

図表2-11　銀行の資金利益の推移

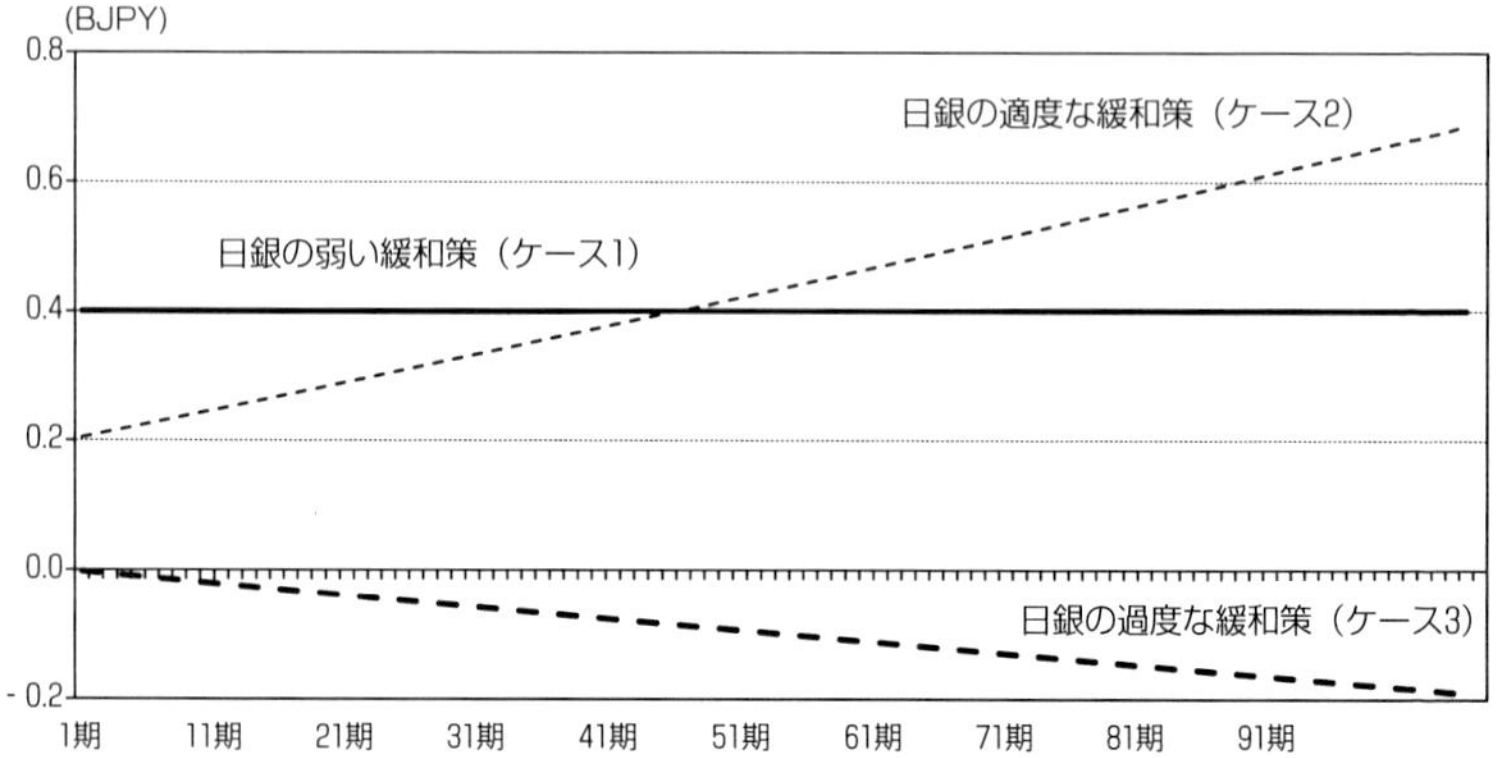

貸出から発生する資金利益は銀行にとって一部の利益に過ぎない。その利益を出発点にしながら全体の利益に相当する経常利益が、日銀の3種類の緩和策によってどのように動いていくのかを見たのが**図表2-12**である。

どのケースも経常利益は低下傾向にある。資金利益に役務取引等利益を加えたものが業務粗利益であり、それから経費を差し引いたものが実質業務純益である。ここでは業務純益に一致すると想定している。役務取引等利益と経費は一定としているので、本来ならばそれぞれの利益指標は資金利益と同じ動きを展開することになる。

だが、経常利益は業務純益に株式等関係損益を加えたものである。銀行は保有株式残高に益出し率を掛けた金額が株式等関係損益として実現していく。したがって、経常利益は、資金利益が上昇傾向にあっても株式等関係損益が減少傾向にあれば低下傾向に向かっ

図表2-12　銀行の経常利益の推移

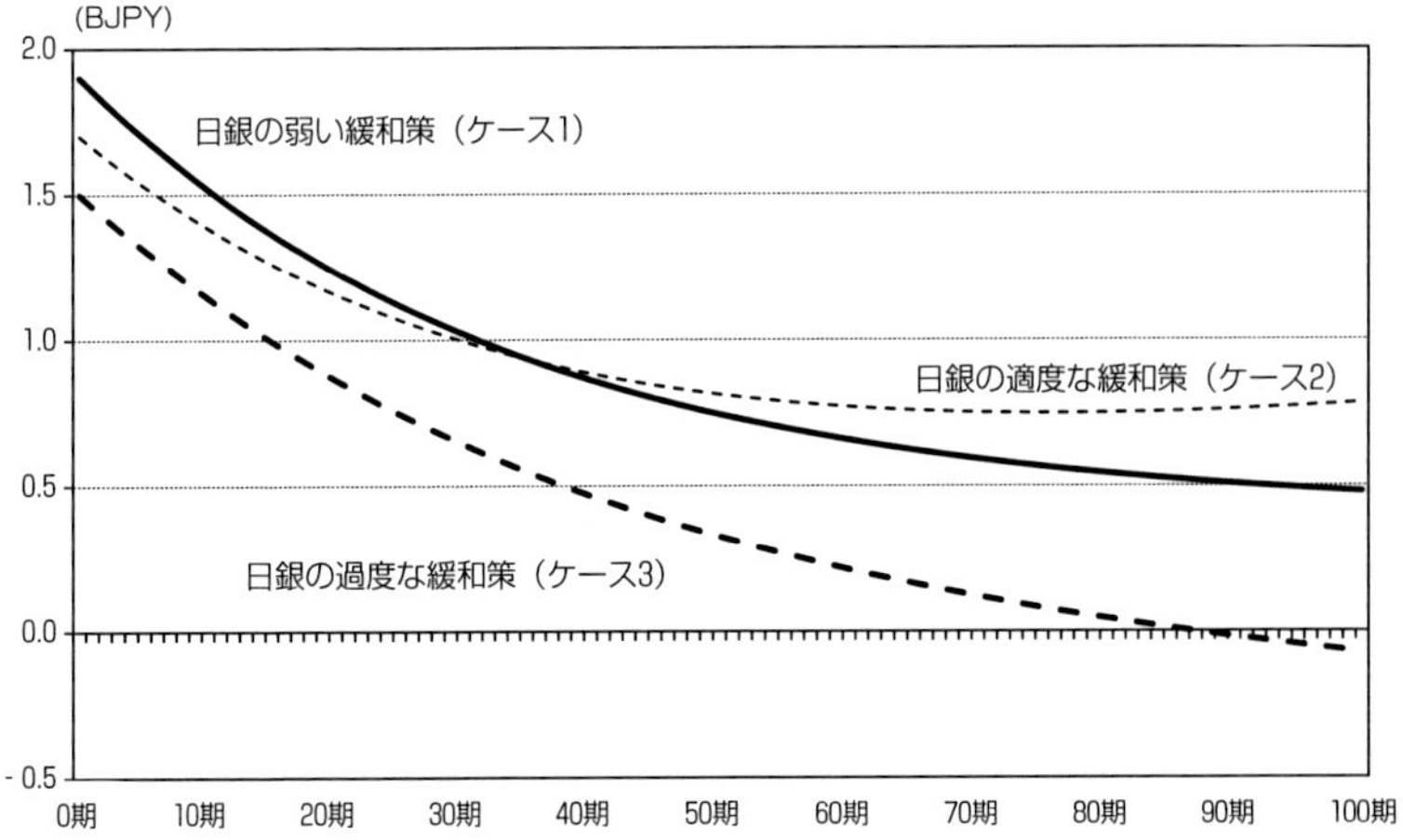

ていく。

このモデルでは保有株式残高が益出しから減少していくので、時間が経過するにつれて株式等関係損益の利益も減少していく。そのため、経常利益はどのケースも低下傾向にある。それでも適度な緩和策（ケース2）のほうが弱い緩和策（ケース1）を最終的に上回っている。資金利益だけでなく経常利益から見ても、銀行は適度な緩和策（ケース2）が採用されることを望むであろう。

それに対して過度な緩和策（ケース3）では資金利益の低迷状態が経常利益を悪化させているため、株式等関係損益に関わりなく下落傾向にある。しかも最終的に経常利益が赤字の状態に突入している。これでは銀行にとって過度な緩和策（ケース3）を受け入れるわけにはいかないであろう。

図表２−13　銀行の自己資本の推移

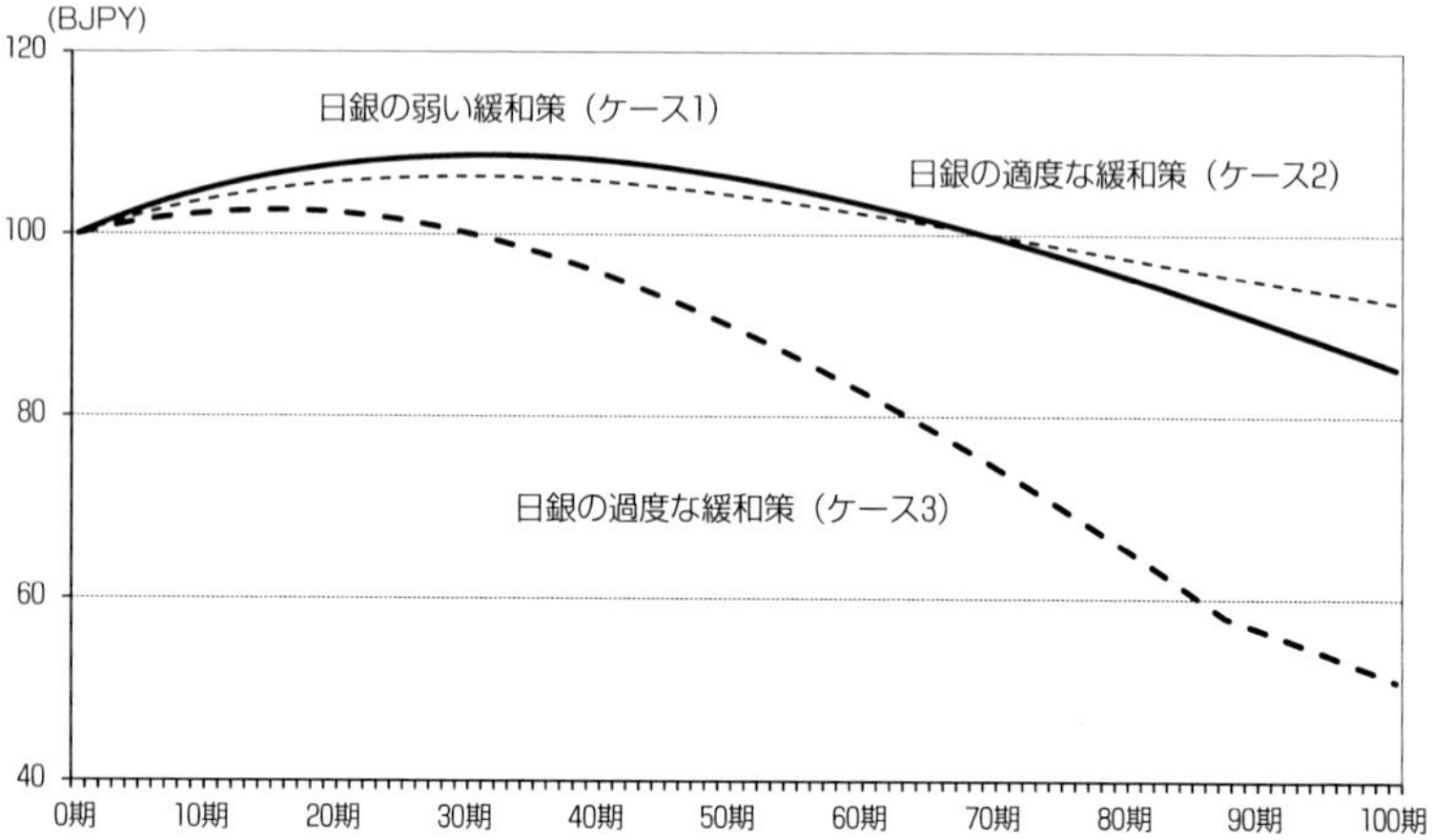

（２）銀行の自己資本比率とＲＯＥ

利益の動きに注目したので、次に自己資本の動きを見ることにしよう。最終的に銀行が獲得する当期純利益は自己資本に流入し、一部が配当金として流出していく。したがって、当期純利益と配当金の差額が自己資本の動きを決定づけている。

当期純利益は経常利益から法人税、住民税、事業税を差し引いたものである。ここでは税の金額を一定としているので、当期純利益は経常利益の動きに影響を受けることになる。**図表２−13**は日銀による３種類の緩和策が自己資本にどのような影響をもたらすかを描いたものである。

どの緩和策を採用しても自己資本は初期の水準を下回っている。これは税の金額を固定化しているからである。その中で適度な緩和策

図表２-14　銀行のＲＯＥ（経常利益／自己資本）の推移

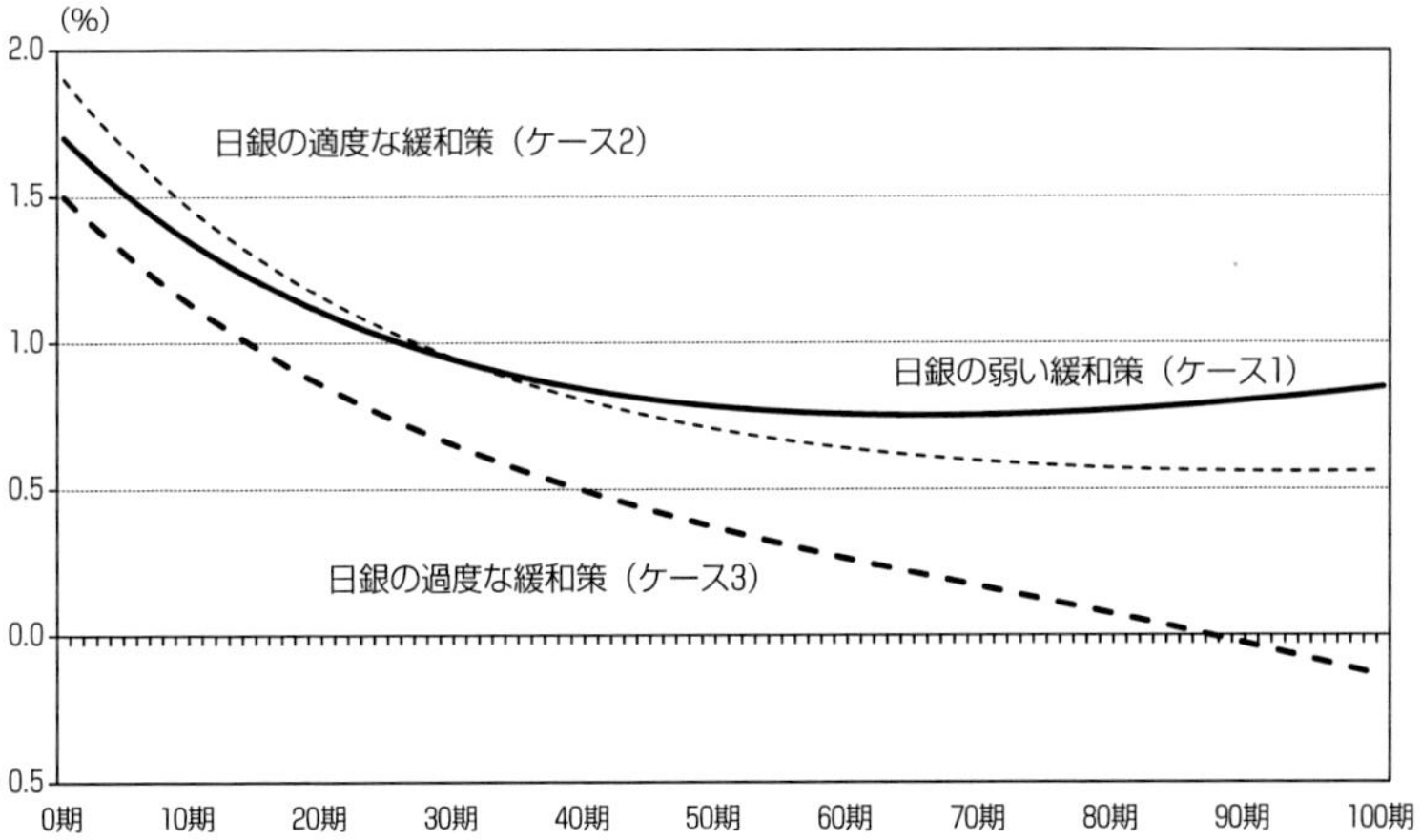

（ケース２）は弱い緩和策（ケース１）よりも最終的に自己資本の毀損割合が少ないことがわかる。

一方、過度な緩和策（ケース３）が採用されると自己資本の落ち込みが激しくなる。自己資本がこれほどまでに毀損されれば破綻につながる恐れがあるので、日銀による副作用が引き起こす最悪の状態と言える。

こうした自己資本の動きは経常利益の場合とまったく同じである。自己資本の形成メカニズムから考えても当然のことであろう。銀行経営に及ぼす効果を分析するにあたって、経常利益と自己資本の動きを見るだけでも十分かもしれない。

それでも、そのほかの経営指標として自己資本に対する経常利益の割合であるＲＯＥの動きを見るのも興味深い。**図表２-14**は、銀行の

ROEを日銀による3種類の緩和策に分けて描いたものである。

弱い緩和策（ケース1）も適度な緩和策（ケース2）も多くの期間にわたって低下傾向にあるが、最終的に適度な緩和策（ケース2）は上昇傾向に転換している。だが、過度な緩和策（ケース3）では急速に低下傾向に向かっている。銀行経営の視点から見て好ましくない状態が生み出されていることがわかる。

このように日銀の金融政策が実施された場合の銀行行動を単純なモデルを通じて追ってきた。そこから得られた結論は、日銀の緩和策は有効な金融政策であるが、ある限度を超えて過度な緩和策を実施すると、当初の目的を達成できないばかりか、逆に副作用を引き起こすということである。

大幅な貸出金利の引き下げから銀行の利益が得られなくなり、貸出を積極的に行おうとしなくなるからである。無理に貸出を推し進めれば損失が発生する。損失の拡大から経営危機に直面すれば、金融システムそのものが不安定な状態に置かれてしまう。

日銀の異次元緩和策はそうした危険をはらんだ金融政策である。そこで、次に銀行が日銀の緩和策の影響を受けているかを実際に探ってみることにしたい。第2節では業務純益、経常利益、純利益の3種類の利益を取り上げながら副作用の実態を見たが、次節では角度を変えて、銀行の収益性指標である経常利益率と健全性指標である自己資本比率に注目しながら銀行経営の実態をもう少し正確に捉えていくことにしたい。

第5節　異次元緩和策の行方

（1）全国銀行・業態別の副作用

日銀の異次元緩和策が始まった2013年度から2017年度までの期間を対象にしながら、全国銀行の経営状態を代表的な経営指標に基づきながら業態別に見ていくことにしよう。**図表2-15**は全国銀行・業態別の経常利益率と自己資本比率の数値を整理したものである。そのうち**図表2-16**は経常利益率を取り上げて業態別の動きを描いたものであり、**図表2-17**は自己資本比率の動きを追ったものである。

経常利益率の動きを見ると、業態に関わらず全体的に低下傾向をたどっている。異次元緩和策が始まった頃よりも時間が経過するにつれて経常利益率は下がり続けている。とりわけ2016年度ならびに2017年度の落ち込みが目立つ。マイナス金利政策の導入が銀行経営に大きな影響を及ぼしていることがわかる。

それに対して自己資本比率の動きは業態によって異なっている。信託銀行は異次元緩和策が始まってから上昇傾向にある。経常利益率が低下すれば自己資本比率も同様に低下するように思われるが、実際は違っている。自己資本比率は複雑な要因が絡み合いながら決定づけられるからであろう。単純に経常利益率だけが影響を及ぼすわけではない。

図表2−15　全国銀行・業態別の経常利益率と自己資本比率

（1）経常利益率

	2013年度	2014年度	2015年度	2016年度	2017年度
都市銀行	12.2	10.3	9.2	8.1	7.9
地方銀行	8.3	8.4	8.1	6.5	6.1
第二地銀	10.4	8.6	7.5	6.1	5.6
信託銀行	10.5	10.1	9.6	6.7	8.2

（注）単位：%

（2）自己資本比率

	2013年度	2014年度	2015年度	2016年度	2017年度
都市銀行	12.1	12.5	12.5	11.7	12.3
地方銀行	11.4	10.9	10.8	10.5	10.4
第二地銀	10.0	9.7	9.6	9.4	9.1
信託銀行	12.9	13.4	15.2	15.6	15.8

（注）単位：%

図表2−16　全国銀行・業態別の経常利益率の推移

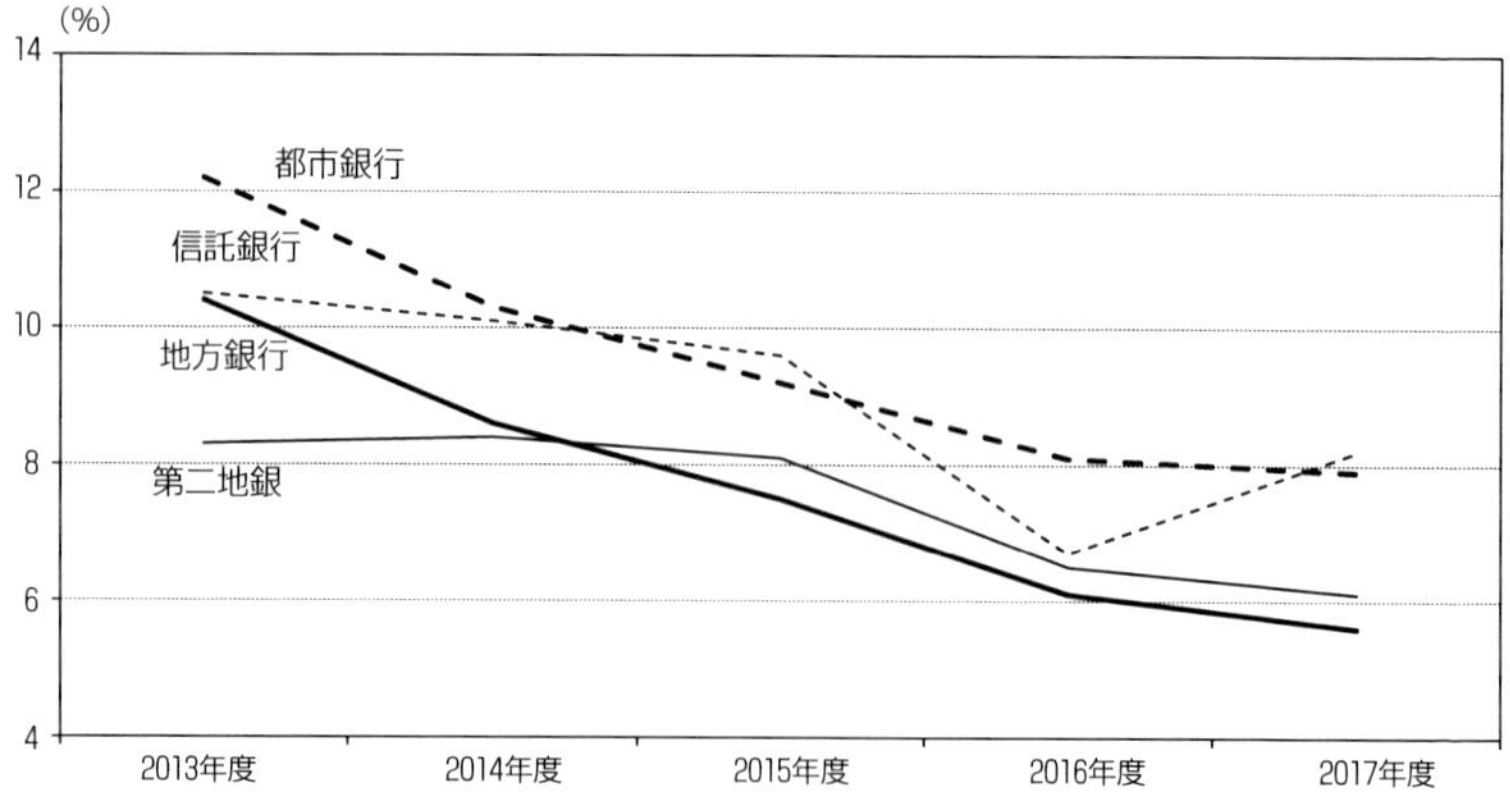

図表2−17　全国銀行・業態別の自己資本比率の推移

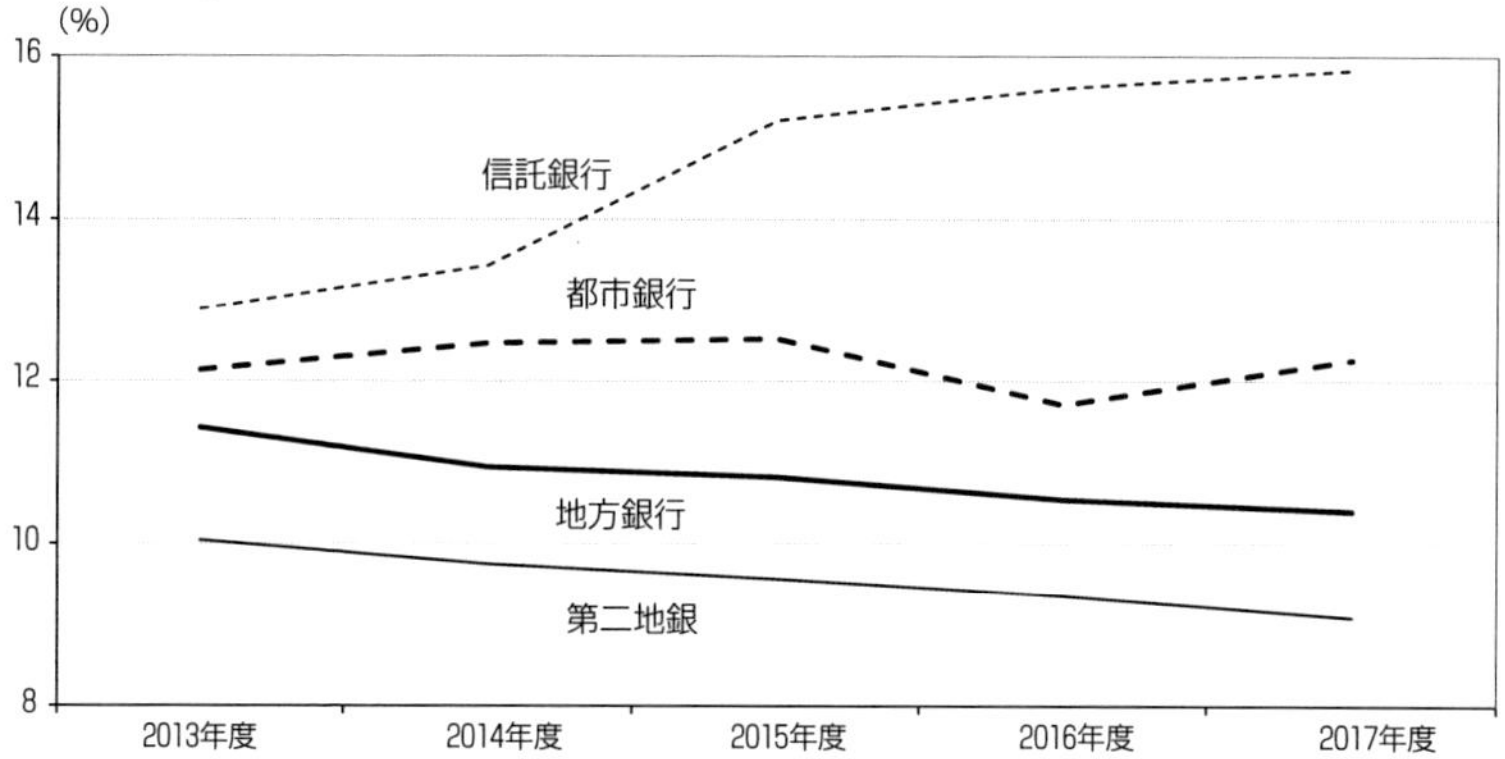

都銀も信託銀行ほどではないが、上昇傾向を歩んでいる。だが、2016年度に入ると確実に減少している。経常利益率の減少に対応した動きと解釈できる。その意味では日銀の副作用が銀行の収益性指標だけでなく健全性指標にも悪影響を及ぼしていることが確認できる。

地銀と第二地銀は都銀よりも日銀の副作用の影響をもろに受けていることが読み取れる。経常利益率も自己資本比率もほぼ確実に低下傾向にあるばかりでなく、マイナス金利政策の導入の影響を強く受けていることもわかる。そこで、地銀と第二地銀だけを取り出し、2種類の経営指標の動きをもう少しわかりやすく捉えていこう。

図表2−18は縦軸に経常利益率を取り、横軸に自己資本比率を取った散布図に、地銀と第二地銀の動きを描いたものである。地銀は2013年度から2017年にかけてほぼ確実に左下に向かっている。つまり、

図表2－18　地方銀行と第二地銀の散布図

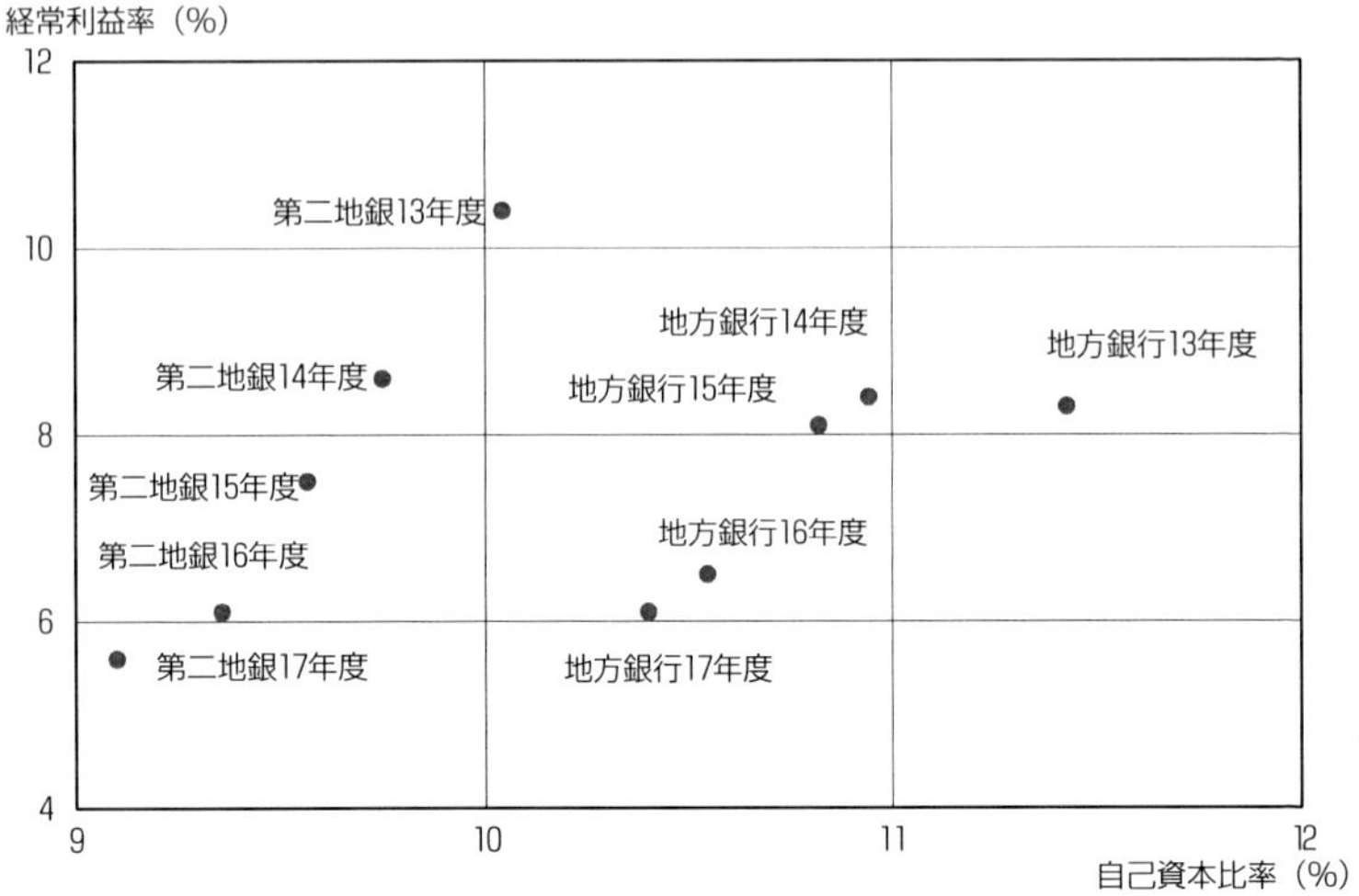

経常利益率も自己資本比率も低下傾向にある。第二地銀も同様の姿が観察されるが、年度を重ねるにつれて左下への動きが地銀よりも急激であるのがわかる。

この散布図を見る限り、同じ地域銀行でも第二地銀のほうが地銀よりも日銀の副作用を強く受けているように見える。経営規模の大きさから判断しても、日銀の異次元緩和策による悪影響が規模の小さな業態に向けて如実に示されているようである。

(2) 修正すべき緩和策

日銀による異次元緩和策が目指した目標は2%のインフレ率の達成であり、実行期間は2年間であった。数値目標を掲げる限り、達成時期も明確にしなければならない。2013年4月に始まったので、2015

年3月までにインフレ目標を達成するのが当初の計画であった。

しかしながら2年を経過しても目標の2%に到達できず、そのまま時間だけが経過していった。しかも記者会見のたびに達成時期を先送りし、ついには発表できない状態にまで追い込まれていった。現実の消費者物価指数は伸び悩み、目標の2%からはるかにほど遠い数値しか得られないのが現状であった。その結果、異次元緩和策の出口は見つからないまま依然として緩和の姿勢を崩さない方針が貫かれている。

振り返ってみれば、日銀による市場への好ましい介入は一時的手段としてとどめるべきであり、長期にわたって実行し続けるべきものではないことがわかる。過去に例を見ない異次元緩和策は短期的手段であり、長期手段として採用すべきでないと言えるのではないだろうか。

銀行への副作用がそのことを物語っているように思える。日銀の金融政策でも適度な緩和策ならば弱い緩和策よりもある程度の成果が得られたであろうが、2%のインフレ目標を達成しようと過度な緩和策に移行してしまったことが銀行への副作用を強めてしまった。目標の達成が困難ならば短期の時点で過度な緩和策を諦めれば、銀行への副作用も軽微なものであっただろう。ところが、2%のインフレ目標にあまりにも固執したために、過度な緩和策を長期にわたって持続させることになった。日銀はあくまでも銀行経営の自主的な運営を尊重すべきであり、異常な政策手段をいつまでも実行すべきではないように思える。

もちろん異次元緩和策の出口を探る方向に進めば、日経平均株価の下落や外国為替相場の円高が発生し、再びデフレ経済に戻る可能性もある。そうならないために、インフレ目標を達成するまで根気強く過度な緩和策を採用し続けるのであろう。

しかしながら、副作用が強まれば銀行経営は悪化し、金融システムの不安定化というデフレ経済よりも一層深刻な問題を引き起こすかもしれない。そのことを考えれば異次元緩和策の大幅な修正が求められるのではないだろうか。

付録2－1　銀行経営モデルの方程式

	変数	単位	定義
□	保有株式残高	BJPY	50<<BJPY>>
□	自己資本	BJPY	100<<BJPY>>
□	貸出残高	BJPY	100<<BJPY>>
⇨	当期純利益	BJPY	経常利益－法人税，住民税，事業税
⇨	時価増減額	BJPY	GRAPH（日銀の金融政策，0,1,｛0<<%>>, 0.1<<%>>, 0.2<<%>>, 0.3<<%>>, 0.4<<%>>, 0.5<<%>>//Min:-1;Max:11//｝）＊保有株式残高
⇨	株式等関係損益	BJPY	IF（保有株式残高＞0<<BJPY>>, 保有株式残高＊益出し率, 0<<BJPY>>）
⇨	貸出額	BJPY	貸出残高＊貸出増加率
⇨	返済額	BJPY	貸出残高/1000
⇨	配当金	BJPY	IF（当期純利益＞0<<BJPY>>，当期純利益＊0.3, 0<<BJPY>>）
○	業務粗利益	BJPY	資金利益＋役務等取引利益
○	実質業務純益	BJPY	業務粗利益－経費
○	業務純益	BJPY	実質業務純益
○	経常利益	BJPY	業務純益＋株式等関係損益
○	法人税，住民税，事業税	BJPY	IF(経常利益＞0<<BJPY>>, 1<<BJPY>>, 0.5<<BJPY>>)
○	貸出利息	BJPY	貸出残高＊貸出金利
○	貸出増加率	%	IF（資金利益＞0<<BJPY>>,GRAPH（日銀の金融政策，0, 1,｛0<<%>>, 0.1<<%>>, 0.2<<%>>, 0.3<<%>>, 0.4<<%>>, 0.5<<%>>//Min:-1; Max:11//｝), 0<<%>>）
○	貸出金利	%	2.5<<%>>-GRAPH（日銀の金融政策，0, 1,｛0<<%>>, 0.1<<%>>, 0.2<<%>>, 0.3<<%>>, 0.4<<%>>, 0.5<<%>>//Min:-1; Max:11//｝）
○	資金利益	BJPY	貸出利息－預金利息
◆	役務等取引利益	BJPY	1<<BJPY>>
◆	日銀の金融政策		1 or 2 or 3 or 4 or 5
◆	益出し率	%	3<<%>>
◆	経費	BJPY	1<<BJPY>>
◆	預金利息	BJPY	2<<BJPY>>

第3章　日銀の異次元緩和策と地域銀行の実態

第1節　副作用に苦しむ地域銀行

(1) 厳しい収益環境

日銀の異次元緩和策は出口が見つけ出されないまま、かなりの時間が経ってしまった。雇用や株価に顕著な改善が見られながらも、依然として2%のインフレ目標が達成されない状態が続いている。これでは着実な賃金の上昇に結び付いていかないので、景気を安定的に上向かせるのが難しい。そのため、日銀は超低金利の状態から正常な金利に戻す出口戦略をためらっているのである。

そうこうしているうちに異次元緩和策の弊害として、地域銀行を中心にしながら深刻な副作用が浸透していった。日銀の異常なまでの超低金利政策から貸出金利が下がり続け、十分な利鞘が確保できない状態が発生したのである。預金金利はゼロ%に近い状態に張り付いているので、貸出金利の下落は地域銀行の経営を圧迫する直接的な要因となっている。

手数料収入の確保といった手段も経営を支えるうえで重要である。実際、投資信託や保険商品の銀行窓口販売も積極的に取り組んでいるが、これだけでは利鞘の減少分を補うのに不十分である。やはり銀行業である限り、貸出業務を中心に利益を確保していく必要がある。それゆえ、貸出金利の低迷は地域銀行を危機的な状況に陥れる厄介な問題となっている。

もちろん、金融庁が唱えるリレーションシップバンキングの視点から目利き機能を十分に発揮し、新しい貸出先を開拓しながらリスクに見合った貸出金利を設定すれば十分な利鞘が確保できる。地域銀行の経営が安定化するだけでなく地域経済の活性化も促していくので持続可能な発展にもつながる。まさに地域銀行にとって新ビジネスモデルの構築が喫緊の課題となる。

だが、現実において理想的な新規貸出を発掘するのは難しい。有望な貸出先と思えても、時間が経過するにつれてリスクを過少評価している現実に直面したりする。これでは貸出金利を多少引き上げても経営の改善に結びついていかない。

その中で数年前から、地域銀行はアパート向けの貸出を積極的に繰り広げている。土地所有者や年金生活者をターゲットとした貸出であり、高い貸出金利が設定できるうえ、相続対策としても魅力的に映ったため、瞬く間に有力な融資対象となっていった。

だが、一部の地域銀行において十分な審査が行われなかった実態が明らかとなり、融資に関わる深刻な問題が突如として発生した。それは甘いリスク評価に基づいた融資体制が失敗の元凶であった。このことは他の地域銀行でも潜在的に抱えている問題と思われる。やはり超低金利のもとでは有望な貸出先の確保はかなり難しいようである。

(2) 全データと個別事例による分析アプローチ

こうした地域銀行の収益環境の悪化が、日銀の異次元緩和策によってもたらされている実態を決算データから明らかにするのが本章の目的である。すべての地銀と第二地銀の収益率が預貸率の上昇に伴って減少していく実態を示していきたい。このことは自己資本比率にも影響を及ぼし、徐々に財務力を弱めていることも指摘する。

この状態がいつまでも続けば、地域銀行はいずれ行き詰まってしまう。打開策として独自の新ビジネスモデルを構築しながら、新たな収益機会を探る方向に進んでいかなければならない。それが本来の地域銀行の姿であろう。

だが、持続可能な改善策は見出し難く、長きにわたって優等生として高い評価を受けていたスルガ銀行でさえ、厳しい融資環境のもとで不適切な不動産融資に向かって行かざるを得なかった。その結果、金融庁から新規融資を対象に6カ月間の業務停止処分が出されてしまった。

全体を通じてすべての地域銀行を対象としたデータに基づきながら、収益環境の厳しさを明らかにするのが本章の主要なテーマである。その一方で、個別事例のアプローチから行政処分が下されたスルガ銀行の経営にもスポットを当てながら、副作用の実態を描いていきたい。

地域銀行にとって厳しい経済環境が続く限り、何らかの動きに転じていかなければならない。日利き機能を十分に発揮すれば良いのかもしれないが、日銀の異次元緩和策だけでなく人口減少による地域経済の疲弊からも推察できるように、安易な解決策は見出し難い。最終的には地域銀行同士の統合といった再編が必要になってくるであろう。

すでに大手地銀を中心に再編の動きが始まっているが、これからはさらに勢いづいていくように思える。そのためには今日の厳しい収益環境に置かれた地域銀行の実態を把握しておく必要があろう。

第2節　データから見た銀行行動の変化

(1) 異次元緩和策が地域銀行に与えた影響

最初に、すべての地銀と第二地銀で構成される地域銀行のデータから紹介することにしよう。ここでは全国銀行協会が決算のたびに発表する統計資料から、銀行経営を探るうえで重要な経営指標である預貸率、経常利益率、自己資本比率の3種類のデータに注目している。観察期間は2008年度決算から2017年度決算までを対象とする。ただし、地銀と第二地銀の銀行数は合併の影響から決算ごとに多少変化している。

なお、預貸率（%）とは貸出金／(預金＋譲渡性預金＋債券)×100であり、経常利益率

（％）は経常利益対自己資本比率を意味し、経常利益／純資産勘定×１００で求めたものである。自己資本比率（％）は普通株等Ｔｉｅｒ１比率（単体）を用いている。章末の**付録３―１〜３**はそれぞれの地域銀行ごとに３種類の経営指標を収録したものである。

こうしたデータを用いて日銀の異次元緩和策が地域銀行にどのような影響を及ぼしているかを見るため、全期間を２００８年度〜12年度の異次元緩和策以前と２０１３年度〜17年度の異次元緩和策以後に分けて動きを探っていくことにする。

早速、３種類の経営指標ごとに２つの期間に分けながら特徴を見ていくが、その具体的方法としてそれぞれの期間の最初の年度と最後の年度の数値の差を取り上げていく。つまり、異次元緩和策以前ならば２００８年度と12年度の差であり、異次元緩和策以後ならば２０１３年度と17年度の差を見ていく。

図表３―１（１）（２）は、２つの期間ごとに預貸率の変化と経常利益率の変化を散布図で描いたものである。異次元緩和策以前では第Ⅱ象限に多くの地域銀行が集まっている。その割合は61・５％である。それに対して異次元緩和策以後では第Ⅳ象限に集中し、66・３％の地域銀行が位置づけられている。

両者を比較するとわかるように、異次元緩和策を境にして地域銀行は積極的貸出から預貸率を高めている。本来ならば貸出を増やせば経常利益率も高まるように思われるが、予想に反して経常利益率は低下傾向にあるのが確認できる。超低金利政策の実施から貸出金利が低

図表３－１（１） 地域銀行の預貸率と経常利益率の変化
――異次元緩和策以前 2008年度～12年度――

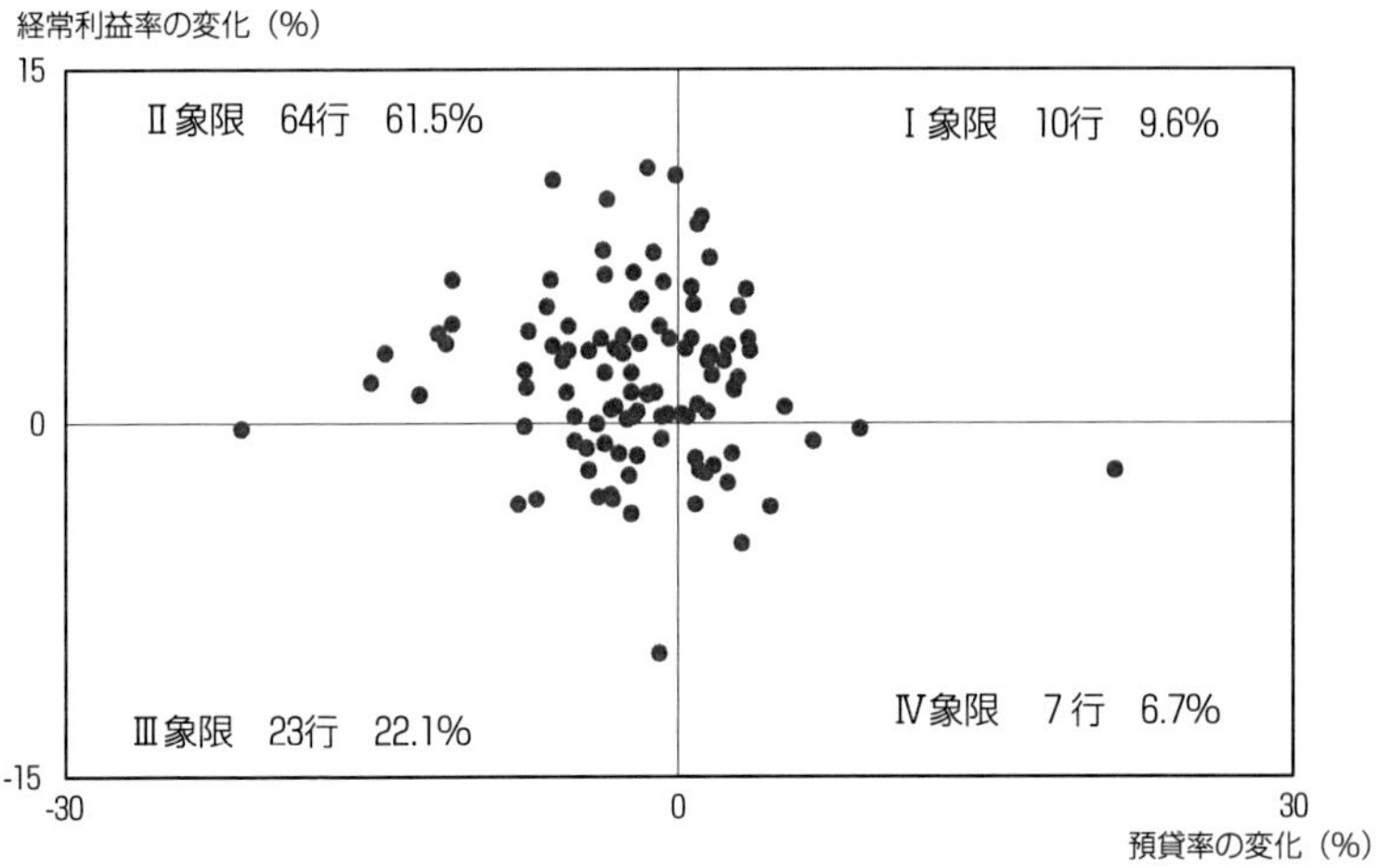

図表３－１（２） 地域銀行の預貸率と経常利益率の変化
――異次元緩和策以後 2013年度～17年度――

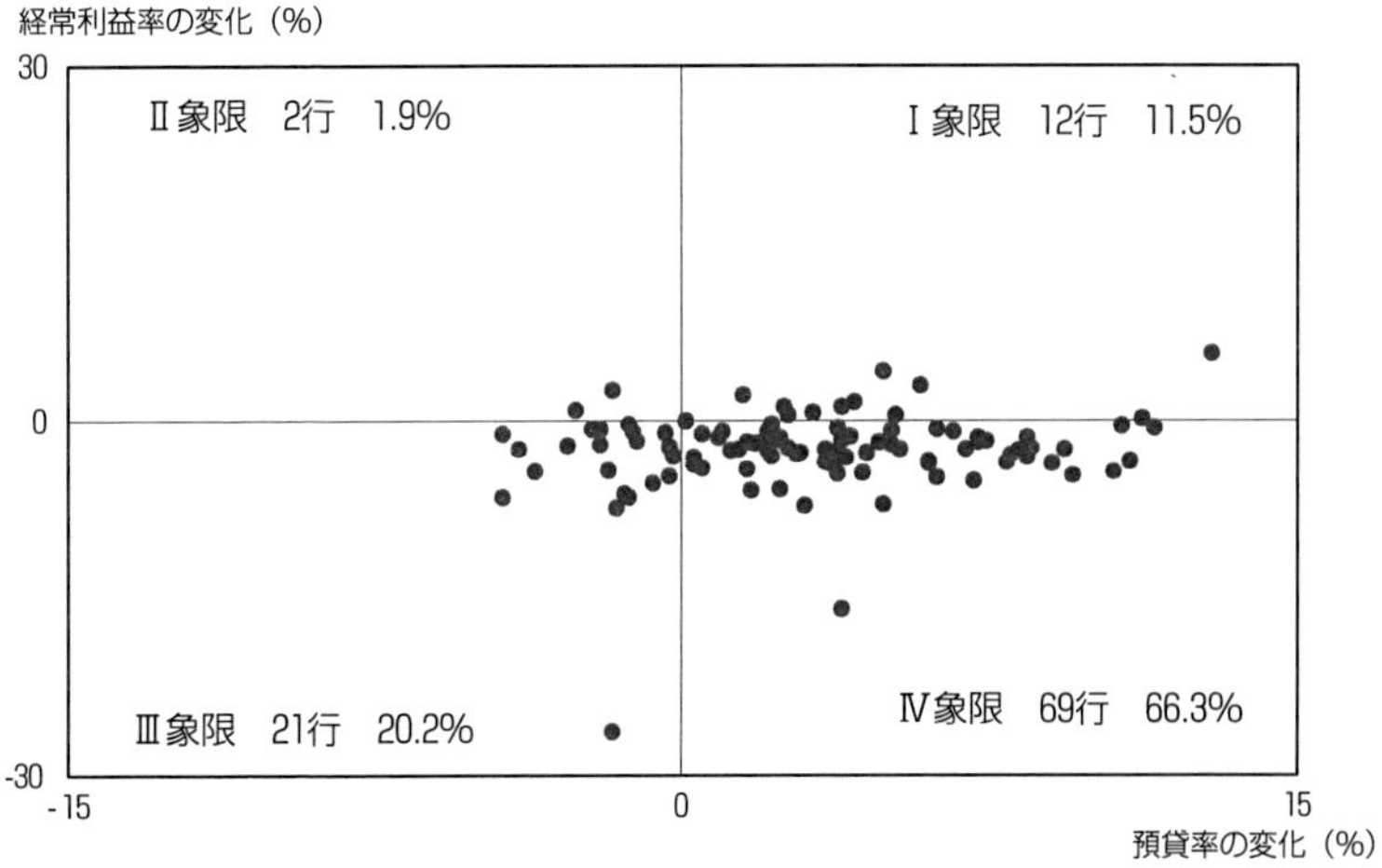

下したため貸出を増やしても十分な利益が得られないのである。

それに対して**図表3-2（1）（2）**では、2つの期間ごとに自己資本比率の変化と経常利益率の変化が散布図で示されている。異次元緩和策以前では第Ⅰ象限に51・0％の地域銀行が集まっているが、異次元緩和策以後になると第Ⅲ象限に72・1％の地域銀行が塊を形成している。

異次元緩和策が実施されたことで、自己資本比率も経常利益率もともに低下していることがわかる。そのことは理解しやすい。経常利益率が低下しているのだから、当然ながら自己資本比率は伸びることはなく低迷するのである。したがって、両者は低下傾向を歩むことになる。

（2）地域銀行を取り巻く経済環境の変化

異次元緩和策が地域銀行の預貸率、経常利益率、自己資本比率に及ぼす影響をデータから観察してきたので、今度はそれぞれの動きをもう少しわかりやすい図を用いながら整理してみることにしよう。

図表3-3（1）は、預貸率と経常利益率が第Ⅱ象限から第Ⅳ象限に移行する姿が先ほどの図表3-1（1）（2）を参考にしながら簡潔な形で示されている。異次元緩和策以前は、2008年9月に起きたリーマンショックの影響を受けた時期であり、徐々に地域銀行の経常利益率が回復傾向にあった。それゆえ、経常利益率は上昇している。

図表３－２（１） 地域銀行の経常利益率と自己資本比率の変化
――異次元緩和策以前　2008年度～12年度――

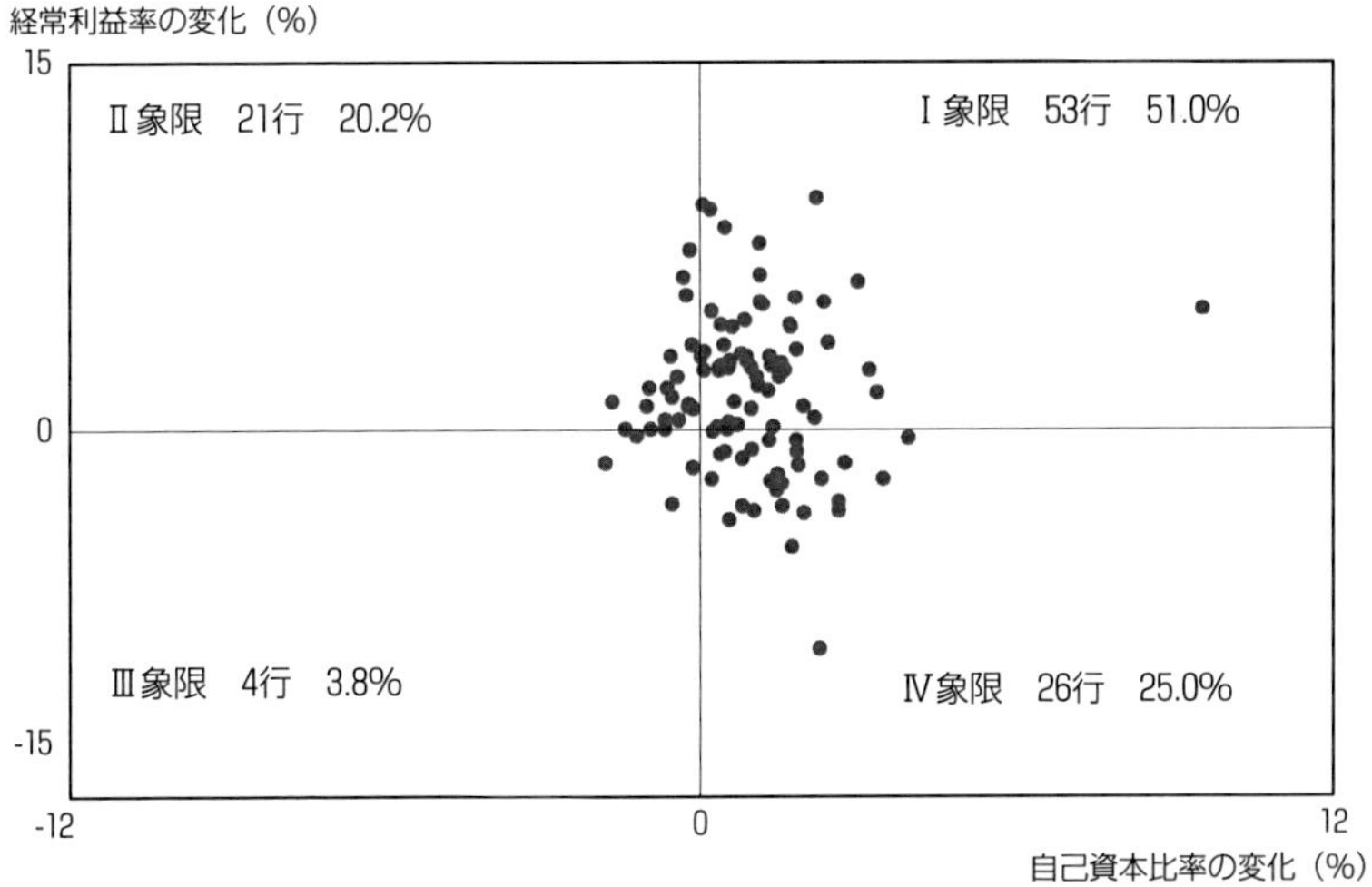

図表３－２（２） 地域銀行の経常利益率と自己資本比率の変化
――異次元緩和策以後　2013年度～17年度――

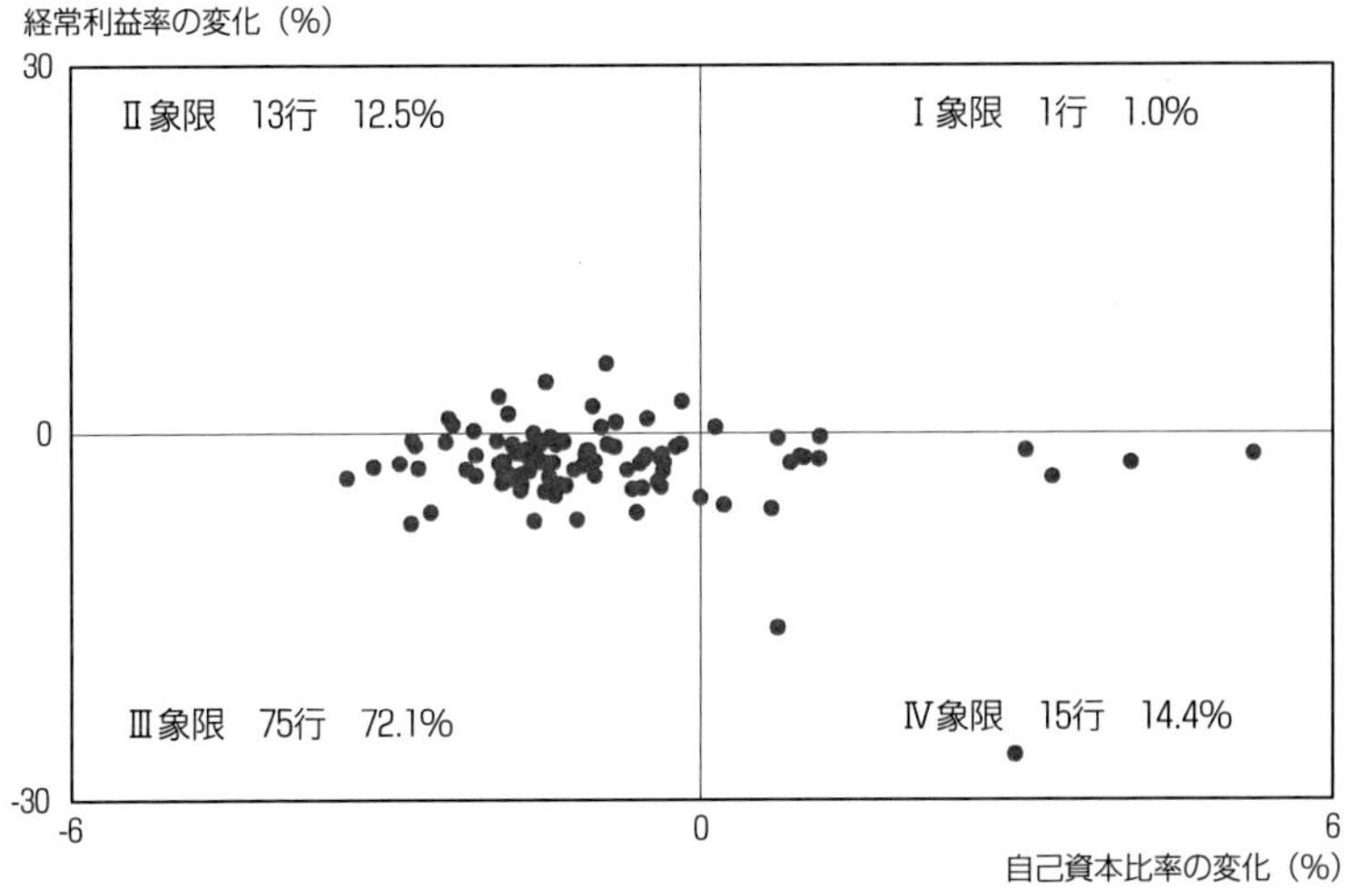

図表3－3（1） 預貸率と経常利益率の関係

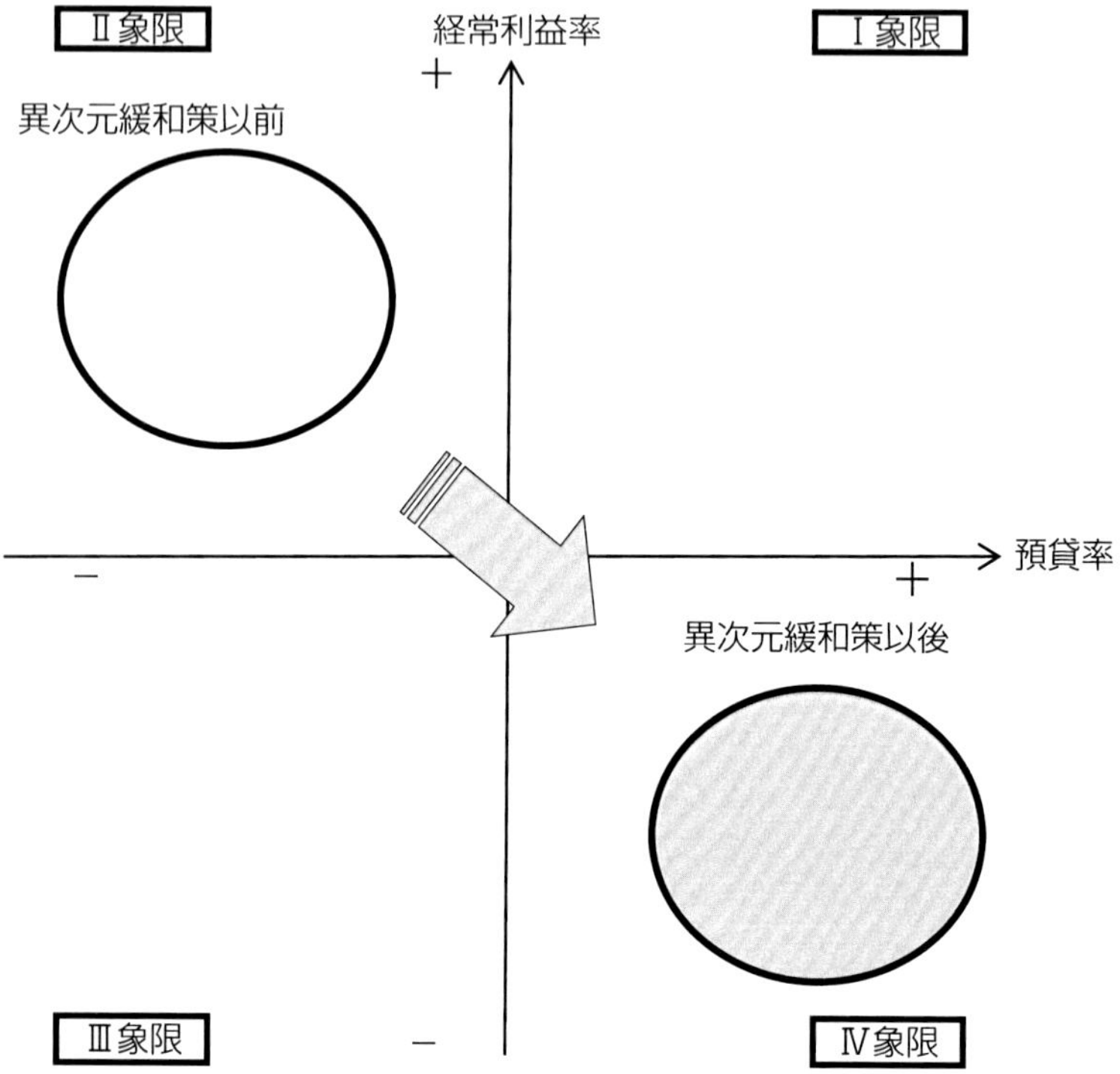

だが、貸出を積極的に増やしていくような経済環境ではなかったので、預貸率は低下傾向にあったと思われる。その結果、異次元緩和策以前は第Ⅱ象限に留まっている。

そうした中で2013年4月に異次元緩和策が始まると、貸出金利が急速に低下したため経常利益率は減少傾向に陥っている。それでも十分な利益を確保したいという誘因が作用するので、低い貸出金利のもとでも積極的に貸出を増やそうとする。そのため預貸率は上昇傾向にあり、異次元緩和策以後は第Ⅳ象限に向かっていくことになる。

一方、**図表3-3（2）**は、自己資本比率と経常利益率が第Ⅰ象限から第Ⅲ象限に移行する姿が図表3-2（1）（2）を参考にしながら描かれている。異次元緩和策以前は、経常利益率が上昇傾向にあるので自己資本比率も上昇していく。それゆえ、両者の関係は第Ⅰ象限に位置づけられている。

しかしながら、異次元緩和策が実施されると超低金利政策の影響から経常利益率は低下傾向を歩むので、自己資本比率も同じ方向に進まざるを得ない。そのため、異次元緩和策以後は第Ⅲ象限に向かっていくことになる。

こうして日銀の異次元緩和策を境にしながら、地域銀行の経常利益率、預貸率、自己資本比率の関係が大きく変化しているのがわかる。経常利益率が減り続け、それに伴って自己資本比率も減少傾向を歩む中で、皮肉なことに貸出を増大させる方向に進んでいる。そのため、預貸率は上昇傾向にある。

図表３－３（２） 経常利益率と自己資本比率の関係

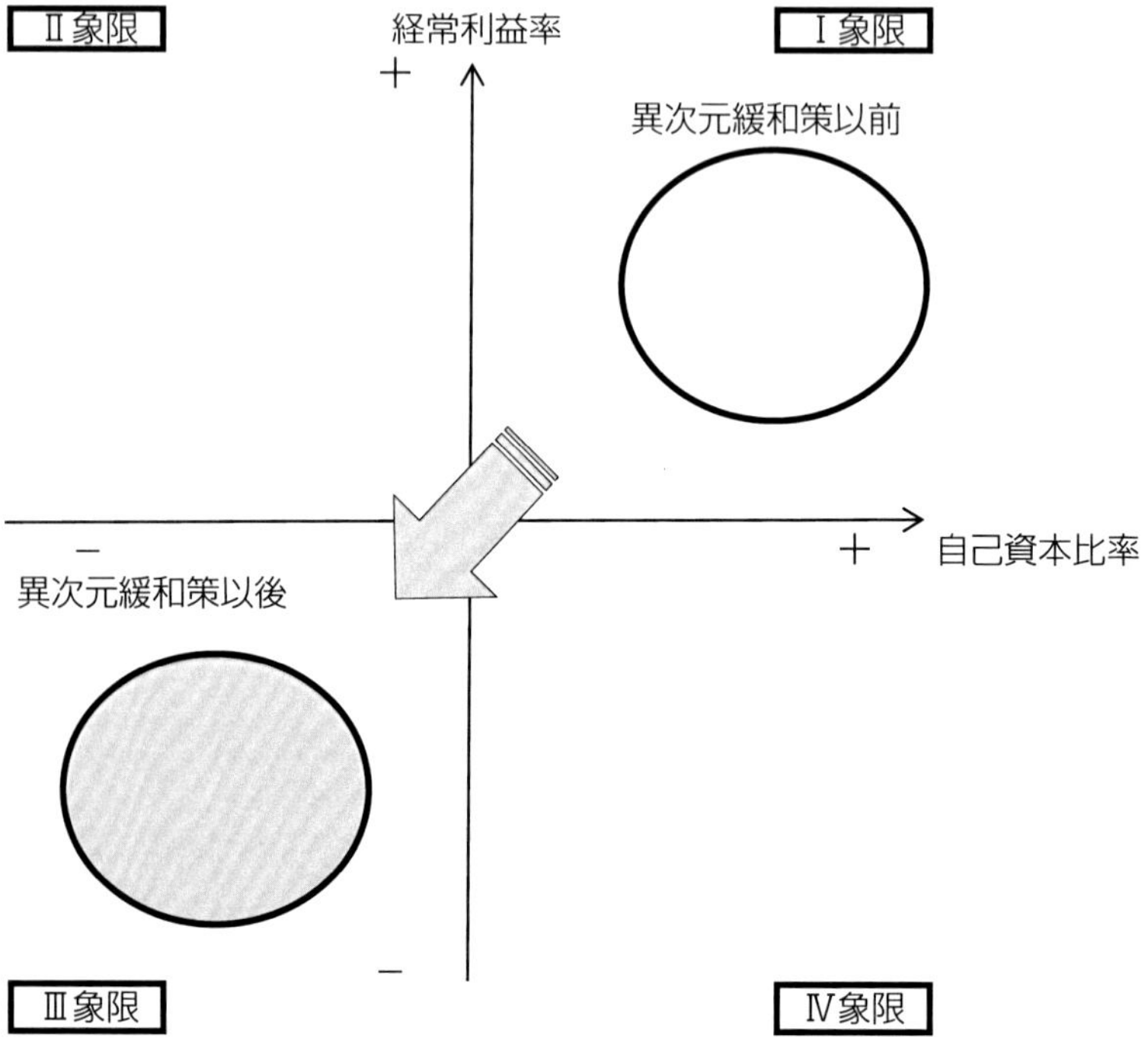

このことは地域銀行にとって決して好ましいことではない。なぜなら、経営内容が悪化の方向をたどっていくからである。もし日銀の異次元緩和策が予想以上に長期にわたって継続されるならば、地域銀行はさらに厳しい状況に追い込まれてしまう。そう考えれば、異次元緩和策の副作用にこれからますます注意を払わなければならないであろう。

(3)企業アンケートによる融資の勧誘状況

金融庁が発表した「企業アンケート調査の結果」(2018年9月)を見ると、地域銀行による積極的融資の実態がさらに明らかになる。いままで決算で発表されたデータに基づきながら観察してきたが、金融庁の企業アンケートからも確認していくことにしたい。

アンケートの対象は、地域銀行をメインバンクとする中小・小規模企業を中心にした約3万社であり、8、546社からの回答(回答率:約3割)に基づきながら分析している。**図表3-4(1)(2)**は既存金融機関から融資の勧誘を受けたか否かの調査であり、債務者区分と規模区分に分けて結果が示されている。

「Q.最近3年以内に、営業担当者の訪問・電話等によって、新規の借入れを行うように、または既存の借入額を増やすように、勧誘を受けたことはあるか」というアンケートの問いに対して、「全体で6割強の企業が、最近3年以内に金融機関から融資の勧誘を受けている。債務者区分別で見ると、要注意先で6割弱、破綻懸念先でも約4割となっており、債務者区

図表3－4（1） 企業アンケート 既存金融機関からの勧誘状況
――債務者区分による分類――

Q．最近3年以内に，営業担当者の訪問・電話等によって，新規の借入れを行うように，または既存の借入額を増やすように，勧誘を受けたことはあるか。

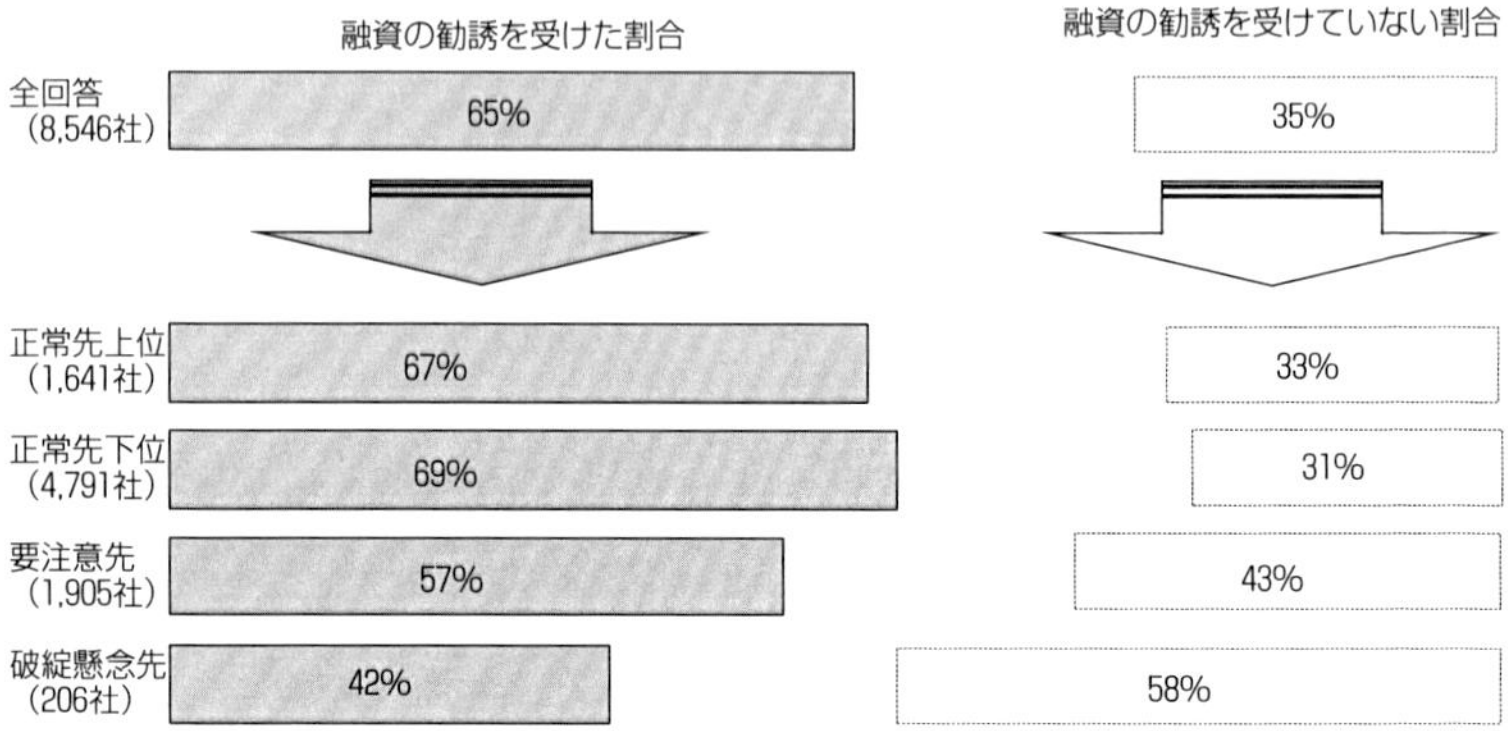

（注1）資料：金融庁「企業アンケート調査の結果」2018年9月26日
（注2）図表3－4（2）～図表3－5（2）も同じ資料に基づく。

図表3－4（2） 企業アンケート 既存金融機関からの勧誘状況
――規模区分による分類――

Q．最近3年以内に，営業担当者の訪問・電話等によって，新規の借入れを行うように，または既存の借入額を増やすように，勧誘を受けたことはあるか。

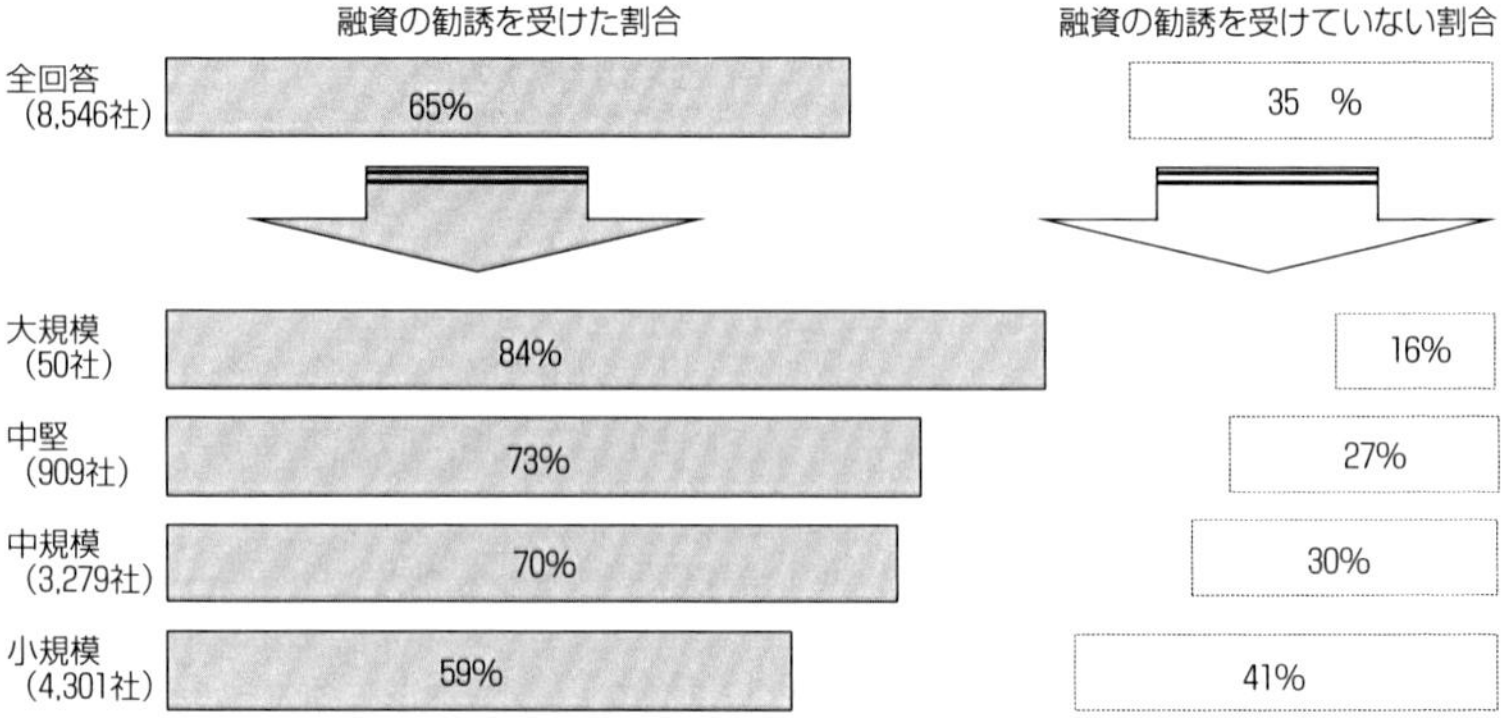

分が下位の企業においても勧誘を受けた企業は多い。規模別で見ると、小規模の企業においても約6割と多くの企業が融資の勧誘を受けている。」(金融庁「企業アンケート調査の結果」p.23)

地域銀行が、日銀の異次元緩和策からもたらされた超低金利政策の中で融資の攻勢を仕掛けている実態が把握できる。しかも要注意先や破綻懸念先といった債務者区分で低い企業に対しても融資を持ち掛けている。また規模においても大規模の企業だけでなく、中堅・中規模の企業をはじめとして小規模の企業に対しても融資を行おうとする姿勢が見られる。

一方、**図表3-5(1)(2)**では新規金融機関から融資の勧誘を受けたか否かの調査が扱われている。結果は先ほどと同様に、債務者区分と規模区分に分けて整理されている。「Q.最近3年以内に、取引がない金融機関から融資の勧誘を受けたことはあるか」という問いに対して「最近3年以内に、「取引がない金融機関から融資の勧誘を受けた」企業の割合は3割強となっており、特に債務者区分が上位に、規模が大きくなるほど高い」ことが報告されている(金融庁「企業アンケート調査の結果」p.24)。

既存企業だけでなく取引関係のない新規企業に対しても、地域銀行は積極的に融資を展開しようとしている実態がわかる。債務者区分が下位の企業や規模が小さな企業に対しては若干慎重さが見られるが、全体を見渡す限り、大胆な融資を繰り広げている姿勢が感じられる。

図表3－5（1） 企業アンケート 新規金融機関からの勧誘状況
――債務者区分による分類――

Q. 最近3年以内に，取引がない金融機関から融資の勧誘を受けたことはあるか。

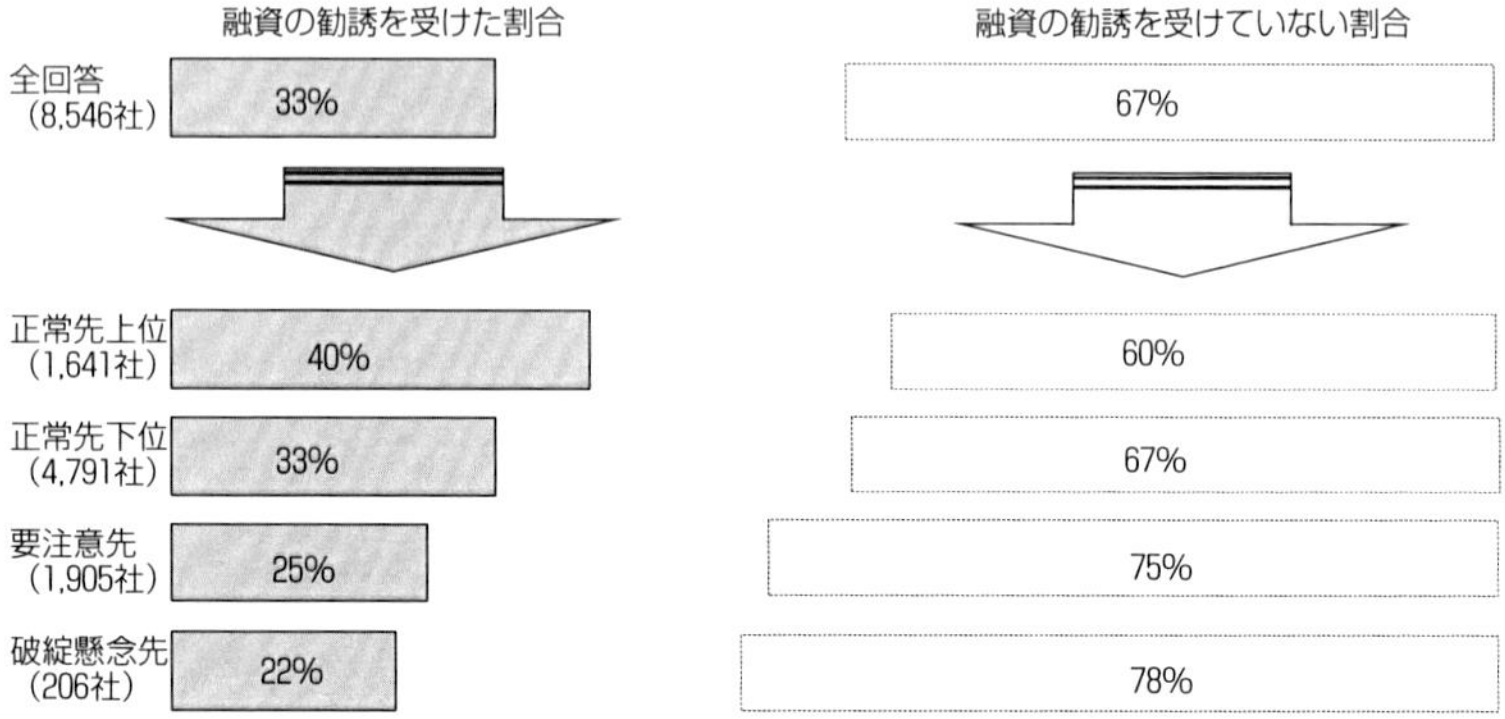

図表3－5（2） 企業アンケート 新規金融機関からの勧誘状況
―規模区分による分類―

Q. 最近3年以内に，取引がない金融機関から融資の勧誘を受けたことはあるか。

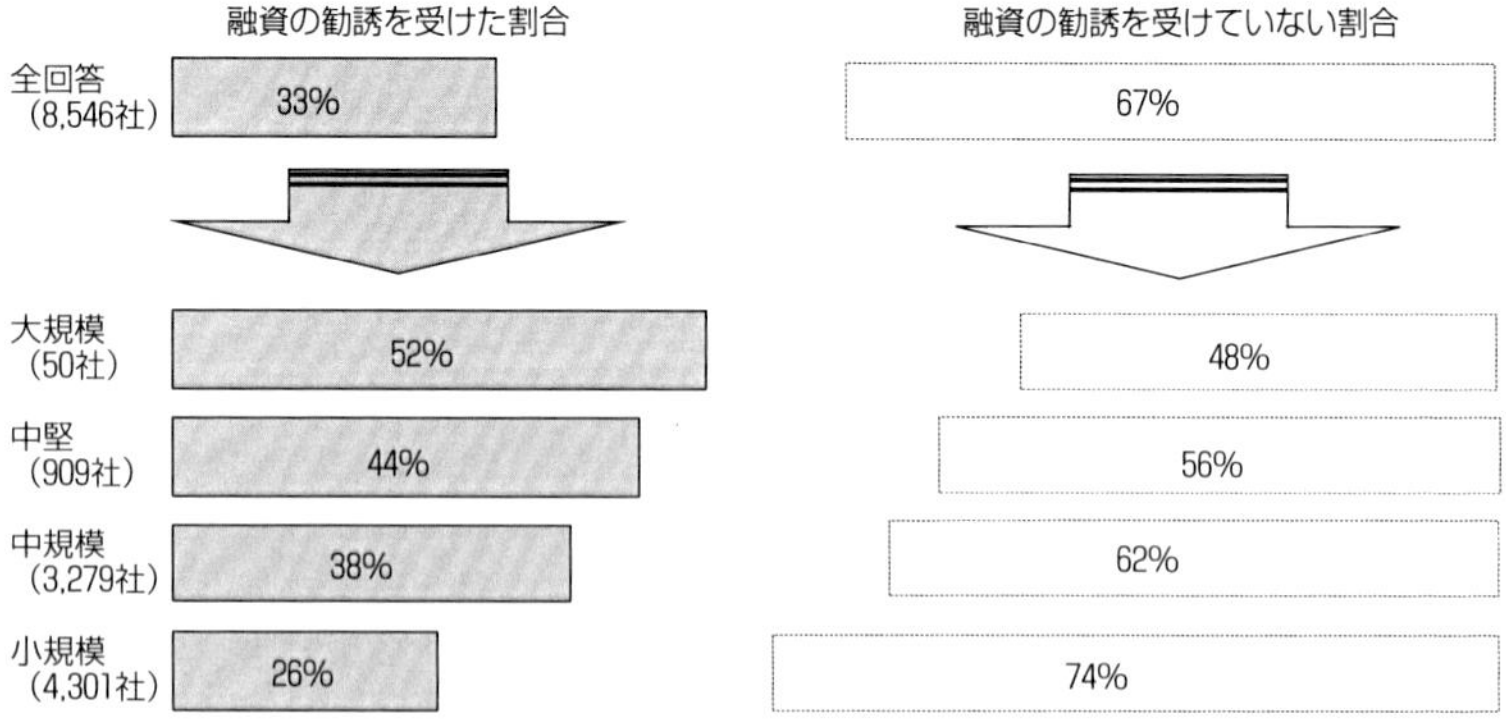

（4）信用リスクの認識

企業アンケートの調査結果からもわかるように、地域銀行をはじめとする金融機関は積極的に資金を貸し出そうとしている。超低金利の運用環境下で利益を確保する必要性から、融資の増大は当然の行動と思われるかもしれない。低い貸出金利であれ融資を拡張すれば、多少なりとも利益が確保できるからである。

だが、今日の優良な企業はすでに内部留保を厚くしている。銀行が貸し出そうとしても応じにくいであろう。そうであれば信用力が相対的に低い企業に融資を向けていくことになる。本来ならば信用力が低い融資先ならば、信用リスクを上乗せした分だけ高い貸出金利を設定しなければならない。

ところが日銀の異次元緩和策により貸出金利は低位に押さえつけられている。そのため採算に合わない融資が展開される可能性が多分にある。日銀もそのことを懸念し、低金利でのミドルリスク企業への融資増大が将来の景気下押しにつながる恐れがあると警鐘を鳴らしている（日銀「金融システムレポート」（2018年10月））。

地域銀行は収益環境の悪化に直面し、十分な利益が得られない困難な局面に遭遇している。こうした厳しい状況を日銀による副作用として扱ってきた。だが、本当の副作用は、地域銀行の経営そのものが危機的状況に陥ることであろう。十分な貸出金利が確保できないまま信用リスクの高い企業に向けて融資を行えば、いずれ焦げ付く事態を迎える。

そうなれば深刻な不良債権問題を再び引き起こすことになる。それは単に個別の金融機関の問題だけでなく、日本の金融システムそのものを不安定化させる大問題に結びついていく。さらに、脆弱な金融システムは日本経済を混乱させる要因にもつながっていく。したがって、日銀の副作用はまさに金融システムだけにとどまらず、日本経済を悪化させる危険な問題をはらんでいると言える。

今日、多くの地域銀行が低金利に苦しんでいるが、経営を大きく揺るがすほどには至っていない。だが、時間の経過に伴って収益環境が一層悪化していくことは確実である。地域銀行もそのことを十分に認識しているのであろう。そのため決定的な打開策として、アパートローンといった個人向け不動産融資にのめり込む銀行が目立つようになった。

個人相手ならば高い貸出金利が設定しやすいうえ、相続対策や高齢者の収入確保といった社会的ニーズの高まりから資金需要も増える見込みがある。一方で、一般企業と異なり信用リスクを正確に把握するのが難しい側面を持っている。もし信用リスクが現実の問題として実現すれば、地域銀行に大きな損失をもたらすことになる。その意味では個人向け不動産融資は危険な投資対象と言える。

その中で静岡県の地域銀行であるスルガ銀行に、投資用不動産向け融資をめぐる問題が発覚した。改ざんされた審査書類による不適切な融資が横行している実態が明らかにされたのである。これにより２０１８年10月5日に金融庁はスルガ銀行に対して、投資用不動産向けの新規融資を対象に6カ月間の業務停止命令を出した。行政処分の1つであり、地銀ではスルガ銀行が初めてである。

投資用不動産向け融資はスルガ銀行だけが実施していたものではなく、多くの地域銀行が超低金利政策からの打開策として積極的に取り組んできた融資である。スルガ銀行の問題が露呈したことで個人による不動産投資ブームの勢いが止まり、この分野の融資は急激に細り始めている。

そこで、以下ではスルガ銀行の経営行動に焦点を絞りながら、不動産融資の難しさを明らかにしていきたい。地域銀行にとって不動産融資にウエイトを置いた経営は、日銀の異次元緩和策からもたらされた異常なまでの低金利政策から逃れるための有効な手段と思われた。だが、いずれ限界が露呈せざるを得ないことが理解できるであろう。

第3節　スルガ銀行の経営行動

(1) スルガ銀行のシェアハウス問題

スルガ銀行は地域銀行の優等生として高い評価を得てきた。金融庁が推し進めるリレーションシップバンキングの方針に従い、個人取引に特化した独自のビジネスモデルから5期連続の過去最高益を上げてきた。ところが、シェアハウスを運営する会社が破産したことで、一気にスルガ銀行の杜撰な融資の実態が浮かび上がってしまった。

問題となったのは個人投資家向けの不動産融資であった。アパートの運営会社が個人投資家にスルガ銀行の融資を組ませたうえで女性専用のシェアハウスを建設させ、一括して借り上げる仕組みが取られた。家賃を長期保証するサブリース（転貸）が運営の特徴であったため、不動産経営にあまり熟知していない個人投資家にとっても参入しやすいビジネスであった。

その際、多額の融資を無理に引き出そうと、運営会社とスルガ銀行は自己資金ゼロを謳い文句にしながら、個人投資家の自己資金残高の証明書を改ざんしていた。本来ならば融資の対象にならない個人投資家を、あたかも信用力のある投資家のように見立てていたのである。

融資先の信用力を十分に見極めるのが銀行の基本業務である。返済するだけの条件が備わっているかをあらゆる角度から慎重に審査しなければならない。銀行の業務は、融資先を開拓する営業部門と融資案件を冷静な視点から検討する審査部門に分かれている。ところが、スルガ銀行では営業部門が圧倒的な力を持っていたので、審査部門の仕事がまったく機能しなくなってしまった。

もちろん、シェアハウスの運営会社がいつまでも家賃を払い続けられればまったく問題は生じない。家賃を取得することで銀行への返済が滞ることがないからである。だが、時間が経過するにつれて当初に約束した家賃の長期保証が難しくなっていった。もともと運営会社が長期保証をもたらす仕組みが明らかにされていなかったので当然の帰結と考えられる。

マスコミ等によると、運営会社は個人投資家に多額の融資を負わせることで相場よりも高い値で土地や建物を購入させ、そこから不動産会社や建設会社に流れた資金の一部をリベートとして受け取っていたと報道されている。その資金が家賃の保証につながっていったようだ。

もし、この仕組みが取られていたならば、ネズミ講のように無限に新たな個人投資家を見つけ出さなければならない。そうでなければ家賃の長期保証が果たせなくなるからだ。だが、それは無理がある。いずれ経営が行き詰まってしまうのは必定であり、関係者であれば気づいてもおかしくないと思われる。

そのことが現実の問題として起きてしまった。運営会社が経営破綻したのである。その結果、家賃保証のシステムに依存していた個人投資家は融資の返済に行き詰まってしまった。これによりシェアハウス問題が瞬く間に噴出すると同時に、スルガ銀行の杜撰な融資の実態が明らかにされてしまった。

その後、金融庁は審査書類を改ざんし不適切な融資を行っていたスルガ銀行に対して、一部の業務を対象に6カ月の停止を命じている。銀行経営の根本に立ち返り抜本的な経営改善策を打ち出すことで、健全な融資業務に取り組んでいかなければならない。一方で、個人投資家は周辺の相場以上に高い物件を購入しているうえ、返済能力を上回る過剰な融資を受けているので、焦げ付きが今後の深刻な問題として発生する懸念がある。

(2) スルガ銀行の決算

2018年に入ってシェアハウスの運営会社が破綻したことで、個人投資家向け不動産投資の問題が一気に顕在化した。だが、それ以前のスルガ銀行は好調な決算を発表していた。以下ではスルガ銀行の主要な経営指標を取り上げながら、いままでの動きを観察していくことにしたい。

図表3-6は、貸出残高と個人ローン残高の推移を2008年度から2017年度にわたって描いたものである。日銀の異次元緩和策が実施される以前と以後にかかわらず、全体的に両者とも順調な伸びを示している。貸出残高の着実な上昇も際立っているが、むしろ個人ローン比率の著しい高さに注目すべきであろう。スルガ銀行が独自の経営戦略を練りながら特異な銀行経営を展開していたことがうかがわれる。

図表3-7は、同じ期間を対象にした個人ローン比率と貸出金利回りの散布図である。この図を見ると、個人ローン比率が安定的に伸び続けていることが確認できる。それに対して貸出金利回りはいったん低下した後、急激に上昇している。極めて対照的な動きを展開している。

日銀の長期にわたる低金利政策の影響から、銀行の貸出金利回りは一般的に低下傾向を歩んできた。とりわけ、異次元緩和策が実施されてからは一層低下したと考えられる。ところ

図表3－6　スルガ銀行の貸出残高と個人ローン残高の推移

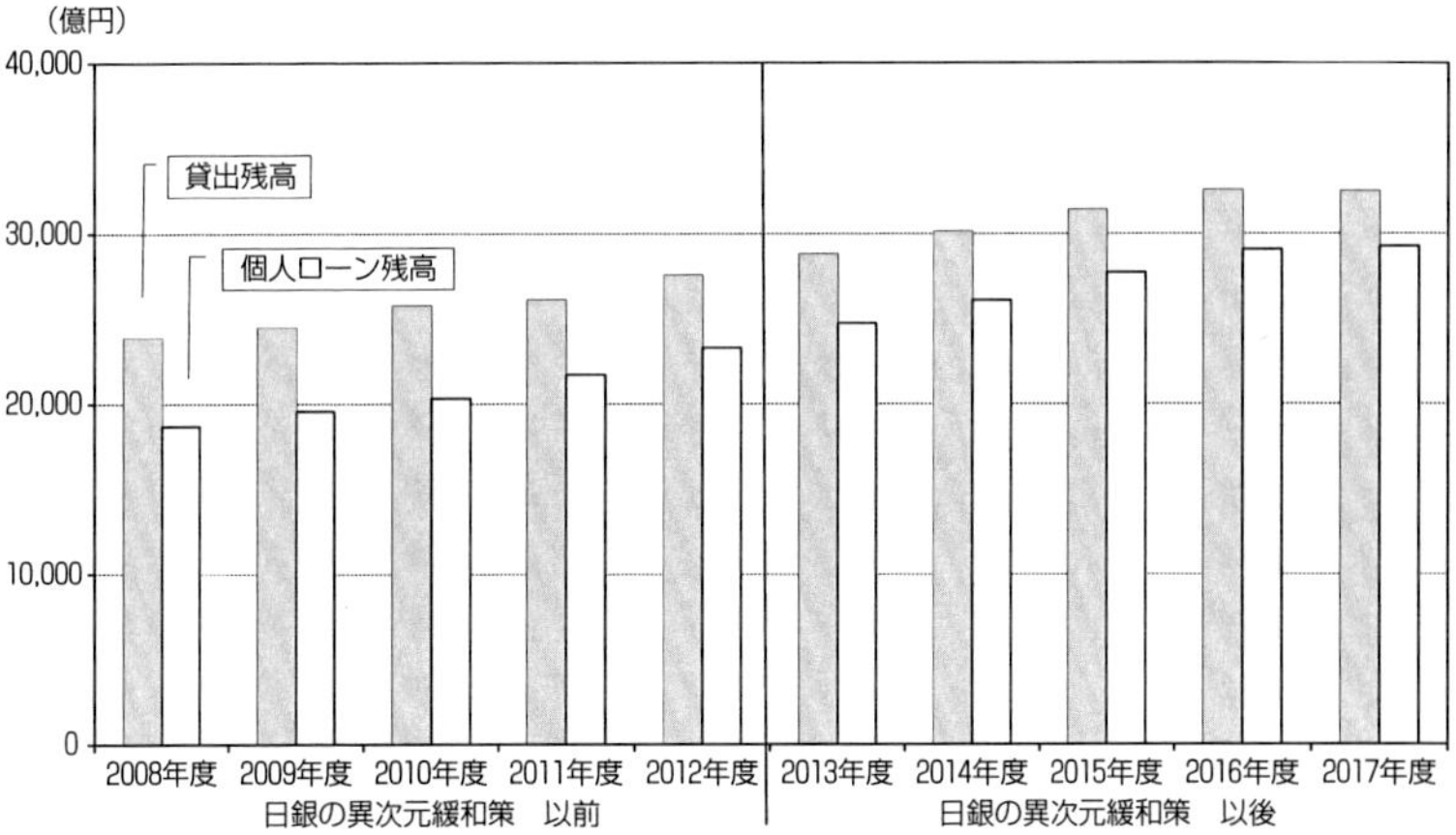

（注）「スルガ銀行決算報告」参照。図表3－7，9，10，11も同様

図表3－7　スルガ銀行の貸出金利回りと個人ローン比率の散布図

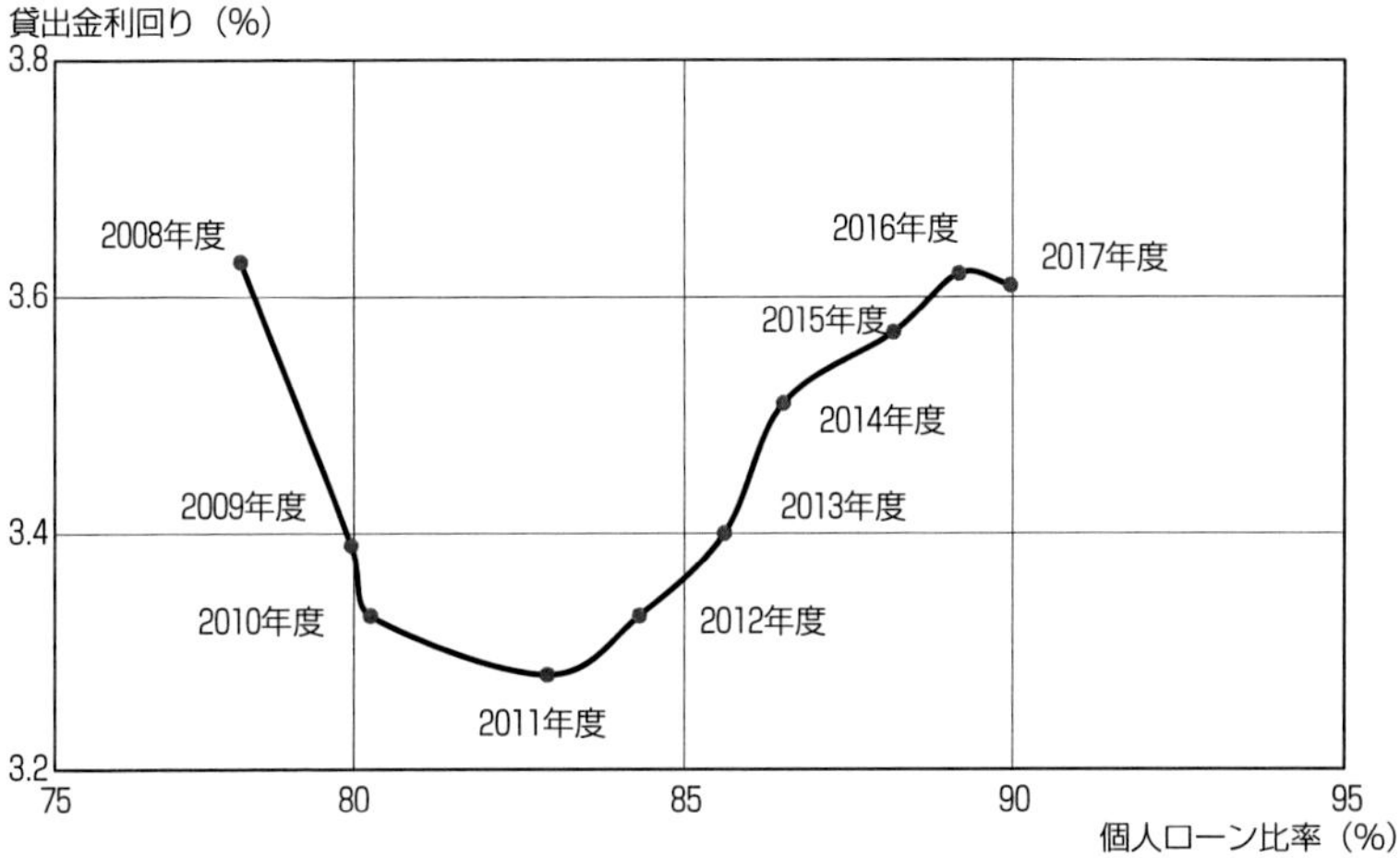

が、スルガ銀行の貸出金利回りを見ると、異次元緩和策以前は低下傾向にあるが、それ以降は上昇傾向にある。

こうした個人ローン比率と貸出金利回りで形成されるV字型の散布図からもわかるように、その頃から独自のビジネスモデルを繰り広げていったものと思われる。シェアハウスに見られるような独自の融資を積極的に展開することで、個人ローン比率ばかりでなく貸出金利回りも上昇していったのである。

当然ながら、貸出金利回りが上向けば経常利益率も同じ動きをたどる。**図表3-8**はスルガ銀行の経常利益率の推移を描いたものである。地銀・第二地銀の経常利益率の平均値と比べてもわかるように、地域銀行の中でずば抜けた高さにある。しかも異次元緩和策の前後あたりから急激に伸びていることからも、スルガ銀行の経営の特殊性が反映されているように思える。

次に利益そのものに注目しよう。**図表3-9**は、スルガ銀行の決算から経常利益と当期純利益を取り出すとともに、それらを導き出すうえで主要な構成要素である業務粗利益、経費、与信費用の数値を整理したものである。このうち経常利益と当期純利益の推移を図で描いたものが**図表3-10**である。2種類の利益が超低金利の運用環境下でも独自の経営展開から急拡大している姿が鮮明に映し出されている。

図表3-11は業務粗利益、経費、与信費用の動きを図で描いたものである。業務粗利益が異次元緩和策が実施される前後から着実に伸びていることが確認できる。個人向けローンを

図表3－8　経常利益率の推移――スルガ銀行と地銀・第二地銀の比較――

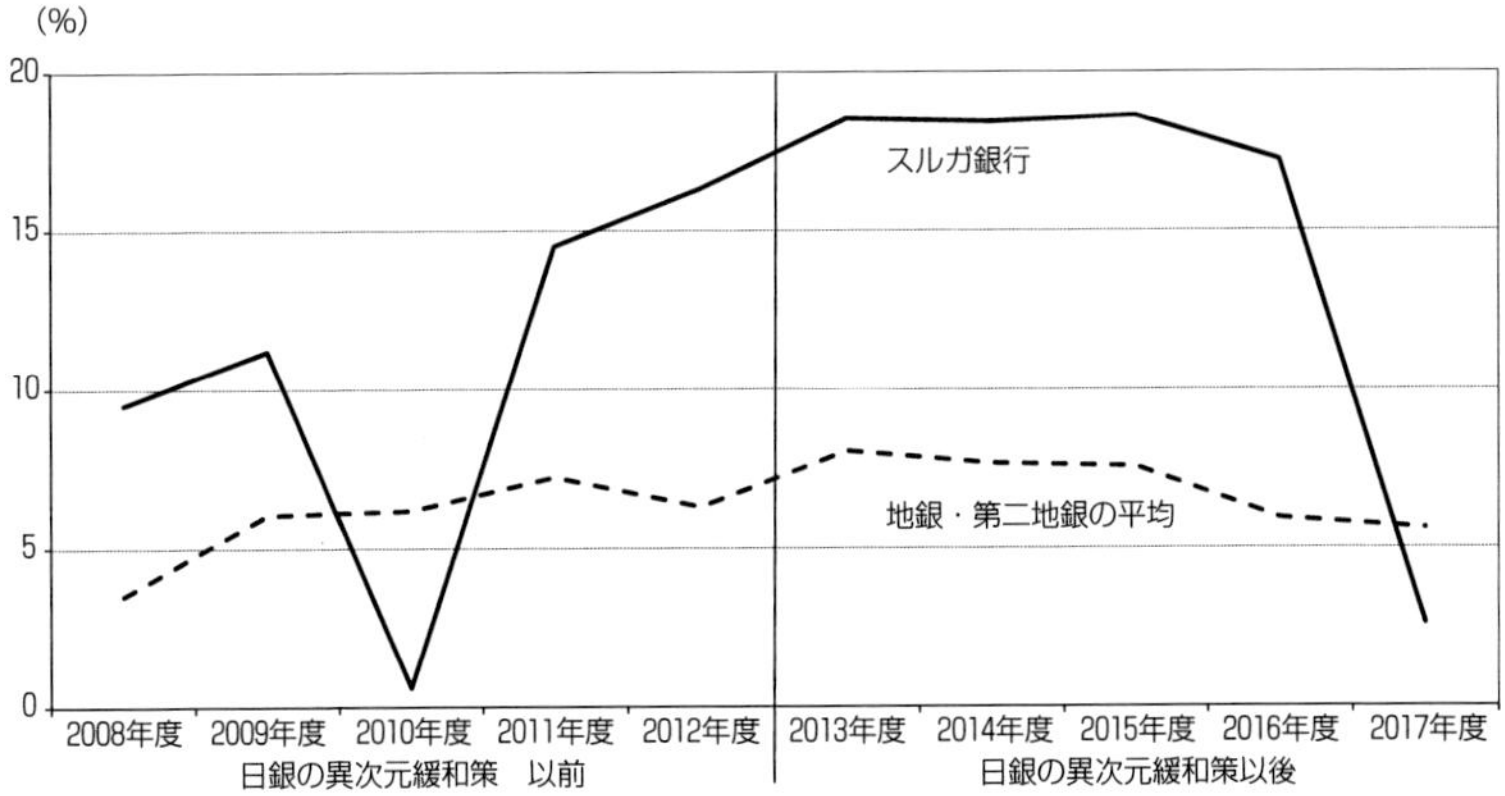

(注)「スルガ銀行決算報告」と「全国銀行財務諸表分析」(全国銀行協会) 参照

図表3－9　スルガ銀行の決算

	2008年度	2009年度	2010年度	2011年度	2012年度	2013年度	2014年度	2015年度	2016年度	2017年度
業務粗利益	70,112	77,859	77,153	80,140	84,053	90,867	99,452	105,332	110,852	115,171
経費	▲ 41,571	▲ 41,419	▲ 40,968	▲ 41,482	▲ 41,553	▲ 43,339	▲ 45,600	▲ 45,929	▲ 47,240	▲ 46,742
与信費用	▲ 7,166	▲ 13,398	▲ 30,531	▲ 10,672	▲ 5,353	▲ 1,840	▲ 1,726	▲ 5,029	▲ 6,575	▲ 45,016
経常利益	17,640	21,290	1,099	27,817	35,417	45,363	51,850	54,432	57,160	29,017
当期純利益	10,624	14,033	2,106	14,814	21,069	27,553	32,135	35,807	41,728	19,299

(注) 単位：百万円

図表3－10　スルガ銀行の経常利益と当期純利益

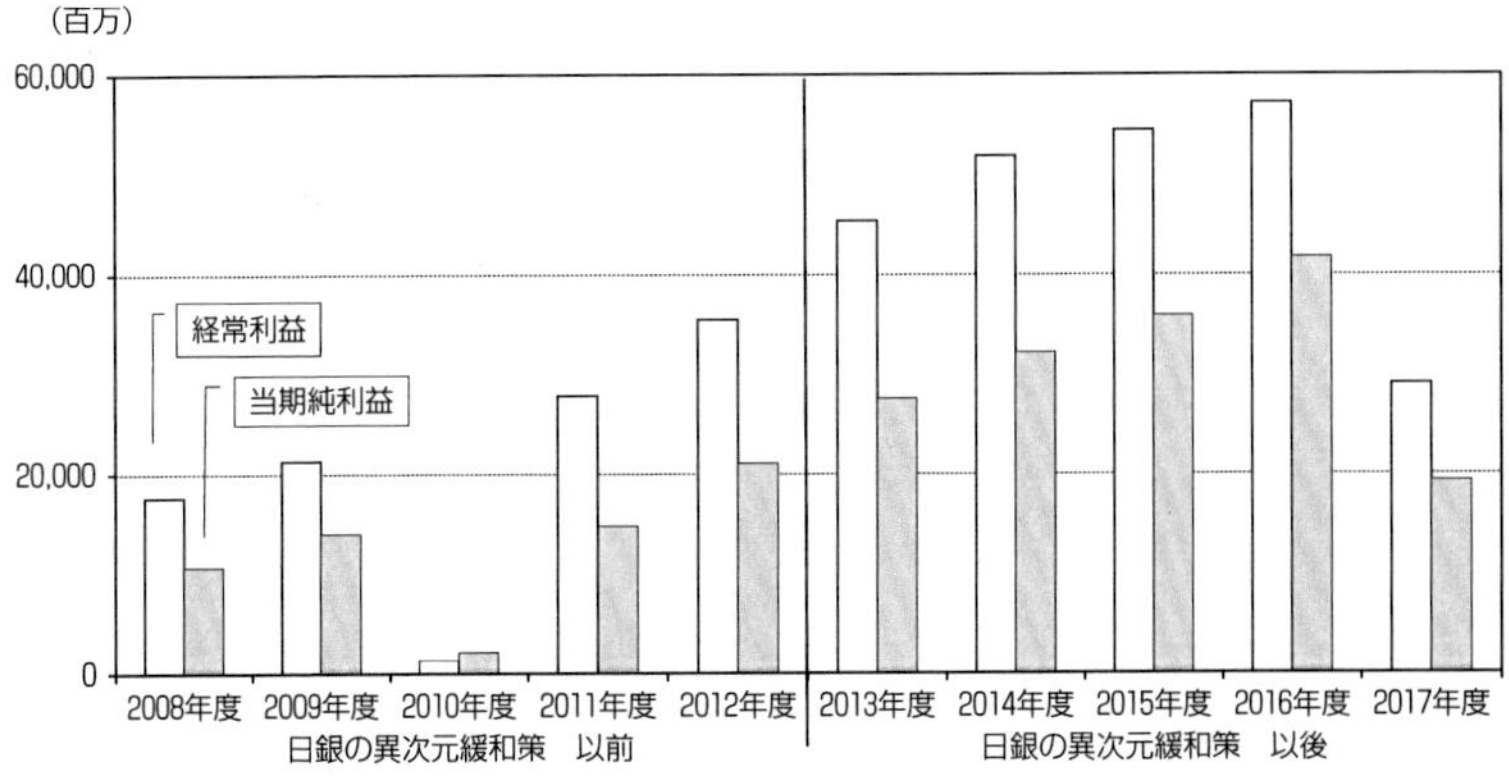

図表3-11　スルガ銀行の業務粗利益，経費，与信費用の推移

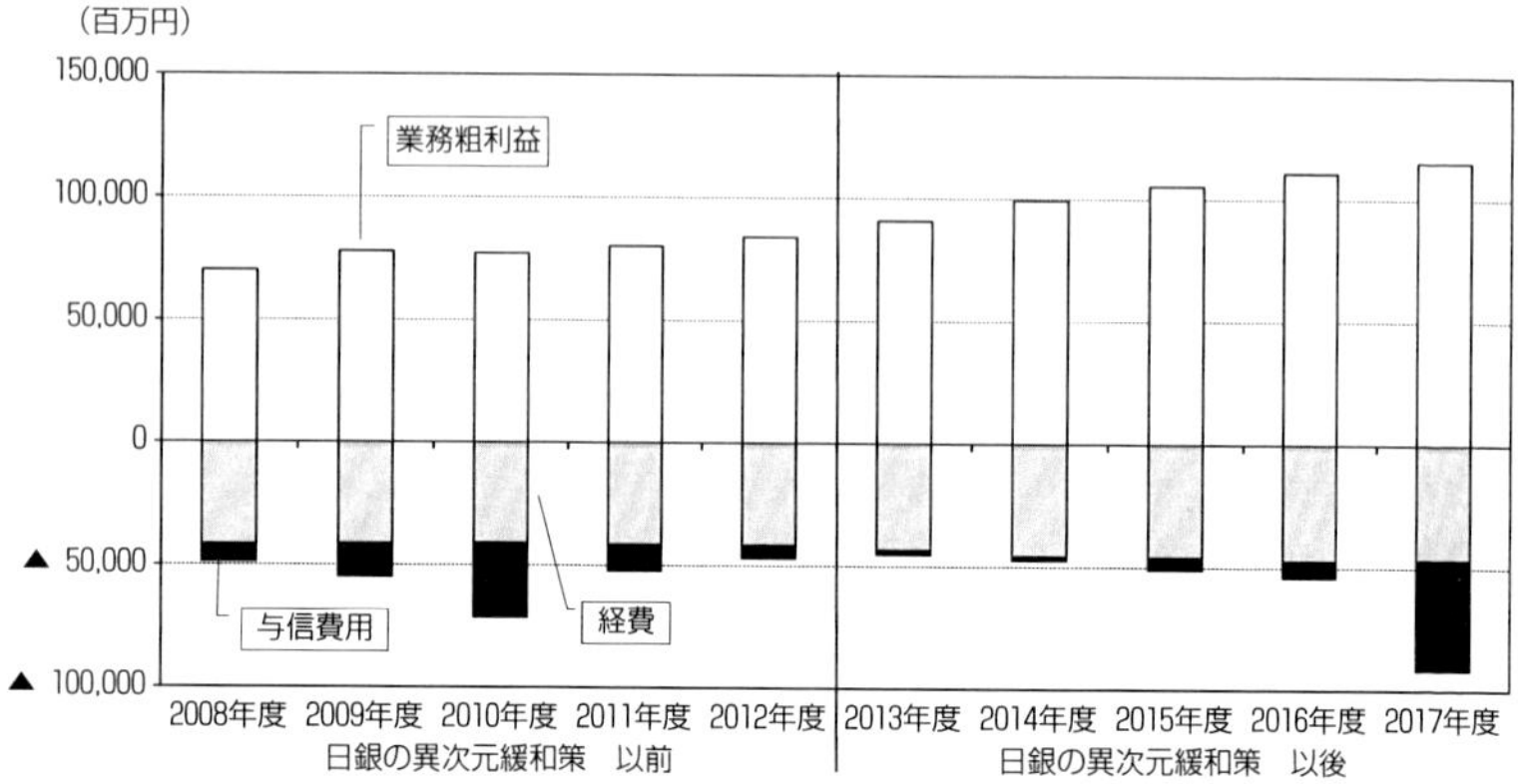

中心に融資の攻勢を仕掛けていたのであろう。ただ、この図の中で気になるところが見られる。経費はほぼ一定の大きさで推移しているので問題ないが、与信費用については不自然な動きが感じられる。

なぜなら、異次元緩和策以前よりも以後のほうが与信費用が低くなっているからである。シェアハウスに絡むビジネスは融資が拡大するにつれていずれ行き詰まる恐れがある。そのことを多少なりとも認識していたと思われる。そうであれば貸倒引当金の積み増しから、与信費用は増大傾向を歩んでいても不思議ではない。ところが決算の数値を見る限り、逆の動きに転じている。

与信費用は、信用リスクが現実に認識された場合のコストである。信用リスクがたとえ高くても、客観的な立場から冷静に把握しようとしなければ、会計上の費用として与信費用を十分に取らなくても済む。スルガ銀行の場合、そのことが異次元緩和策以

後の低い与信費用として表れていたのだと考えられる。

経常利益ならびに純利益が、超低金利のもとでも高い状態が続いていた。だが、本来ならば与信費用をもっと高く計上しなければならなかった。それにもかかわらず、低く設定したからこそ生み出された数値であったと解釈できる。実際、シェアハウス問題がマスコミで大きく取り上げられた直後の2017年度決算を見ると、与信費用は大きく計上され、経常利益も純利益も過去の年度に比べて著しく減少している。

(3) スルガ銀行の経営モデル

①通常のビジネスモデルによる帰結

スルガ銀行は独自のビジネスモデルを立ち上げることで、高い貸出金利を設定し高収益を生み出していった。それは無視できないほど大きな信用リスクを抱えながらも、会計上の与信費用を低く計上していたからであろう。それでも現実の問題としてしばらくの間は焦げ付かなかったので、個人投資家相手の不動産融資は年度を重ねながらも勢いを増していった。

本来ならばシェアハウスのような特殊な融資にのめり込みたくなかったかもしれない。しかしながら、異次元緩和策が実施され貸出金利が急激に低下する中で、従来の融資を踏襲したビジネスでは利益が確保できなくなり、最終的に経営が行き詰まってしまうかもしれない。スルガ銀行はこうした最悪の事態を回避するために、個人投資家向けの不動産融資に走ったように思われる。

だが、新ビジネスによる融資から十分な利益が得られたとしても一時的であり、いずれ危機的な状況を迎えるであろう。銀行経営の鉄則である審査を十分に行わないまま融資し、それに見合った貸倒引当金を積み増していないだけであり、本来の利益はもともと生み出されていないのである。

以下では、通常の融資を行った場合もスルガ銀行のように独自の融資を展開した場合も同じであることを、銀行の経営モデルを用いて説明していきたい。**図表3-12**はそのために描かれたものである。この図では、異次元緩和策が実施される以前と以後に分けながら、銀行の利益率の動きがそれぞれ上下の2つの図で表されている。

上図は利益率を形成する（貸出金利－預金金利－経費率）の曲線と与信費用率の曲線が示されている。2つの曲線に挟まれた領域が利益率に相当する。**下図**はその利益率だけを取り出したものである。

異次元緩和策以前では、貸出残高に関わりなく貸出金利－預金金利－経費率と与信費用率が一定であると想定しているので、それぞれ横に平行な曲線が上図で描かれている。それゆえ、利益率の曲線も同じように横に平行な曲線となって下図で描かれている。

異次元緩和策が実施されると、貸出金利が低下するので「**通常の貸出金利－預金金利－経費率**」の曲線は下方にシフトしていく。一方、与信費用率はある一定の貸出額を超えると優

図表3-12　スルガ銀行の経営モデル

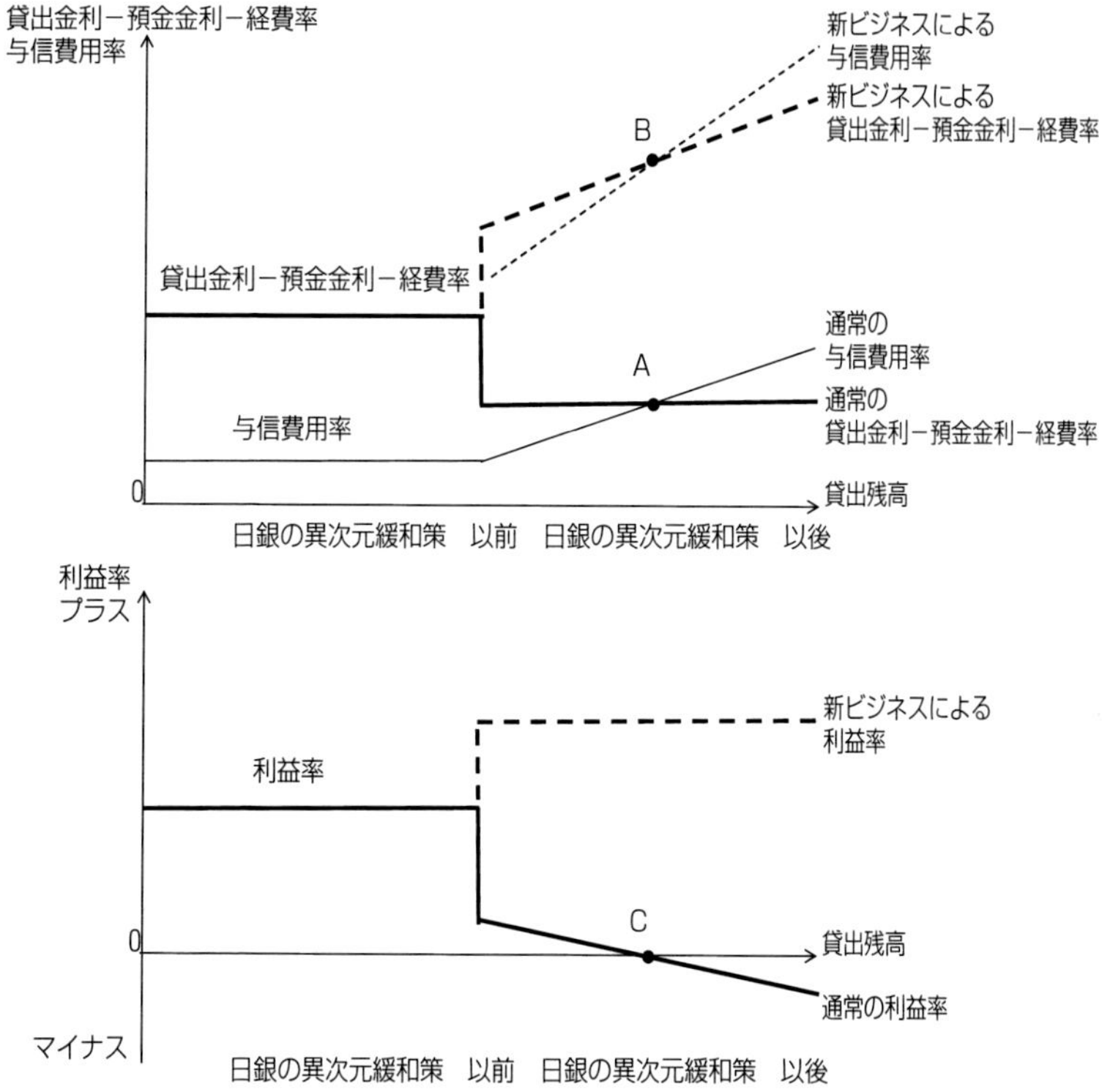

良な貸出先が少なくなるので、信用コストが徐々に高まり始める。そのため「**通常の与信費用率**」の曲線は右肩上がりの曲線となる。

横に平行な通常の貸出金利－預金金利－経費率の曲線と、右肩上がりの通常の与信費用率の曲線の間の領域が利益率である。そうすると貸出残高が増えるにつれて利益率は減少し、上図のA点でゼロとなり、それを過ぎるとマイナスとなる。損失の発生である。下図に示された「**通常の利益率**」の曲線は右肩下がりになり、A点に対応したC点で利益率がゼロとなる。

異次元緩和策のもとで融資を行い続ける限り、いずれ銀行経営が困難な状況に陥る。そのことが通常の貸出金利－預金金利－経費率の曲線と、通常の与信費用率の曲線から導き出された通常の利益率の曲線で示されている。多くの地域銀行はまだ利益がプラスの状態にあるが、異次元緩和策がいつまでも続けば赤字に陥り、いずれ危機的な状況に向かって行かざるを得ないであろう。

②新ビジネスモデルによる帰結

スルガ銀行は、新ビジネスに基づいた融資を実行することで厳しい運用環境を乗り切ろうとした。それがシェアハウスの運営会社を媒介とした個人投資家向けの不動産融資であった。これにより高い貸出金利が設定可能となるので「**新ビジネスによる貸出金利－預金金利－経費率**」の曲線は上にシフトするだけでなく、貸出残高が増大するにつれて新しい顧客が開拓できることから曲線の傾きも変化し右肩上がりになっていく。

それに対して、当初は信用コストを十分に認識していなかったので通常の与信費用率を想定していた。そのため新ビジネスによる貸出金利－預金金利－経費率の曲線と、通常の与信費用率の曲線に挟まれた領域は、異次元緩和策が実施される以前よりも大きくなる。つまり、**「新ビジネスによる利益率」**の曲線は上昇していく。

だが、それは通常の与信費用率を適用しているからこそ高い利益率が発生しているに過ぎない。実際は高リスクの融資であるので、通常よりも高い与信費用率を当てはめなければならない。しかも貸出残高が増えるにつれて与信費用率も上昇していくので、通常の与信費用率の曲線よりも急な傾きとなろう。

それが**「新ビジネスによる与信費用率」**の曲線である。そうであればこの曲線は、図表3－12のB点において新ビジネスによる貸出金利－預金金利－経費率の曲線と交わる。ここにおいて利益率はゼロとなる。

結局、新ビジネスの融資が行われても、通常のビジネスの場合と同じ経路をたどることになる。新ビジネスによる利益率の曲線は一時的な妄想に過ぎず、現実は通常の利益率の曲線に収束していく。それゆえ、B点に対応する下図のC点において利益率がゼロとなる。もちろん、それを過ぎると損失が発生する。

こうして見ていくと、通常の貸出であれ新ビジネスの貸出であれ、信用リスクを冷静に把握していれば同じ結果にたどり着く。異次元緩和策といった厳しい運用環境のもとで独自のビジネスモデルを展開しても利益を得るのがかなり難しいことがわかる。

スルガ銀行は独創的な経営を推し進めてきたと言われたが、時間が経過するにつれて大きな壁に突き当たってしまった。振り返ってみれば、スルガ銀行に欠けていたのは慎重な経営姿勢であった。銀行経営の基本に基づきながら十分な審査を行うシステムが定着していれば、個人投資家向けの不動産融資にそれほど深入りすることはなかったであろう。

こうしたタイプの不動産融資はスルガ銀行だけでなく、他の地域銀行も似たような融資を行っている。審査書類の改ざんに手を染めるような地域銀行は特殊な事例であるかもしれないが、アパートローンやマンションなどを対象とした不動産融資が貸出残高の中心となっているのはどの地域銀行も同じである。

しかも貸出残高が増えるにつれて、返済に不安を感じる貸出先に向かっていかざるを得ない状況に追い込まれているのも極めて類似している。不動産融資の傾斜だけでなく、信用リスクの高まりといった目に見えない深刻な問題も同じように抱えているのが、今日の地域銀行である。

スルガ銀行は創業家出身者が経営の舵取りを行ってきた銀行であり、関連企業を通じて大量の株式を保有するスタイルが取られてきた。そのためにガバナンス機能が完全に麻痺し、今回の問題を引き起こしたと解釈されている。

確かに、他の地域銀行に見られない特殊な経営組織がシェアハウス問題を引き起こしたと考えられるかもしれない。だが、不動産融資をめぐる問題は決してスルガ銀行といった特殊な個別銀行に限った問題ではなく、地域銀行全体に共通する問題である。そのことを十分に認識しておかなければならない。

第4節　超低金利政策が促す地域銀行の再編

(1) 本業赤字の増大傾向

地域銀行は、日銀の長期にわたる異次元緩和策の影響から利鞘が稼げない状態にある。そうした厳しい実態を、地域銀行の決算から代表的な指標を拾い上げながらいままで見てきた。また、個別ケースとしてスルガ銀行の融資問題にも触れてきた。

言うまでもなく、地域銀行の監督機関である金融庁は通常の決算データに基づきながらあらゆる角度から現状を把握しているが、なかでも本業利益について注視している。本業利益とは、貸出と預金から生み出される利鞘と投資信託等の販売手数料を加えたものである。計算式で示すと、貸出金残高×(貸出金利回り－預金等利回り)＋役務取引等利益－経費となる。まさに銀行の主要業務から生み出される利益を表している。

図表3－13では、本業赤字の銀行数を2015年度から17年度までの3カ年度にわたって

図表３−13　地域銀行の本業赤字の状況

	2015年度	2016年度	2017年度
単年度	10行	14行	２行
２期連続	７行	10行	12行
３期連続	６行	７行	10行
４期連続	３行	６行	７行
５期連続	14行	17行	23行
合　計	40行	54行	54行
２期以上連続	30行	40行	52行
連続赤字比率	28%	38%	49%

（注１）連続赤字比率は，地域銀行106行に占める本業利益が２期以上連続して赤字となっている銀行の比率
（注２）資料：金融庁（2018）

整理している。その数値を見ていくと、２０１５年度は１０６行の地域銀行のうち40行が赤字であり、そのうち２期以上連続赤字の行数は30行となっている。２０１６年度は54行が赤字であり、40行が連続赤字である。２０１７年度になると、赤字行は前年度と同じ54行であるが、52行が連続赤字である。

これら3カ年度の連続赤字比率に注目すると、２０１５年度が28％であるのに対して２０１６年度では38％に上昇し、さらに２０１７年度になると49％まで上昇している。連続赤字の銀行数の増大傾向ばかりでなく、その比率の高さにも驚かされる。

(2) 地域銀行の再編

異次元緩和策が続く限り、地域銀行の苦境はますます深まっていくであろう。目利き機能を発揮し新ビジネスを展開するのも限界がある。最も有効な対応策は銀行同士の統合といった再編であり、その動きはすでに始まっている。県境をまたぐ広域型や都市部での再編だけでなく、県内同士の再編も進んでいる。

最近の事例を日本経済新聞（２０１８年8月25日）の記事から取り上げると、広域型再編としてめぶきＦＧ（足利銀行・常陽銀行）、トモニＨＤ（香川銀行・徳島銀行・大正銀行）、九州ＦＧ（肥後銀行・鹿児島銀行）があり、都市型再編として東京きらぼしＦＧ（東京都民銀行・八千代銀行・新銀行東京）、コンコルディアＦＧ（横浜銀行・東日本銀行）があげられる。

関西みらいＦＧ（関西アーバン銀行・みなと銀行・近畿大阪銀行）は都市・広域型再編として分類できる。第四北越ＦＧ（第四銀行・北越銀行）、三十三ＦＧ（三重銀行・第三銀行）、ふくおかＦＧ（親和銀行・十八銀行）は県内型再編として整理できる。

統合のメリットはいくつか指摘できるであろうが、経費削減効果が最も大きいと思われる。重複店舗の統廃合を通じて組織内部のさまざまな合理化が進み、最終的に全体のコストが削減できる。いままでも地域銀行は経費を削減する努力を絶えず払ってきたが、単独ではいずれ限界が生じる。統合が行われれば新たな合理化の筋道が見えてくるであろう。

確かに地域銀行の再編は有効な手段であり、今後も推し進められていくと予想される。しかしながら、近年の統合の事例からもわかるように、経営的に余裕のある地域銀行が率先して進めている戦略であり、多くの地域銀行から見れば恵まれたケースと言える。小規模で連続赤字に悩む地域銀行の場合は、相互にメリットが得られるような満足のゆく統合が難しいかもしれない。

そうした中で再編の流れに乗り遅れれば、経営危機に直面する地域銀行が次々と現れるであろう。わが国は人口減少といった深刻な問題を抱えているので短期的な解決策は見出し難い。だが、異次元緩和策という超低金利政策が続く限り、地域銀行の苦境は確実に深まっていく。日銀が当初に描いた政策効果が時間の経過とともに薄れる中で、副作用だけが高まりつつある。こうした現状を憂慮すれば、異次元緩和策の修正が必要ではないだろうか。

日本経済新聞（2018年10月16日）が全国104の地域金融機関の経営者を対象に実施した「地域経済500調査」によると、短期金利の上昇を望む回答が49%、長期金利の上昇容認が50%に上っている。現状維持、一層の引き下げは1%であった。このことからも多くの金融機関が金利上昇を求めていることがわかるであろう。

付録 3－1　地銀・第二地銀の預貸率の推移

(1) 地銀の預貸率

銀行名／年度	2008	2009	2010	2011	2012	2013	2014	2015	2016	2017	異次元緩和策以前	異次元緩和策以後
	預貸率	預貸率	預貸率	預貸率	預貸率	預貸率	預貸率	預貸率	預貸率	預貸率	2008-12	2013-17
北海道	78.5	74.8	73.2	73.5	71.7	72.9	69.9	73.3	74.0	75.3	▲6.8	2.4
青森	71.1	67.0	65.6	62.9	63.2	63.8	65.9	68.6	68.8	68.3	▲7.9	4.5
みちのく	73.1	71.2	69.1	66.3	68.8	68.2	68.8	72.5	75.5	76.4	▲4.3	8.2
秋田	65.5	62.6	61.5	60.6	59.9	60.0	60.5	62.4	63.1	62.2	▲5.6	2.2
北都	65.6	63.2	63.3	64.3	64.7	66.6	67.2	66.1	66.6	65.2	▲0.9	▲1.4
荘内	83.6	81.3	81.3	76.2	75.6	74.6	71.3	70.1	72.8	72.8	▲8.0	▲1.8
山形	68.6	65.5	64.7	63.8	63.6	66.7	68.9	72.3	73.1	74.6	▲5.0	7.9
岩手	64.0	61.8	61.7	51.4	48.9	49.9	53.2	54.6	52.0	53.4	▲15.1	3.5
東北	74.5	72.4	70.9	69.1	70.4	70.4	68.3	66.4	65.9	68.4	▲4.1	▲2.0
七十七	66.2	64.3	62.2	50.9	48.7	50.9	53.8	54.7	56.9	58.1	▲17.5	7.2
東邦	72.4	69.1	69.5	60.1	55.6	51.5	47.9	53.0	57.3	57.5	▲16.8	6.0
群馬	72.4	72.2	70.0	71.0	73.7	75.1	77.2	78.3	78.2	80.3	1.3	5.2
足利	79.3	74.7	74.7	75.0	76.1	77.3	78.5	78.4	77.3	77.8	▲3.2	0.5
常陽	74.2	72.2	70.3	68.4	69.7	71.9	73.0	72.6	71.9	70.7	▲4.5	▲1.2
筑波		75.4	75.3	74.2	74.0	72.5	72.5	73.5	74.3	71.4	▲1.4	▲1.1
関東つくば	78.4											
武蔵野	85.2	82.1	81.1	80.8	80.9	81.3	81.8	83.1	82.7	82.5	▲4.3	1.2
千葉	80.5	79.6	79.2	78.3	79.4	76.7	75.1	76.2	77.3	78.3	▲1.1	1.6
千葉興業	75.9	76.1	75.9	76.1	76.6	77.8	79.7	79.6	80.7	81.8	0.7	4.0
東京都民	72.7	70.7	71.2	72.5	75.7	76.4	76.0	76.0	78.8	80.1	3.0	3.7
横浜	87.2	81.1	79.5	80.9	81.4	79.6	79.6	77.7	77.5	77.6	▲5.8	▲2.0
第四	63.8	61.6	61.9	61.1	63.0	63.1	62.9	64.9	66.9	67.1	▲0.8	4.0
北越	64.8	62.3	62.3	61.7	63.3	62.2	63.3	63.2	62.5	66.0	▲1.5	3.8
山梨中央	63.9	60.8	60.7	56.9	56.1	52.3	53.2	53.4	53.9	55.1	▲7.8	2.8
八十二	76.4	74.9	74.2	73.8	70.5	68.0	67.9	69.0	71.0	71.5	▲5.9	3.5
北陸	84.2	78.1	78.2	76.4	75.7	71.5	71.8	71.7	71.6	71.8	▲8.5	0.3
富山	74.4	74.3	72.9	73.9	68.9	66.0	63.7	64.5	64.4	67.5	▲5.5	1.5
北國	75.6	73.3	74.6	73.2	73.7	74.3	74.9	73.2	70.3	69.9	▲1.9	▲4.4
福井	80.2	73.0	71.3	71.2	70.4	71.4	72.3	73.4	71.1	69.8	▲9.8	▲1.6
静岡	86.1	84.3	86.9	82.8	83.1	83.4	80.1	83.4	84.4	85.5	▲3.0	2.1
スルガ	81.9	80.0	79.5	80.0	78.4	75.5	76.1	77.3	79.3	79.4	▲3.5	3.9
清水	76.7	77.0	74.1	74.8	73.6	75.0	71.3	78.8	74.9	81.2	▲3.1	6.2
大垣共立	78.4	78.3	78.1	79.4	78.6	78.5	80.9	79.4	79.4	81.1	0.2	2.6
十六	81.1	77.2	75.9	76.9	70.9	72.8	71.8	73.7	73.9	76.6	▲10.2	3.8
三重	76.0	75.8	75.4	76.5	76.5	77.4	78.1	77.9	78.5	77.5	0.5	0.1
百五	66.6	63.0	62.2	60.8	59.9	61.2	61.3	62.0	62.2	63.2	▲6.7	2.0
滋賀	72.1	69.9	69.2	67.1	67.5	68.5	69.7	73.8	75.2	75.9	▲4.6	7.4
京都	60.3	60.9	60.5	61.0	60.3	60.5	60.5	63.9	65.7	67.4	0.0	6.9
近畿大阪	82.0	78.4	76.4	73.5	77.0	75.3	74.8	74.6	74.1	73.1	▲5.0	▲2.2
池田泉州			80.2	79.7	78.6	77.5	76.4	78.5	78.6	78.9	▲1.6	1.4
泉州	91.7	90.3										
池田	73.9	72.2										
南都	70.1	66.4	64.9	64.2	64.2	63.8	64.8	66.9	68.2	68.9	▲5.9	5.1
紀陽	74.2	71.8	72.4	72.4	71.8	70.5	69.5	69.6	71.2	72.6	▲2.4	2.1
但馬	77.6	76.8	79.3	77.5	78.8	78.4	81.3	82.2	83.0	83.2	1.2	4.8
鳥取	80.5	80.3	79.3	75.2	74.3	76.2	79.3	79.5	79.7	81.5	▲6.2	5.3
山陰合同	64.5	62.5	62.4	62.1	63.2	62.4	64.4	67.1	71.3	73.9	▲1.3	11.5
中国	66.5	63.3	61.8	62.3	61.1	60.9	61.5	65.1	68.5	70.4	▲5.4	9.5
広島	81.8	77.7	76.2	75.8	75.7	75.6	75.0	75.0	76.7	78.5	▲6.1	2.9
山口	79.1	74.2	73.6	66.1	65.6	64.3	63.3	62.5	69.6	72.7	▲13.5	8.4
阿波	70.8	67.1	64.1	62.5	62.2	63.1	62.6	63.0	63.3	64.0	▲8.6	0.9
百十四	73.6	69.0	69.0	67.8	69.3	66.1	67.8	66.7	66.6	69.8	▲4.3	3.7
伊予	75.7	74.3	74.0	72.6	71.1	71.4	73.3	73.2	74.1	77.4	▲4.6	6.0
四国	72.3	67.6	66.1	65.0	63.5	61.4	61.8	63.7	64.1	62.4	▲8.8	1.0
福岡	85.4	80.8	81.4	83.5	81.6	83.0	85.1	87.7	89.9	91.4	▲3.8	8.4
筑邦	74.0	72.6	70.0	68.9	68.6	67.3	66.6	67.4	67.6	69.4	▲5.4	2.1
佐賀	68.0	65.5	64.4	64.3	63.4	63.6	64.4	67.1	67.3	67.5	▲4.6	3.9
十八	63.0	60.7	58.6	58.7	57.8	58.5	58.9	61.2	60.0	63.5	▲5.2	5.0
親和	61.5	62.2	64.3	65.2	65.9	63.2	64.9	64.4	65.6	68.1	4.4	4.9
肥後	67.3	64.7	63.9	63.0	63.1	62.6	64.0	66.5	67.3	69.2	▲4.2	6.6
大分	70.2	67.5	67.7	64.4	63.5	65.0	66.4	65.1	61.2	61.4	▲6.7	▲3.6
宮崎	71.1	66.7	69.9	71.3	72.0	74.4	76.0	76.0	76.9	77.6	0.9	3.2
鹿児島	73.0	69.7	69.4	70.1	70.9	71.9	75.5	80.0	81.4	83.1	▲2.1	11.2
琉球	83.3	79.4	73.8	69.2	69.1	70.6	71.1	71.9	74.7	76.4	▲14.2	5.8
沖縄	85.6	79.2	74.1	71.9	71.8	73.9	72.6	76.3	79.0	79.0	▲13.8	5.1
西日本シティ	79.9	78.2	78.1	80.1	81.0	83.4	83.1	82.4	84.2	83.9	1.1	0.5
北九州				105.9	105.3	97.0	97.1	97.7	96.9	97.1	▲0.6	0.1
地銀平均	75.5	72.7	72.1	70.8	70.5	70.3	70.7	71.9	72.9	73.9	▲5.0	3.6

(注) 単位：%

(2) 第二地銀の預貸率

銀行名／年度	2008	2009	2010	2011	2012	2013	2014	2015	2016	2017	異次元緩和策以前	異次元緩和策以後
	預貸率	預貸率	預貸率	預貸率	預貸率	預貸率	預貸率	預貸率	預貸率	預貸率	2008-12	2013-17
北洋	76.0	76.7	76.4	76.1	78.3	76.5	73.1	74.0	74.7	74.8	2.3	▲1.7
きらやか	79.8	80.4	78.7	78.9	75.1	75.1	76.1	78.0	79.3	79.0	▲4.7	3.9
北日本	76.6	76.2	74.0	70.1	68.9	67.1	64.2	63.1	64.4	66.4	▲7.7	▲0.7
仙台	67.5	67.7	63.7	58.8	57.8	56.4	57.3	63.3	62.8	67.3	▲9.7	10.9
福島	78.5	78.2	76.6	74.2	70.0	69.0	67.8	69.7	70.8	72.0	▲8.5	3.0
大東	70.8	70.0	69.4	64.8	64.8	62.8	62.9	64.4	66.0	69.0	▲6.0	6.2
東和	74.5	75.0	75.4	74.7	73.8	73.5	72.9	72.7	72.2	72.2	▲0.7	▲1.3
栃木	69.9	70.1	70.3	69.7	69.4	68.8	70.2	70.8	70.8	70.5	▲0.5	1.7
茨城	77.4											
京葉	72.5	73.5	72.8	72.2	73.2	74.1	74.8	75.4	76.9	77.9	0.7	3.8
東日本	84.2	82.0	79.9	79.7	81.1	80.8	82.1	84.0	86.0	91.3	▲3.1	10.5
東京スター	78.5	74.8	77.3	74.1	71.1	72.3	68.9	71.4	72.3	77.2	▲7.4	4.9
神奈川	79.4	73.4	71.4	71.1	73.1	75.5	77.0	79.2	81.1	79.9	▲6.3	4.4
大光	72.2	72.3	71.5	71.3	71.5	71.8	73.8	74.3	75.0	76.0	▲0.7	4.2
長野	74.0	70.6	63.1	59.9	60.5	59.0	58.9	58.9	57.6	58.8	▲13.5	▲0.2
富山第一	77.4	78.3	78.5	79.0	77.9	73.2	75.0	71.9	71.0	70.6	0.5	▲2.6
福邦	81.4	78.4	76.6	73.9	76.9	76.4	74.9	74.4	71.2	72.0	▲4.5	▲4.4
静岡中央	88.3	88.5	87.6	86.0	84.5	83.8	82.8	82.0	82.6	82.1	▲3.8	▲1.7
岐阜	77.2	74.8	70.5	70.5								
愛知	67.1	66.9	67.0	66.8	66.3	63.2	62.8	63.2	64.1	65.6	▲0.8	2.4
名古屋	73.4	72.8	73.5	71.4	70.0	70.2	68.0	69.9	72.6	72.0	▲3.4	1.8
中京	78.6	77.0	76.2	75.3	73.8	73.8	73.4	74.1	73.9	73.4	▲4.8	▲0.4
第三	68.3	69.5	68.8	68.1	67.1	67.9	68.7	69.9	70.1	70.3	▲1.2	2.4
びわこ	79.9											
関西アーバン	89.1	86.7	87.0	88.4	89.5	94.3	93.0	94.4	92.2	93.0	0.4	▲1.3
大正	85.4	83.6	83.2	84.6	84.1	86.0	87.0	86.0	86.6	85.7	▲1.3	▲0.3
みなと	85.7	82.6	80.1	77.4	78.3	76.2	78.3	80.6	79.4	77.8	▲7.4	1.6
島根	73.7	74.4	72.3	71.8	70.9	71.4	73.4	72.4	71.4	73.6	▲2.8	2.2
トマト	79.0	77.8	76.7	75.9	79.2	82.5	84.6	86.2	86.1	86.6	0.2	4.1
もみじ	74.8	70.1	68.5	67.4	64.9	67.8	68.1	68.3	70.7	75.0	▲9.9	7.2
西京	76.1	75.5	74.2	66.4	70.2	71.1	79.1	80.2	81.2	80.1	▲5.9	9.0
徳島	79.3	76.1	75.2	74.7	71.6	68.7	66.6	67.0	69.0	71.2	▲7.7	2.5
香川	83.5	82.1	79.0	74.4	73.6	75.0	75.4	80.1	82.4	83.5	▲9.9	8.5
愛媛	84.8	79.7	75.7	62.9	60.9	61.4	64.3	65.2	68.0	69.4	▲23.9	8.0
高知	78.9	76.1	74.6	73.7	73.3	73.4	74.5	75.2	75.3	73.1	▲5.6	▲0.3
福岡中央	81.8	78.7	79.9	78.1	78.6	77.8	78.0	78.8	79.5	80.0	▲3.2	2.2
佐賀共栄	80.3	78.6	76.2	76.2	78.5	79.1	79.1	83.0	80.7	81.7	▲1.8	2.6
長崎	73.9	76.0	80.2	82.8	93.1	91.4	96.8	91.0	96.3	102.1	19.2	10.7
熊本ファミリー	80.0	79.7	80.9	80.6	79.4	78.0	80.6	82.4	79.7	90.9	▲0.6	12.9
豊和	78.7	79.8	81.2	78.7	77.3	76.2	78.7	79.2	77.5	76.5	▲1.4	0.3
宮崎太陽	71.8	73.8	76.1	76.9	78.5	77.8	76.6	77.0	75.9	75.0	6.7	▲2.8
南日本	82.5	81.7	80.9	80.3	79.8	80.3	79.9	80.1	78.1	76.3	▲2.7	▲4.0
沖縄海邦	73.3	69.1	68.7	66.4	64.0	66.2	67.2	72.3	73.3	75.5	▲9.3	9.3
八千代	68.5	68.4	67.8	65.2	66.9	68.5	68.9	71.2	72.0	75.6	▲1.6	7.1
第二地銀平均	76.9	75.9	75.1	73.5	73.4	73.3	73.3	74.4	75.1	76.2	▲3.5	2.9

（注）単位：%

付録3－2　地銀・第二地銀の経常利益率の推移

(1) 地銀の経常利益率

銀行名／年度	2008	2009	2010	2011	2012	2013	2014	2015	2016	2017	異次元緩和策以前	異次元緩和策以後
	経常利益率	経常利益率	経常利益率	経常利益率	経常利益率	経常利益率	経常利益率	経常利益率	経常利益率	経常利益率	2008-12	2013-17
北海道	7.9	11.2	9.2	8.1	6.7	9.9	11.0	9.8	7.3	4.1	▲1.2	▲5.8
青森	−	4.4	5.5	6.7	7.1	7.7	8.3	7.9	6.1	5.0	2.7	▲2.7
みちのく	−	5.7	1.9	1.6	4.2	6.9	9.1	8.4	6.0	4.4	▲1.5	▲2.5
秋田	−	4.0	4.5	5.5	4.4	6.1	6.6	5.4	3.5	3.1	0.4	▲3.0
北都	−	6.9	5.6	8.7	4.7	10.8	8.9	10.6	4.6	4.6	▲2.2	▲6.2
荘内	−	5.3	7.2	8.6	7.7	8.4	7.9	8.5	3.8	4.2	2.4	▲4.2
山形	−	3.4	5.7	6.1	6.8	7.7	8.0	6.7	4.9	4.2	3.4	▲3.5
岩手	−	5.9	6.5	6.8	6.9	7.5	5.8	5.8	3.9	4.0	1.0	▲3.5
東北	0.7	5.3	7.0	10.4	5.6	4.5	6.1	7.0	6.0	3.8	4.9	▲0.7
七十七	4.3	5.3	5.4	5.4	5.8	6.6	6.7	5.5	4.7	4.8	1.5	▲1.8
東邦	4.1	8.4	7.2	7.1	6.8	8.6	9.0	8.2	5.6	5.2	2.7	▲3.4
群馬	4.2	7.9	8.4	7.4	7.0	7.0	6.8	8.0	6.8	7.5	2.8	0.5
足利	−	20.6	12.4	11.6	11.0	13.7	10.2	12.8	10.5	9.7	▲9.6	▲4.0
常陽	0.4	4.4	4.5	6.9	6.4	7.1	6.9	7.4	6.0	6.2	6.0	▲0.9
筑波	−	−	6.9	4.0	3.4	5.9	6.0	7.3	5.2	4.2	▲3.5	▲1.7
関東つくば	−											0.0
武蔵野	−	4.4	8.1	10.4	9.1	8.5	7.9	7.5	5.1	6.0	4.7	▲2.5
千葉	1.3	9.4	10.1	9.8	9.6	9.8	9.3	9.8	8.3	8.0	8.3	▲1.8
千葉興業	−	4.9	5.5	6.9	6.6	8.7	9.3	8.5	5.8	5.6	1.7	▲3.1
東京都民	−	2.7	2.2	−	3.2	5.8	7.7	7.4	4.7	2.6	0.5	▲3.2
横浜	1.4	7.4	10.2	11.2	10.4	10.7	10.8	11.4	9.3	8.7	9.0	▲2.0
第四	4.5	4.3	4.7	8.5	6.9	7.4	7.6	7.3	5.1	6.1	2.4	▲1.3
北越	−	5.3	9.0	10.0	10.0	9.1	9.9	10.6	7.5	8.5	4.7	▲0.6
山梨中央	4.1	3.6	4.7	5.1	5.2	5.9	5.4	5.5	4.2	3.1	1.1	▲2.8
八十二	0.4	6.0	7.4	6.2	6.3	7.3	6.4	6.6	5.0	4.9	5.9	▲2.4
北陸	3.8	9.3	10.1	11.3	6.8	10.5	7.5	8.0	7.3	6.8	3.0	▲3.7
富山	−	4.4	3.3	4.8	1.1	2.7	3.9	5.4	5.0	4.9	▲3.3	2.2
北國	−	2.9	5.6	6.7	5.8	6.9	7.3	7.4	5.8	5.8	2.9	▲1.1
福井	−	9.7	9.5	11.0	−	12.3	4.6	9.9	5.4	4.9	1.3	▲7.4
静岡	2.7	7.3	8.5	8.7	8.3	8.5	7.5	7.5	5.8	6.0	5.6	▲2.5
スルガ	9.5	11.2	0.6	14.5	16.3	18.5	18.4	18.6	17.2	2.6	6.8	▲15.9
清水	−	5.4	5.2	6.3	4.6	4.9	5.8	6.0	4.4	4.2	▲0.8	▲0.7
大垣共立	−	9.5	7.1	8.0	6.9	5.5	5.7	8.0	7.1	3.2	▲2.6	▲2.3
十六	−	7.3	7.1	7.3	3.8	6.2	10.6	5.8	3.8	3.7	▲3.5	▲2.5
三重	2.7	6.3	6.6	4.1	3.9	3.8	4.2	4.5	3.8	3.8	1.2	0.0
百五	2.3	4.2	4.7	5.3	5.1	6.2	4.5	5.2	3.6	4.5	2.8	▲1.7
滋賀	−	3.0	3.8	6.6	4.9	6.2	6.7	6.2	5.3	4.5	1.9	▲1.7
京都	3.1	6.1	7.6	6.1	5.5	5.0	4.9	4.9	3.3	2.6	2.4	▲2.4
近畿大阪	0.9	2.2	1.2	2.6	3.6	8.4	11.5	11.5	4.5	7.7	2.7	▲0.7
池田泉州			3.4	5.0	5.4	7.8	8.7	8.6	7.3	5.4	5.4	▲2.4
泉州	0.0	−										0.0
池田	−	10.1										0.0
南都	−	5.8	6.4	5.0	4.8	8.5	6.8	5.2	6.5	6.5	▲1.0	▲2.0
紀陽	−	6.0	8.8	9.1	16.0	9.3	7.9	10.7	6.0	7.3	10.0	▲2.0
但馬	0.2	3.0	3.5	4.4	3.5	5.4	5.0	4.5	4.0	3.6	3.3	▲1.8
鳥取	−	7.8	6.8	4.9	4.6	6.3	6.9	6.8	4.1	3.9	▲3.2	▲2.4
山陰合同	5.3	5.7	5.5	7.4	5.9	6.1	6.4	6.2	5.7	5.5	0.6	▲0.6
中国	3.5	4.2	1.5	9.9	6.4	9.9	7.2	7.9	5.8	5.3	2.9	▲4.6
広島	5.6	6.5	8.3	8.9	8.9	10.9	9.7	10.4	10.0	8.2	3.3	▲2.7
山口	4.6	7.7	8.2	9.2	8.5	9.2	8.3	9.0	6.7	7.8	3.9	▲1.4
阿波	1.7	4.7	3.8	5.2	7.4	8.3	8.5	8.1	7.4	6.9	5.7	▲1.4
百十四	−	3.6	3.2	6.0	3.9	8.5	6.1	6.7	6.4	4.7	0.3	▲3.8
伊予	5.4	5.3	6.8	8.6	6.5	9.0	7.9	6.8	5.7	5.4	1.1	▲3.6
四国	−	3.4	5.2	4.9	8.0	9.0	8.0	8.2	7.6	8.1	4.6	▲0.9
福岡	3.0	6.9	10.3	9.6	13.3	11.6	10.6	11.1	9.6	8.6	10.3	▲3.0
筑邦	−	3.0	5.2	4.3	3.5	5.4	6.1	6.6	3.5	4.5	0.5	▲0.9
佐賀	−	9.6	8.1	7.9	5.7	7.4	5.0	4.7	2.9	8.6	▲3.9	1.2
十八	−	6.5	5.6	6.0	5.1	6.1	7.1	6.4	4.2	4.4	▲1.4	▲1.7
親和	−	8.7	9.4	2.1	7.8	4.1	6.7	6.2	7.3	8.3	▲0.9	4.2
肥後	4.1	4.7	6.9	8.6	7.2	6.8	6.8	7.1	4.2	5.9	3.1	▲0.9
大分	−	7.9	8.2	8.6	5.8	8.8	8.3	7.2	5.1	4.5	▲2.1	▲4.3
宮崎	−	12.3	7.7	10.7	7.2	8.5	9.3	11.5	9.0	9.2	▲5.1	0.7
鹿児島	4.4	6.1	4.8	6.5	4.6	4.8	6.0	6.0	5.3	5.0	0.2	0.2
琉球	1.8	6.9	7.1	6.3	5.3	7.2	8.6	8.5	7.5	10.2	3.5	3.0
沖縄	4.7	12.6	8.9	7.5	7.8	7.0	7.4	7.7	5.7	6.2	3.1	▲0.8
西日本シティ	3.9	10.7	9.1	11.2	9.2	9.1	8.2	9.4	7.1	8.0	5.3	▲1.1
北九州				−	2.6	2.4	3.4	3.4	3.4	4.4		2.0
地銀平均	−	−	7.0	−	−	8.3	8.4	8.1	6.5	6.1	1.9	▲2.2

(注) 単位：%

(2) 第二地銀の経常利益率

銀行名／年度	2008	2009	2010	2011	2012	2013	2014	2015	2016	2017	異次元緩和策以前	異次元緩和策以後
	経常利益率	経常利益率	経常利益率	経常利益率	経常利益率	経常利益率	経常利益率	経常利益率	経常利益率	経常利益率	2008-12	2013-17
北洋	—	10.7	8.7	14.3	7.1	30.2	7.1	7.6	5.2	3.9	▲3.6	▲26.3
きらやか	—	4.3	3.9	3.1	2.0	5.3	4.8	4.0	3.2	3.7	▲2.3	▲1.6
北日本	—	4.4	5.5	6.4	7.2	8.4	6.5	5.8	5.8	3.1	2.8	▲5.3
仙台	2.1	7.4	—	—	5.7	7.1	6.6	5.0	5.7	3.7	3.6	▲3.4
福島	—	0.3	6.4	10.4	10.1	12.0	13.9	9.4	4.8	—	9.8	▲7.2
大東	—	3.8	2.9	7.6	10.7	9.2	8.2	8.1	5.1	4.4	6.9	▲4.8
東和	—	2.7	2.9	7.4	9.3	10.2	9.0	7.2	7.0	9.9	6.6	▲0.3
栃木	—	7.8	6.2	3.1	5.9	9.7	12.5	11.1	7.6	3.8	▲1.9	▲5.9
茨城	—											
京葉	6.1	9.8	10.4	11.4	10.7	10.5	9.3	8.5	6.1	6.0	4.6	▲4.5
東日本	—	8.0	8.2	13.0	8.1	9.7	11.2	11.7	5.1	5.4	0.1	▲4.3
東京スター	7.9	—	—	6.5	7.0	19.5	22.3	14.0	11.8	12.4	▲0.9	▲7.1
神奈川	3.3	—	4.8	3.1	—	8.8	2.8	3.9	3.9	4.4	▲0.2	▲4.4
大光	1.0	4.5	5.2	4.1	3.7	4.2	4.6	5.7	5.7	5.8	2.7	1.6
長野	1.2	—	10.3	11.3	6.9	8.1	5.0	5.8	5.9	5.1	5.7	▲3.0
富山第一	1.9	5.1	5.2	5.4	3.2	7.0	8.3	8.0	7.7	7.9	1.3	0.9
福邦	—	—	5.7	4.5	5.8	8.9	5.8	6.9	4.9	2.4	0.1	▲6.5
静岡中央	2.2	6.5	5.1	2.9	3.2	5.3	5.0	5.9	8.4	7.9	1.0	2.6
岐阜	—	—	—	9.6								
愛知	2.3	4.5	2.9	2.6	2.6	4.1	4.1	3.5	3.3	2.7	0.3	▲1.4
名古屋	2.7	3.9	3.3	2.7	3.8	4.6	4.5	4.6	3.0	2.7	1.1	▲1.9
中京	—	1.5	1.0	2.6	1.5	4.9	4.8	5.2	4.7	3.9	0.0	▲1.0
第三	—	5.5	7.1	5.5	3.4	6.4	6.2	5.4	4.9	4.8	▲2.1	▲1.6
びわこ	5.4											
関西アーバン	—	—	3.3	6.7	1.9	14.2	12.3	10.7	8.8	7.7	▲1.4	▲6.5
大正	—	2.4	4.0	16.5	10.4	9.8	8.5	5.4	5.3	5.1	8.0	▲4.7
みなと	—	9.2	11.8	9.5	9.3	10.7	9.5	8.5	7.7	6.6	0.1	▲4.1
島根	7.7	8.6	7.6	7.0	7.9	10.1	6.2	5.6	8.4	9.8	0.2	▲0.3
トマト	1.6	2.6	3.7	3.8	4.6	5.8	6.8	6.8	6.3	4.5	3.0	▲1.3
もみじ	8.7	8.4	7.6	6.1	8.4	8.7	7.5	6.9	10.1	7.3	▲0.3	▲1.4
西京	5.3	2.8	5.2	7.9	7.2	13.3	13.4	11.7	12.4	9.7	1.9	▲3.6
徳島	—	2.6	3.8	7.7	6.4	7.9	6.3	6.8	7.4	9.1	3.8	1.2
香川	—	3.6	4.8	8.3	5.6	8.2	7.3	6.3	6.9	5.9	2.0	▲2.3
愛媛	—	8.2	8.9	9.7	7.8	10.5	10.0	8.8	6.4	7.6	▲0.4	▲2.9
高知	—	7.1	5.6	7.1	4.0	6.1	7.6	5.0	4.3	3.9	▲3.1	▲2.2
福岡中央	2.0	2.9	4.5	6.7	5.8	4.9	5.5	6.8	3.6	4.5	3.8	▲0.4
佐賀共栄	4.2	—	7.6	5.9	4.3	4.9	5.1	7.4	4.1	5.4	0.1	0.5
長崎	—	4.2	5.3	5.3	2.1	5.1	5.9	4.8	3.6	4.7	▲2.1	▲0.4
熊本ファミリー	—	1.9	6.7	—	3.7	1.5	7.8	8.5	3.1	7.2	1.8	5.7
豊和	—	—	6.0	8.4	4.4	6.5	4.1	4.3	2.8	3.4	▲1.6	▲3.1
宮崎太陽	—	—	5.9	9.6	5.5	5.7	7.0	13.0	5.5	3.6	▲0.4	▲2.1
南日本	—	2.6	5.1	4.6	5.9	7.6	8.2	9.5	6.7	5.2	3.3	▲2.4
沖縄海邦	—	8.6	7.2	7.0	5.3	6.8	7.8	4.8	5.3	4.4	▲3.3	▲2.4
八千代	—	3.1	6.5	7.8	6.4	8.0	8.9	6.6	3.9	2.9	3.3	▲5.1
第二地銀平均	—	—	—	—	—	10.4	8.6	7.5	6.1	—	1.3	▲3.0

（注）単位：%

付録3－3　地銀・第二地銀の自己資本比率の推移

(1) 地銀の自己資本比率

銀行名／年度	2008	2009	2010	2011	2012	2013	2014	2015	2016	2017	異次元緩和策以前	異次元緩和策以後
	自己資本比率	自己資本比率	自己資本比率	自己資本比率	自己資本比率	自己資本比率	自己資本比率	自己資本比率	自己資本比率	自己資本比率	2008-12	2013-17
北海道	10.45	10.19	10.59	10.80	11.23	10.76	10.75	10.23	9.34	9.28	0.8	▲1.5
青森	10.32	12.23	11.26	11.39	11.94	11.83	11.46	11.02	9.82	9.35	1.6	▲2.5
みちのく	8.86	11.99	10.96	10.94	10.75	11.00	10.07	8.07	8.25	8.12	1.9	▲2.9
秋田	11.26	11.86	11.73	11.38	11.76	11.45	11.38	11.48	11.02	10.75	0.5	▲0.7
北都	7.91	11.31	8.44	8.42	9.25	10.31	10.76	11.74	11.25	10.98	1.3	0.7
荘内	8.88	8.93	11.50	10.21	10.39	10.73	10.18	10.05	9.98	9.38	1.5	▲1.4
山形	12.64	13.06	13.55	13.63	13.40	13.34	12.67	12.31	11.70	11.19	0.8	▲2.2
岩手	12.77	13.23	13.21	13.42	13.73	13.12	12.93	13.03	12.38	12.11	1.0	▲1.0
東北	9.58	10.12	9.06	8.79	10.41	9.65	8.86	9.26	8.96	8.34	0.8	▲1.3
七十七	12.84	13.04	11.44	12.33	12.22	12.33	12.19	10.90	10.48	10.18	▲0.6	▲2.2
東邦	10.78	10.92	10.88	10.67	11.09	10.44	10.08	9.71	8.92	8.73	0.3	▲1.7
群馬	10.92	11.79	12.30	13.14	11.23	11.36	11.37	11.58	11.56	11.50	0.3	0.1
足利	6.05	7.47	8.07	8.32	8.36	8.68	8.58	8.67	8.75	8.27	2.3	▲0.4
常陽	12.74	12.46	12.45	12.43	12.40	12.19	11.92	11.51	11.23	11.30	▲0.3	▲0.9
筑波		7.67	8.14	10.97	10.36	9.93	9.14	8.98	8.39	8.33	2.7	▲1.6
関東つくば	8.17											
武蔵野	10.10	10.50	10.67	10.59	10.45	10.91	10.08	9.81	9.20	9.03	0.4	▲1.9
千葉	11.12	12.14	12.76	13.63	12.24	12.35	12.44	12.25	12.09	11.83	1.1	▲0.5
千葉興業	9.31	9.55	9.96	10.14	12.75	8.60	8.14	8.64	8.52	8.24	3.4	▲0.4
東京都民	10.04	10.30	9.77	9.24	9.28	8.47	7.87	7.35	6.93	6.58	▲0.8	▲1.9
横浜	10.78	11.97	12.03	13.43	11.21	11.86	12.12	11.92	11.28	12.84	0.4	1.0
第四	12.02	12.80	11.96	11.85	11.50	11.24	11.13	10.83	10.16	9.65	▲0.5	▲1.6
北越	9.22	10.74	10.44	10.61	10.94	10.53	8.55	8.48	8.45	8.58	1.7	▲2.0
山梨中央	14.23	15.14	15.90	16.07	16.22	16.67	16.70	17.50	16.30	13.54	2.0	▲3.1
八十二	12.43	13.67	15.18	16.24	14.26	15.63	16.55	17.86	19.56	19.70	1.8	4.1
北陸	10.23	10.80	11.32	11.85	11.78	12.40	10.61	9.78	8.74	9.02	1.6	▲3.4
富山	8.76	9.70	9.31	9.25	9.54	9.85	10.01	10.08	9.28	8.82	0.8	▲1.0
北國	12.76	14.05	14.32	13.20	13.11	12.46	11.18	11.50	11.66	11.64	0.4	▲0.8
福井	10.64	11.91	12.15	12.19	11.26	11.84	10.92	10.24	9.39	9.07	0.6	▲2.8
静岡	13.86	15.05	14.85	16.98	15.05	14.93	14.14	13.46	14.78	14.35	1.2	▲0.6
スルガ	11.18	11.00	10.57	10.47	10.78	11.42	11.59	11.56	11.96	12.15	▲0.4	0.7
清水	9.13	10.88	10.78	10.66	10.10	11.57	10.36	10.43	10.30	10.06	1.0	▲1.5
大垣共立	9.20	10.51	10.75	10.74	10.66	10.87	10.13	9.80	9.36	8.98	1.5	▲1.9
十六	9.50	10.50	10.65	9.78	10.51	10.47	9.93	9.65	9.22	8.54	1.0	▲1.9
三重	10.40	10.59	10.87	10.41	10.11	9.41	9.05	8.82	7.87	7.81	▲0.3	▲1.6
百五	10.73	11.63	12.06	12.22	11.69	10.64	10.28	10.04	9.52	10.27	1.0	▲0.4
滋賀	10.26	12.31	12.87	13.83	9.18	10.22	11.44	13.11	14.17	15.46	▲1.1	5.2
京都	11.75	12.04	13.22	12.89	12.81	12.42	12.01	12.95	12.07	11.01	1.1	▲1.4
近畿大阪	9.40	10.48	12.30	12.70	12.69	12.29	9.97	10.21	10.40	9.85	3.3	▲2.4
池田泉州			10.54	10.66	9.91	9.69	9.27	9.90	9.77	10.54	9.9	0.9
泉州	10.32	9.33									▲10.3	0.0
池田	9.55	10.42									▲9.6	0.0
南都	9.82	11.88	11.46	11.23	10.16	10.03	9.29	9.11	9.19	9.64	0.3	▲0.4
紀陽	10.43	10.42	10.92	10.90	10.42	10.85	10.28	9.87	9.33	9.29	▲0.0	▲1.6
但馬	10.84	10.79	10.72	10.44	10.19	10.10	9.83	9.29	8.82	8.43	▲0.7	▲1.7
鳥取	12.01	12.61	13.13	12.71	11.39	10.93	10.65	10.76	9.58	9.40	▲0.6	▲1.5
山陰合同	14.85	15.55	16.37	16.43	17.06	16.24	14.68	14.82	14.30	13.48	2.2	▲2.8
中国	11.57	13.81	15.07	15.02	12.92	13.52	13.34	13.75	12.77	12.87	1.4	▲0.7
広島	11.24	11.82	11.94	12.06	12.10	11.92	11.00	11.08	10.82	10.79	0.9	▲1.1
山口	10.52	11.43	12.77	12.89	13.00	13.27	14.06	15.66	17.47	16.34	2.5	3.1
阿波	11.04	11.53	11.87	12.18	12.17	12.16	12.21	11.28	11.11	11.09	1.1	▲1.1
百十四	10.55	11.25	11.59	11.30	11.24	10.86	9.85	9.38	9.19	9.04	0.7	▲1.8
伊予	10.08	11.40	11.77	12.49	8.95	10.82	12.75	13.83	13.83	14.14	▲1.1	3.3
四国	8.58	9.49	10.14	10.23	10.32	11.09	11.03	10.43	9.56	9.71	1.7	▲1.4
福岡	11.01	11.72	12.80	13.22	13.26	10.78	9.53	8.39	8.43	8.54	2.3	▲2.2
筑邦	8.69	8.81	8.74	8.41	8.20	7.75	8.05	8.12	7.82	7.56	▲0.5	▲0.2
佐賀	10.50	11.13	11.61	11.17	11.02	10.55	9.63	8.90	7.68	8.14	0.5	▲2.4
十八	10.80	12.11	13.48	13.65	13.61	12.42	11.94	11.39	11.36	11.32	2.8	▲1.1
親和	10.03	11.45	11.70	12.85	11.89	10.74	9.12	8.83	8.80	9.26	1.9	▲1.5
肥後	12.20	12.84	13.39	13.34	13.07	12.83	12.53	12.10	11.51	11.03	0.9	▲1.8
大分	8.71	10.94	11.48	12.28	12.27	11.40	10.07	10.21	10.34	10.11	3.6	▲1.3
宮崎	9.52	12.00	11.93	11.45	11.28	11.84	10.52	9.59	9.69	9.47	1.8	▲2.4
鹿児島	13.15	13.85	13.76	13.77	13.43	12.89	11.89	11.54	11.20	10.72	0.3	▲2.2
琉球	9.66	10.49	9.92	9.82	9.68	10.50	9.15	8.75	8.42	8.57	0.0	▲1.9
沖縄	11.35	12.39	12.73	12.25	11.88	11.66	11.13	10.88	10.44	10.14	0.5	▲1.5
西日本シティ	9.91	10.40	10.32	10.45	10.07	10.15	9.52	9.02	9.30	9.91	0.2	▲0.2
北九州				12.64	12.45	12.10	11.49	10.75	10.95	11.52	12.5	▲0.6
地銀平均	10.60	11.47	11.72	11.87	11.54	11.43	10.94	10.82	10.55	10.40	0.9	▲1.0

(注) 単位：%　自己資本比率は単体である。

(2) 第二地銀の自己資本比率

銀行名／年度	2008	2009	2010	2011	2012	2013	2014	2015	2016	2017	異次元緩和策以前	異次元緩和策以後
	自己資本比率	自己資本比率	自己資本比率	自己資本比率	自己資本比率	自己資本比率	自己資本比率	自己資本比率	自己資本比率	自己資本比率	2008-12	2013-17
北洋	9.50	10.26	10.70	10.91	11.50	10.00	10.09	11.67	13.20	12.97	2.0	3.0
きらやか	8.78	10.35	9.31	9.10	10.34	10.28	10.21	9.13	8.92	8.56	1.6	▲1.7
北日本	9.51	10.02	9.42	9.45	10.01	10.11	10.30	10.36	10.60	10.11	0.5	0.0
仙台	9.31	8.85	7.00	12.00	11.16	10.88	10.23	9.85	9.51	9.05	1.9	▲1.8
福島	9.65	9.75	8.35	8.83	9.79	10.71	10.12	10.35	10.82	9.12	0.1	▲1.6
大東	8.57	8.79	9.10	9.62	9.70	10.37	10.27	9.79	9.52	8.88	1.1	▲1.5
東和	6.69	9.20	9.31	9.84	9.76	10.45	10.76	10.92	10.92	11.58	3.1	1.1
栃木	9.95	10.36	10.97	10.98	11.43	11.67	12.29	11.94	12.07	11.89	1.5	0.2
茨城	7.76											
京葉	10.89	10.85	11.23	11.21	11.47	11.51	11.56	11.52	11.23	10.95	0.6	▲0.6
東日本	10.73	11.41	9.67	9.38	9.17	9.31	9.01	8.34	7.52	7.60	▲1.6	▲1.7
東京スター	8.91	8.46	9.27	9.47	9.34	9.72	9.19	8.53	9.42	8.54	0.4	▲1.2
神奈川	9.74	10.10	10.48	10.38	8.41	8.36	8.25	8.30	8.09	7.98	▲1.3	▲0.4
大光	11.41	11.68	11.86	12.34	11.42	11.00	10.79	10.61	9.69	9.16	0.0	▲1.8
長野	8.62	8.97	9.39	10.90	11.02	11.67	10.95	11.43	10.53	10.46	2.4	▲1.2
富山第一	14.04	14.27	15.11	12.32	12.22	12.06	11.41	12.67	12.07	11.25	▲1.8	▲0.8
福邦	9.50	8.07	8.50	8.54	8.74	8.75	8.51	8.56	8.59	8.14	▲0.8	▲0.6
静岡中央	11.00	10.82	10.60	10.64	10.80	10.53	10.46	10.12	10.14	10.35	▲0.2	▲0.2
岐阜	8.50	7.98	11.13	11.94							3.4	
愛知	10.92	11.52	11.60	11.87	11.57	11.95	11.78	11.70	11.57	10.86	0.7	▲1.1
名古屋	10.23	10.84	10.90	11.49	9.93	10.19	10.80	11.09	10.74	11.13	▲0.3	0.9
中京	10.33	10.57	10.62	10.60	10.52	11.06	9.97	9.47	9.18	8.33	0.2	▲2.7
第三	7.26	9.72	9.93	9.64	9.61	9.93	9.69	9.21	8.33	8.16	2.4	▲1.8
びわこ	9.85											
関西アーバン	10.39	9.29	9.53	9.55	8.43	8.61	8.20	7.13	6.25	6.03	▲2.0	▲2.6
大正	8.36	8.70	8.06	8.08	8.09	7.74	7.19	6.57	6.16	6.02	▲0.3	▲1.7
みなと	9.40	10.71	11.35	10.27	9.87	8.64	8.44	7.89	6.81	6.74	0.5	▲1.9
島根	8.24	9.18	9.58	9.21	9.63	9.44	9.08	8.80	8.65	8.00	1.4	▲1.4
トマト	9.60	9.90	10.28	10.01	10.13	9.78	9.44	8.83	8.66	8.12	0.5	▲1.7
もみじ	9.95	11.50	12.26	12.96	14.01	11.55	11.31	10.83	10.13	9.86	4.1	▲1.7
西京	11.26	11.33	9.87	9.44	10.54	10.17	9.62	8.55	8.20	8.72	▲0.7	▲1.5
徳島	8.72	9.06	8.99	9.13	9.13	9.38	9.46	9.45	9.26	8.87	0.4	▲0.5
香川	9.67	9.90	10.34	10.52	10.76	10.83	10.53	10.53	10.19	9.82	1.1	▲1.0
愛媛	9.11	9.24	9.36	9.87	10.42	10.85	9.67	8.68	8.25	8.15	1.3	▲2.7
高知	7.46	10.50	10.72	11.03	10.15	10.20	10.21	10.21	9.78	9.65	2.7	▲0.5
福岡中央	8.92	8.75	8.54	8.63	8.69	8.71	8.26	7.92	7.57	7.28	▲0.2	▲1.4
佐賀共栄	9.81	8.10	8.92	9.12	8.76	9.02	8.86	8.12	8.19	8.07	▲1.1	▲0.9
長崎	7.53	8.19	8.07	7.95	7.70	7.99	8.07	8.65	8.65	8.72	0.2	0.7
熊本ファミリ	9.09	9.37	10.72	10.84	10.38	10.60	9.96	10.00	9.80	9.70	1.3	▲0.9
豊和	8.14	7.81	8.00	8.08	7.93	10.08	8.12	8.10	8.00	8.44	▲0.2	▲1.6
宮崎太陽	7.47	8.93	8.93	9.29	9.32	9.10	9.26	9.87	10.05	10.22	1.9	1.1
南日本	8.64	8.55	8.51	8.82	8.59	8.76	8.57	8.39	8.69	8.41	▲0.1	▲0.4
沖縄海邦	8.32	8.61	9.01	9.57	9.89	9.83	9.32	8.88	8.68	8.35	1.6	▲1.5
八千代	10.07	10.62	11.31	11.32	11.39	9.93	9.51	9.29	9.06	8.54	1.3	▲1.4
第二地銀平均	9.36	9.79	9.92	10.12	10.04	10.04	9.75	9.57	9.36	9.09	0.7	▲0.9

（注）単位：%　自己資本比率は単体である。

第2部　保険会社の経営行動

第4章　生保予定利率引き下げの影響

第1節　日銀と生保市場

(1) 日銀の金融政策

2013年4月に始まった日銀の異次元緩和策は2%のインフレ目標が達成できないために、国債の購入額を50兆円から80兆円へ増やすだけでなく、マイナス金利の導入という大胆な政策手段にまで踏み込んでいった。こうした一連の金融緩和策により国債の金利水準はさらに下方に向かっていった。

その一方で、日銀の金融緩和策による副作用のほうが目立つようになった。金利水準の極端な低下から、銀行は貸出金利と預金金利の間の利鞘が薄くなり利益が生み出しにくくなったのである。その反動から、本来の銀行経営の柱とは成り得ない手数料収入の獲得にも積極的な動きを見せ始めている。

本章で注目する金融機関の1つである生保も、銀行と同様に深刻な影響をもろに受けている。金利水準の低下から運用利回りが低迷し、保険契約者に約束した予定利率の確保が難し

図表4－1　国債利回りの推移

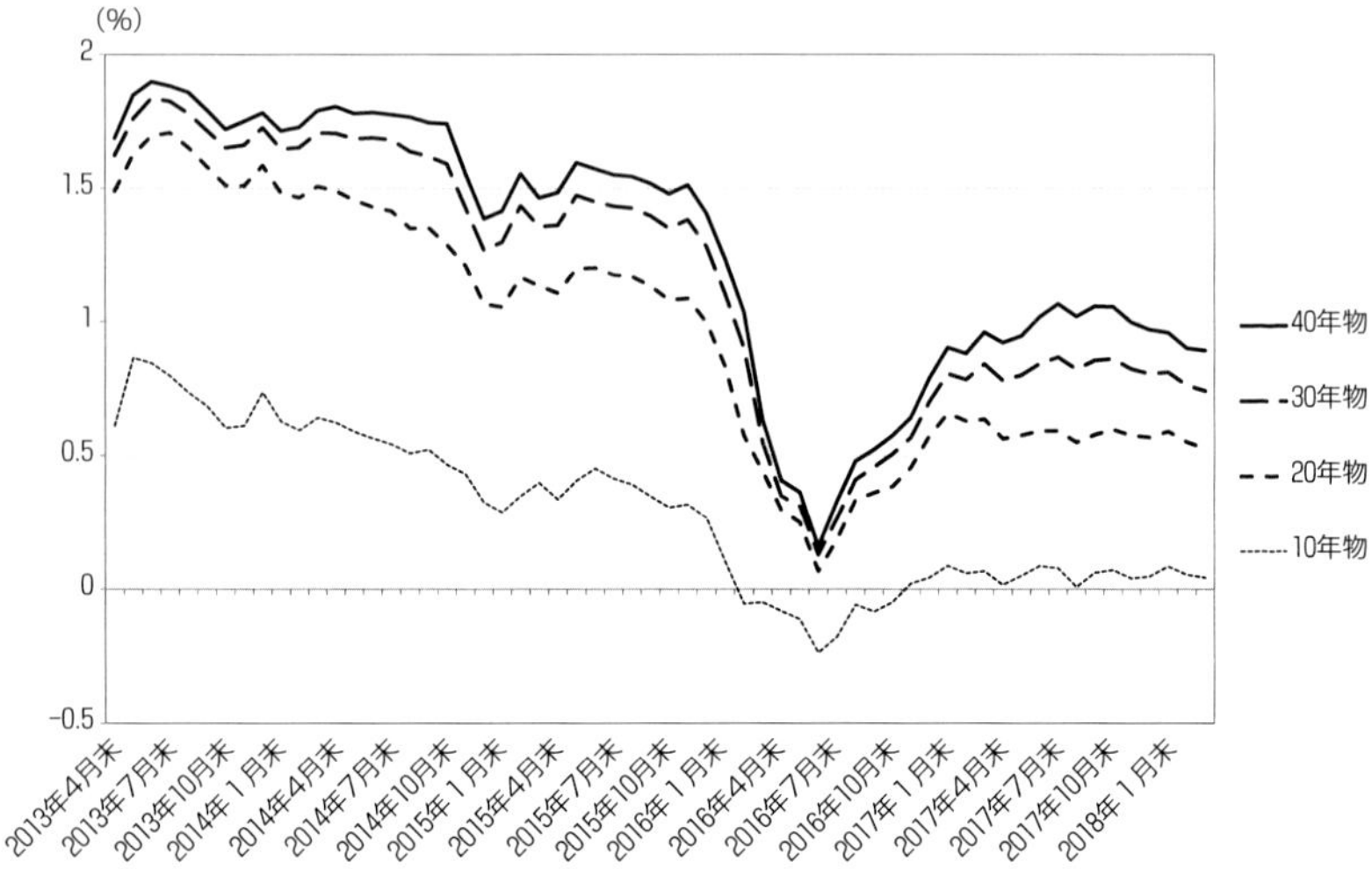

（注）「国債金利情報」（財務省）参照

くなったのである。そのため、貯蓄性の高い生保商品の販売を停止せざるを得ない事態に追い込まれている。

そこで、日銀はこれら金融機関の経営にも配慮し、金利水準の引き下げにある程度の歯止めを設けるイールドカーブ・コントロールを打ち出した。つまり、短期金利（日銀当座預金の一部金利）をいままで通りにマイナス0・1％に維持しながら、長期金利（10年物国債の利回り）をゼロ％程度に戻そうとした。

それでも国債の年間購入額は80兆円を目処とすることで、従来通りに2％のインフレ率を安定的に維持する目標が掲げられている。それゆえ、金利水準が全体的に低位に位置づけられる姿は基本的に変わらない。**図表4-1**では、日銀の異次元緩和策が始まった2013年4月から今日に至るまでの10年物、20年物、30年物、40年物の国債利回りが描かれている。

これを見るとわかるように、国債利回りは全体的に低下傾向を歩んでいるのが確認できる。しかも、マイナス金利が導入されたことで、いままで以上に国債利回りは低下傾向を強めている。また、期間ごとの利回り格差も縮小している。一般的に満期が長い国債ほど利回りが高くなるが、その差が狭まっている。すなわち、イールドカーブの傾きがフラットになりつつある。

このように国債の利回りが全体的に下がるだけでなく、超長期の利回りも過去と異なり下方に向かっている。これにより生保の資産運用はかなり苦しめられている。なぜなら、国債は生保の運用資産の中で大きな割合を占めているからだ。**図表4-2**は生保の主要な運用資産を表している。これを見ると、国債の保有割合がほぼ40%台を占めている。国債利回りの低下が生保の運用収益の獲得にとって大きな打撃を及ぼしていることがわかる。

もちろん、利息収入は国債だけではなく、地方債、社債、貸付金からも得られる。国債と合わせれば60%台にも及ぶ。しかも、これらの利回りは国債利回りに連動して低下するため、一層深刻な状態にあると言える。

図表４－２　生保の主要運用資産の推移

年　月	国　債	割合	地 方 債	割合	社　債	割合	株　式	割合	外国証券	割合	貸付金	割合	有形固定資産	割合	運用資産	割合
2013年４月	1,471,175	45.0	138,010	4.2	249,501	7.6	121,293	3.7	534,998	16.4	394,703	12.1	63,571	1.9	3,268,649	100.0
2013年５月	1,477,632	45.2	137,169	4.2	248,455	7.6	120,783	3.7	538,866	16.5	393,837	12.1	63,540	1.9	3,266,259	100.0
2013年６月	1,491,967	44.2	138,488	4.1	250,035	7.4	171,533	5.1	568,081	16.8	393,975	11.7	63,196	1.9	3,376,430	100.0
2013年７月	1,488,403	45.5	138,464	4.2	249,776	7.6	120,533	3.7	533,495	16.3	393,505	12.0	63,423	1.9	3,273,690	100.0
2013年８月	1,494,549	45.6	139,267	4.2	250,823	7.6	120,446	3.7	531,527	16.2	392,896	12.0	63,388	1.9	3,279,622	100.0
2013年９月	1,495,198	43.9	141,180	4.1	253,411	7.4	182,812	5.4	571,913	16.8	388,130	11.4	62,598	1.8	3,408,962	100.0
2013年10月	1,485,410	45.3	141,122	4.3	251,916	7.7	120,421	3.7	539,513	16.4	387,629	11.8	63,031	1.9	3,280,970	100.0
2013年11月	1,495,675	45.3	142,112	4.3	252,090	7.6	120,444	3.7	546,513	16.6	387,390	11.7	63,104	1.9	3,298,186	100.0
2013年12月	1,499,348	43.4	143,220	4.1	252,754	7.3	190,312	5.5	613,478	17.7	386,344	11.2	63,041	1.8	3,456,510	100.0
2014年１月	1,498,113	45.3	141,474	4.3	250,930	7.6	120,158	3.6	558,253	16.9	385,878	11.7	63,752	1.9	3,308,100	100.0
2014年２月	1,501,880	45.4	140,822	4.3	249,423	7.5	119,948	3.6	558,991	16.9	386,411	11.7	63,736	1.9	3,310,724	100.0
2014年３月	1,498,157	43.4	140,089	4.1	248,959	7.2	180,299	5.2	614,509	17.8	380,992	11.0	62,372	1.8	3,448,009	100.0
2014年４月	1,491,042	45.1	139,491	4.2	246,377	7.5	114,451	3.5	578,140	17.5	379,432	11.5	62,512	1.9	3,303,519	100.0
2014年５月	1,496,462	45.1	139,268	4.2	246,704	7.4	114,762	3.5	582,223	17.5	378,595	11.4	62,517	1.9	3,317,936	100.0
2014年６月	1,489,079	43.1	140,116	4.1	246,686	7.1	182,800	5.3	638,222	18.5	378,104	10.9	62,560	1.8	3,457,515	100.0
2014年７月	1,485,024	44.6	139,426	4.2	243,998	7.3	116,358	3.5	600,964	18.0	377,834	11.3	62,791	1.9	3,329,755	100.0
2014年８月	1,487,062	44.6	139,429	4.2	244,936	7.3	115,638	3.5	607,510	18.2	377,846	11.3	62,796	1.9	3,335,766	100.0
2014年９月	1,495,263	42.4	139,861	4.0	247,828	7.0	192,412	5.5	688,462	19.5	373,651	10.6	63,141	1.8	3,525,635	100.0
2014年10月	1,488,498	44.3	139,338	4.1	246,282	7.3	116,399	3.5	630,462	18.8	373,254	11.1	63,475	1.9	3,361,540	100.0
2014年11月	1,489,609	44.1	139,395	4.1	246,490	7.3	116,648	3.5	646,226	19.1	373,529	11.1	63,538	1.9	3,378,998	100.0
2014年12月	1,490,328	41.4	140,332	3.9	249,524	6.9	208,477	5.8	737,440	20.5	374,598	10.4	62,777	1.7	3,597,370	100.0
2015年１月	1,476,889	43.9	139,960	4.2	245,990	7.3	116,505	3.5	644,031	19.1	373,986	11.1	63,404	1.9	3,367,139	100.0
2015年２月	1,479,091	43.8	139,514	4.1	246,137	7.3	117,422	3.5	653,960	19.4	374,244	11.1	63,459	1.9	3,378,789	100.0
2015年３月	1,487,617	41.2	138,686	3.8	248,553	6.9	226,979	6.3	732,805	20.3	368,103	10.2	62,410	1.7	3,609,993	100.0
2015年４月	1,476,602	43.5	137,231	4.0	244,502	7.2	117,516	3.5	666,848	19.7	366,194	10.8	62,456	1.8	3,391,072	100.0
2015年５月	1,481,165	43.5	136,944	4.0	243,601	7.2	118,460	3.5	685,961	20.2	366,032	10.8	62,405	1.8	3,403,252	100.0
2015年６月	1,491,066	41.2	137,297	3.8	244,657	6.8	237,381	6.6	762,245	21.0	365,089	10.1	62,566	1.7	3,623,009	100.0
2015年７月	1,477,660	43.3	136,385	4.0	246,475	7.2	117,892	3.5	691,033	20.2	365,399	10.7	62,776	1.8	3,415,080	100.0
2015年８月	1,483,011	43.4	136,499	4.0	246,261	7.2	117,542	3.4	692,255	20.3	364,290	10.7	62,903	1.8	3,413,764	100.0
2015年９月	1,486,502	41.4	136,997	3.8	248,621	6.9	208,875	5.8	751,731	20.9	359,140	10.0	62,538	1.7	3,594,161	100.0
2015年10月	1,474,361	43.1	135,781	4.0	246,830	7.2	117,742	3.4	699,580	20.5	358,976	10.5	62,856	1.8	3,418,611	100.0
2015年11月	1,475,451	43.1	135,395	4.0	246,530	7.2	117,677	3.4	708,051	20.7	359,571	10.5	62,894	1.8	3,424,921	100.0
2015年12月	1,475,890	40.9	135,144	3.7	249,038	6.9	225,713	6.2	766,972	21.2	357,548	9.9	62,361	1.7	3,612,679	100.0
2016年１月	1,464,998	42.8	134,120	3.9	248,851	7.3	120,358	3.5	710,753	20.8	357,216	10.4	62,902	1.8	3,424,584	100.0
2016年２月	1,468,729	43.0	134,155	3.9	250,604	7.3	119,803	3.5	708,930	20.8	356,119	10.4	62,909	1.8	3,414,781	100.0
2016年３月	1,485,685	41.3	135,179	3.8	253,635	7.0	198,130	5.5	786,532	21.9	349,869	9.7	61,571	1.7	3,599,269	100.0
2016年４月	1,463,780	42.7	134,827	3.9	252,058	7.3	118,723	3.5	740,175	21.6	348,070	10.1	61,659	1.8	3,430,438	100.0
2016年５月	1,468,354	42.6	134,781	3.9	251,646	7.3	119,285	3.5	750,071	21.8	347,687	10.1	61,665	1.8	3,444,688	100.0
2016年６月	1,483,404	41.6	135,448	3.8	254,478	7.1	186,051	5.2	766,658	21.5	346,025	9.7	59,251	1.7	3,568,750	100.0
2016年７月	1,455,529	42.1	134,917	3.9	256,712	7.4	117,734	3.4	767,870	22.2	346,002	10.0	61,605	1.8	3,461,071	100.0
2016年８月	1,457,261	42.0	135,291	3.9	256,582	7.4	117,544	3.4	775,284	22.3	347,613	10.0	61,753	1.8	3,473,726	100.0

図表4－2　生保の主要運用資産の推移（続き）

年　月	国　　債		地　方　債		社　　債		株　　式		外国証券		貸付金		有形固定資産		運用資産	
		割合		割合		割合		割合		割合		割合		割合		割合
2016年9月	1,476,101	41.0	135,355	3.8	262,224	7.3	191,161	5.3	799,271	22.2	342,944	9.5	61,118	1.7	3,601,968	100.0
2016年10月	1,457,575	41.9	134,579	3.9	262,579	7.5	115,385	3.3	787,063	22.6	343,003	9.9	61,398	1.8	3,480,008	100.0
2016年11月	1,466,667	41.8	134,235	3.8	263,510	7.5	116,616	3.3	800,139	22.8	344,970	9.8	61,428	1.8	3,506,414	100.0
2016年12月	1,483,738	40.2	133,353	3.6	262,206	7.1	213,464	5.8	862,150	23.4	344,534	9.3	61,129	1.7	3,691,190	100.0
2017年1月	1,470,714	41.7	132,055	3.7	259,235	7.4	117,035	3.3	813,033	23.1	346,073	9.8	61,332	1.7	3,526,778	100.0
2017年2月	1,472,525	41.7	131,201	3.7	258,149	7.3	117,005	3.3	813,040	23.0	347,803	9.9	61,315	1.7	3,529,165	100.0
2017年3月	1,485,538	40.3	129,821	3.5	258,242	7.0	215,146	5.8	851,974	23.1	340,715	9.2	60,274	1.6	3,686,115	100.0
2017年4月	1,473,224	41.8	128,859	3.7	255,505	7.2	116,508	3.3	816,755	23.2	341,660	9.7	60,263	1.7	3,524,273	100.0
2017年5月	1,475,300	41.7	128,118	3.6	255,803	7.2	117,026	3.3	822,583	23.3	342,667	9.7	60,314	1.7	3,536,551	100.0
2017年6月	1,472,269	39.7	128,175	3.5	258,854	7.0	220,147	5.9	877,611	23.7	344,920	9.3	60,259	1.6	3,709,204	100.0
2017年7月	1,460,971	41.3	127,319	3.6	259,456	7.3	117,675	3.3	841,138	23.8	343,321	9.7	60,448	1.7	3,541,203	100.0
2017年8月	1,462,151	41.2	126,808	3.6	261,061	7.4	117,809	3.3	843,649	23.8	341,357	9.6	60,412	1.7	3,547,924	100.0
2017年9月	1,472,224	39.3	126,812	3.4	263,110	7.0	225,967	6.0	907,069	24.2	338,706	9.0	59,872	1.6	3,746,650	100.0
2017年10月	1,462,065	41.0	125,924	3.5	261,495	7.3	118,853	3.3	861,607	24.2	334,252	9.4	60,424	1.7	3,561,955	100.0
2017年11月	1,465,123	41.1	125,253	3.5	261,842	7.3	119,238	3.3	860,084	24.1	332,321	9.3	60,590	1.7	3,563,566	100.0
2017年12月	1,472,736	39.0	124,507	3.3	264,923	7.0	246,532	6.5	919,839	24.4	332,805	8.8	59,829	1.6	3,772,458	100.0
2018年1月	1,462,377	40.9	123,264	3.4	262,043	7.3	120,249	3.4	869,837	24.3	332,426	9.3	60,800	1.7	3,574,547	100.0
2018年2月	1,467,837	41.0	122,116	3.4	261,399	7.3	120,393	3.4	863,667	24.1	331,668	9.3	60,665	1.7	3,577,121	100.0
2018年3月	1,473,650	39.5	120,818	3.2	261,876	7.0	231,820	6.2	889,987	23.8	329,731	8.8	59,938	1.6	3,733,053	100.0

単位：億円，％
資料：生命保険協会「生命保険事業概況」ホームページ　図表4－3，8も同様。

（2）予定利率の引き下げ

日銀は、日本経済をデフレから脱却させることを目的に異次元緩和策を大胆に取り入れながら、長引く低迷状態の景気を好転させようとした。だが、2年間で2％のインフレ率が達成できず、当初に期待したほどの成果が上げられないまま時間だけが過ぎていった。

その影響は生保にとって保有契約高の低迷という形で現れていった。**図表4-3**は、個人保険と個人年金保険を合わせた個人向け保有契約高の推移を、異次元緩和策が始まった2013年4月時点から月次データで描いたものである。日銀の大胆な金融政策が成功すれば景気拡大に伴って保有

図表4－3　個人向け保有契約高の推移

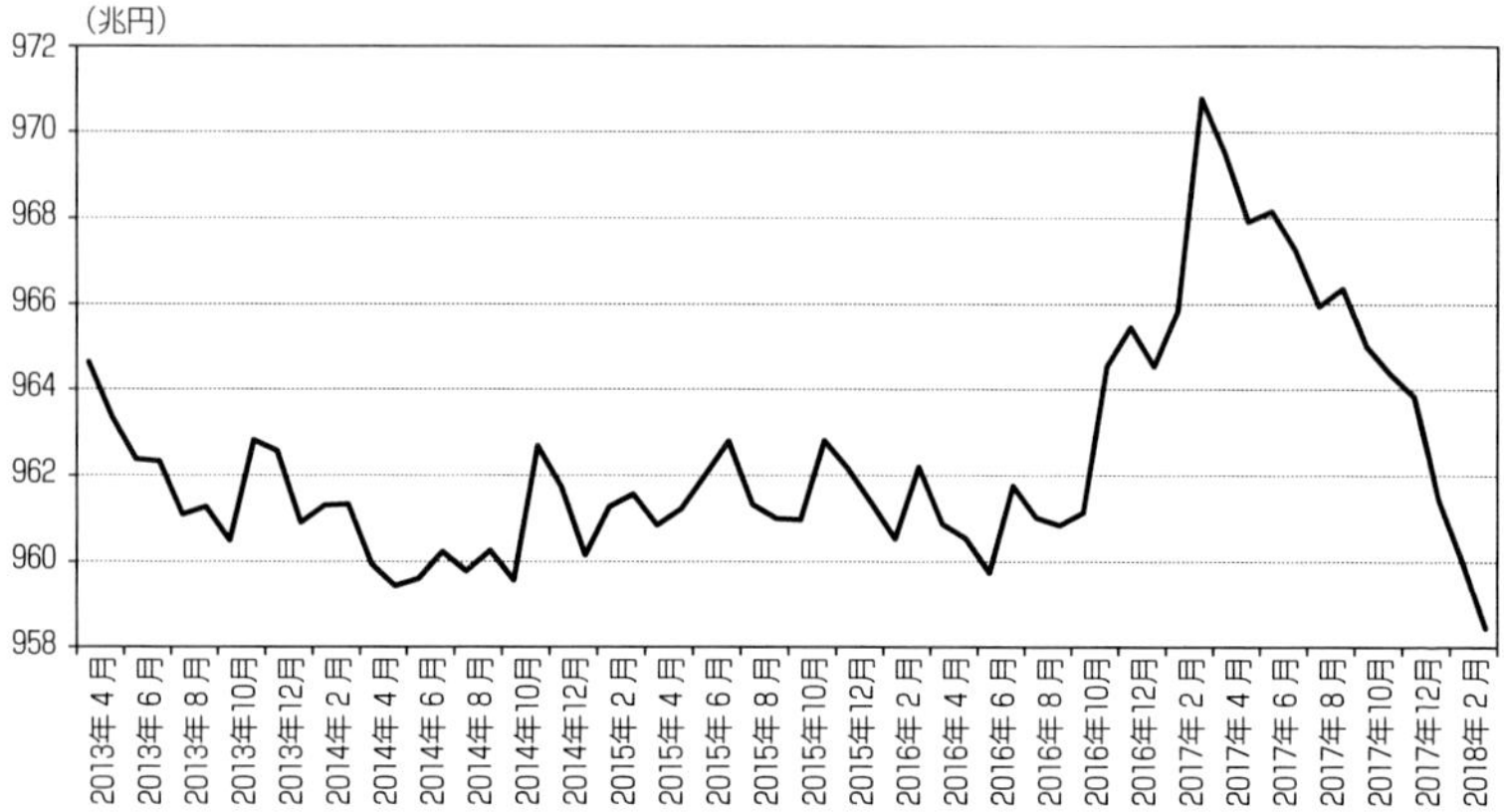

図表4－4　標準利率の推移

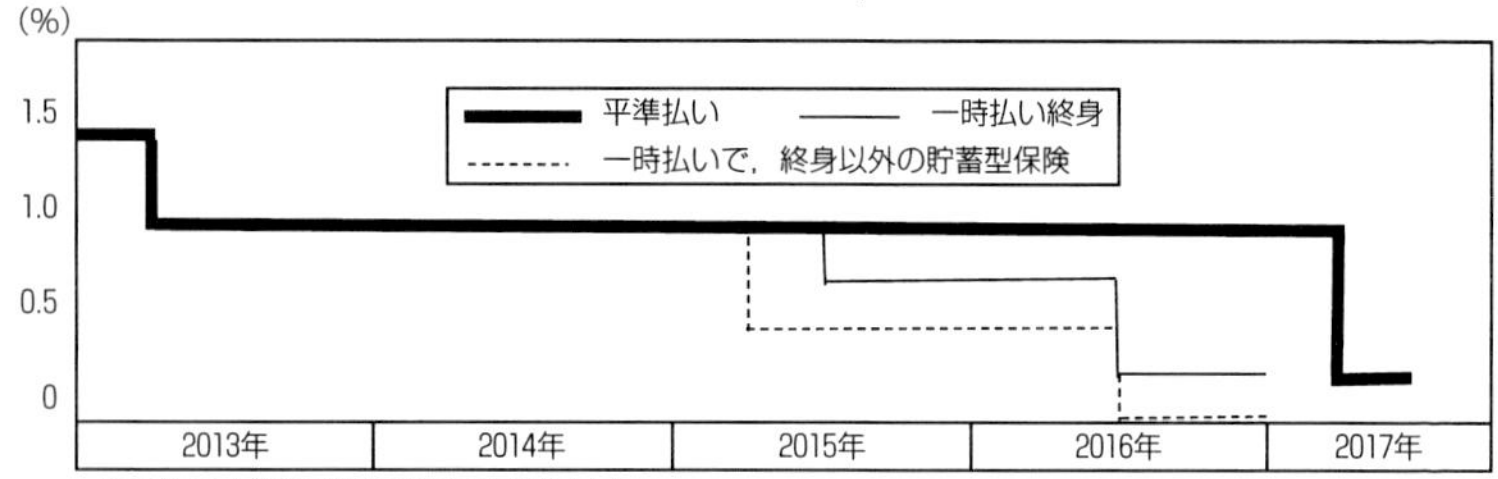

（参考）日本経済新聞2016年10月15日より

契約高も上昇傾向を歩むと思われたが、残念ながら保有契約高は伸び悩んだ状態が続いている。

しかも異次元緩和策は生保の予定利率引き下げにも及んでいった。超低金利の環境下で生保の運用利回りは予定利率を上回ることが困難になり、この状態が続けば逆鞘が発生する。逆鞘は生保経営の根幹を揺るがす深刻な問題である。それを回避するには予定利率の引き下げしか有効な手段はないのであろう。

図表4―4は予定利率の基準となる標準利率の推移を追ったものである。一時払いに続いて平準払いの保険商品も、２０１７年４月から標準利率の引き下げを実施し、１.０％から０.25％に変更している。これにより契約者に一定の運用利回りを約束する予定利率も引き下げられ、保険料は逆に上昇することになる。

保険料の引き上げは契約者にとって保険価格の上昇を意味するため、保険販売の低迷につながる恐れがある。あるいは一時払い終身などですでに生じている販売休止に追い込まれる可能性もある。それゆえ、保有契約高の減少が予想される。

(3) 生保市場への影響

このように日銀の異次元緩和策による生保市場への影響は、当初期待されたものとは大幅に違ったように思える。長期にわたるデフレ経済から脱却し、経済活動が活性化されれば、他の業種とともに生保市場も拡大するであろう。そうすれば生保の新規契約高も保有契約高も伸びていく。だが、そうした楽観的な思惑は外れ、目標とした2％のインフレ率に届かないばかりか、依然として成長経済に移行できないままにある。それゆえ、生保市場はすでに確認したように低迷状態が続いている。

それでも日銀がインフレを引き起こそうと円安誘導を目論んだポートフォリオ・リバランス効果は、生保の資産運用状況を見る限り、成功しているように見える。国債利回りを低下させることで外債投資の魅力が相対的に高まったため、生保は国債の保有割合を下げながら外債の保有割合を徐々に高めている。生保の外債投資が外国為替相場の変動を通じてインフレの醸成に直接つながったとは言えないかもしれないが、資産構成の変更を余儀なくされたことは事実である。

そうした中で運用環境の悪化から予定利率の引き下げが実施され、保険料が実質的に上昇した。このことは低迷する保険市場にとって当然ながら悪材料となる。新規契約高も保有契約高も下がり続けるであろう。一方で、予定利率の引き下げが外債投資に及ぼす影響はどうなるであろうか。いままでと同様に国債の保有割合を減らし、外債の保有割合を高めていくのであろうか。あるいは逆の動きに転じていくのであろうか。

本章ではこうした予定利率引き下げが生保市場に及ぼす影響について、理論的フレームワークを作りながら分析していきたい。これにより予定利率引き下げの保険契約高に及ぼすメカニズムだけでなく、外債投資への影響についても理論的に解明されると思われる。

第2節　予定利率引き下げの影響

(1) 生保市場のメカニズム

日銀による異次元緩和策が生保市場に及ぼした直接の要因は、運用利回りの低下である。

大量の国債を保有する生保にとって国債利回りの低下は、そのまま全体の運用収益を引き下げてしまう。他の運用資産が国債利回りの低下を補えばよいのであるが、それは難しいため、生保の運用利回りは低下せざるを得ない状況に置かれている。

　運用利回りが低下すれば逆鞘問題が発生する可能性が高まるので、予定利率を引き下げていかなければならない。これにより逆鞘問題が回避できるが、予定利率の引き下げは保険料の引き上げにつながる。そうすれば生保商品の需要は減少し、新規契約高は下がることになる。こうした一連の流れを描いたものが**図表4-5**である。

　この図の左下に位置するA象限では、45度線を用いて運用利回りと予定利率が一致する状況を描いている。逆鞘も順鞘も発生しない状態である。例えば運用利回りがx_0であれば、A点から予定利率はr_0となる。それに対して左上に位置するB象限は、予定利率に対応した保険料の関係が示されている。予定利率がr_0の場合、B点から保険料はp_0となる。そして右上に位置するC象限は、右下がりの曲線として保険料と生保需要の関係が実線の曲線として示されている。したがって、保険料がp_0の場合、C点から生保需要はQ_0となり、新規契約高が決定される。

　いま予定利率がr_0のまま、運用利回りがx_0よりも高いx'_0であるとしよう。この場合、A象限では予定利率と運用利回りの関係がD点で決定づけられる。B象限では予定利率がr_0のままであるので保険料もp_0のままとなる。しかしながらC象限では保険料がp_0で

図表4－5　運用利回りが生保需要に及ぼすメカニズム

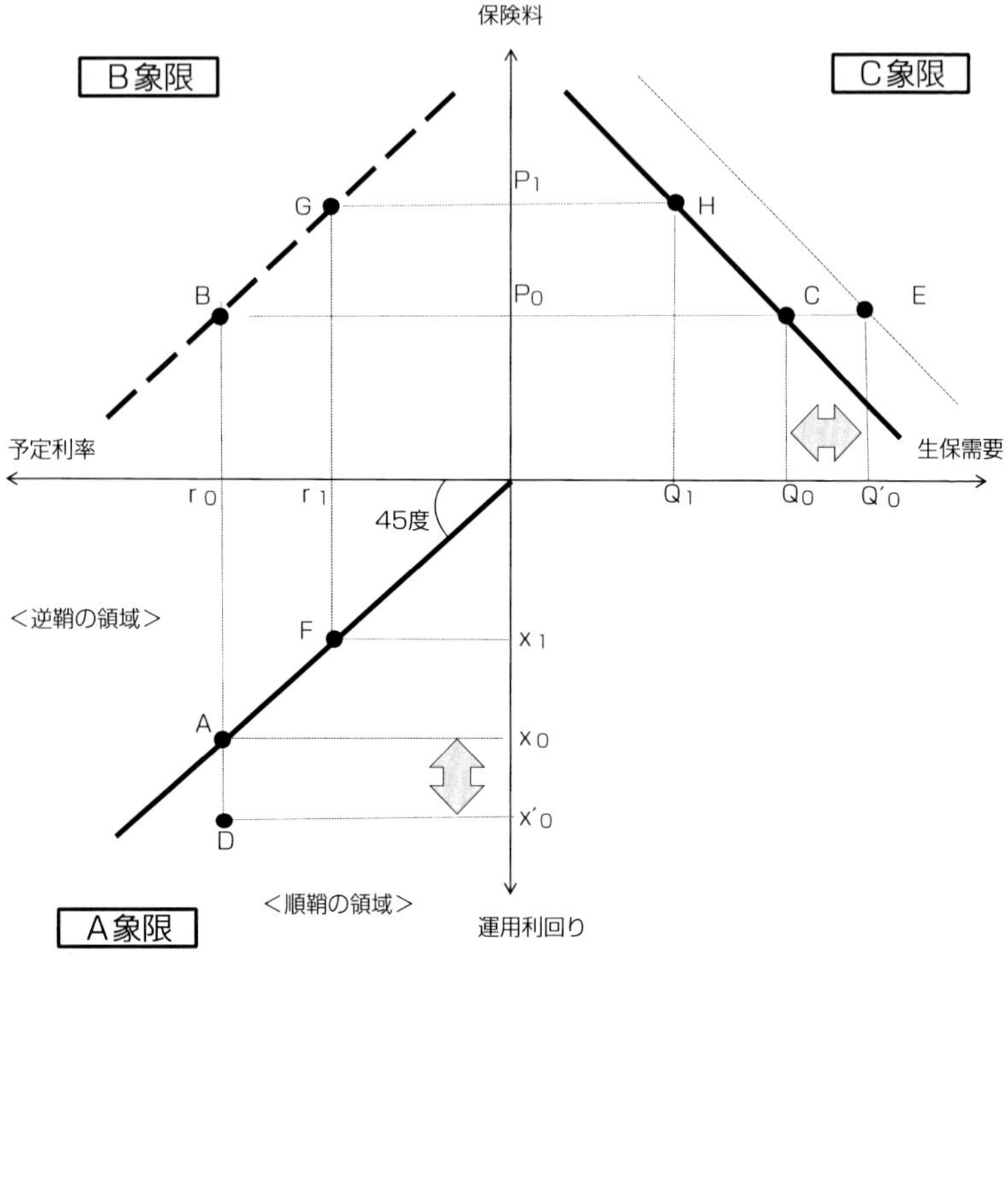

あってもE点から生保需要がQ'_0となる。

なぜなら、運用利回りが予定利率を上回る状況のもとでは順鞘から利差配当が得られる可能性が生じるので、ある程度の需要曲線のシフトが考えられるからである。ここでは点線の曲線で表されている。そうすると、運用利回りがx_0とx'_0の間を変動すると、生保需要もQ_0とQ'_0の間を移動することになる。順鞘の条件を満たしながら運用利回りが変動すれば生保需要も移動し、そのことが新規契約高の変化となって現れていく。

ところが、今日では運用環境の悪化から運用利回りが低下傾向にある。A象限のF点はそうした状況を表している。運用利回りがx_0よりも低いx_1であれば、逆鞘問題を回避するため予定利率はr_0からr_1に引き下げられるであろう。そうすると、B象限のG点から保険料はp_0からp_1に上昇し、C象限のH点から生保需要はQ_0からQ_1に減少する。

こうして運用利回りが低下すると、予定利率の引き下げを通じて保険料が上昇し、生保需要が低迷する。そのことは新規契約高の減少となり、最終的に保有契約高の減少となって生保市場を直撃することになる。

(2) 予定利率と生保契約高の関係

いま述べたことを、システムダイナミクスのソフトであるSTUDIOを用いてもう少し具体的に表現してみたい。**図表4-6**はそのために描かれたものである。ここではモデルの

図表4－6　生保の資産運用と保有契約高の関係

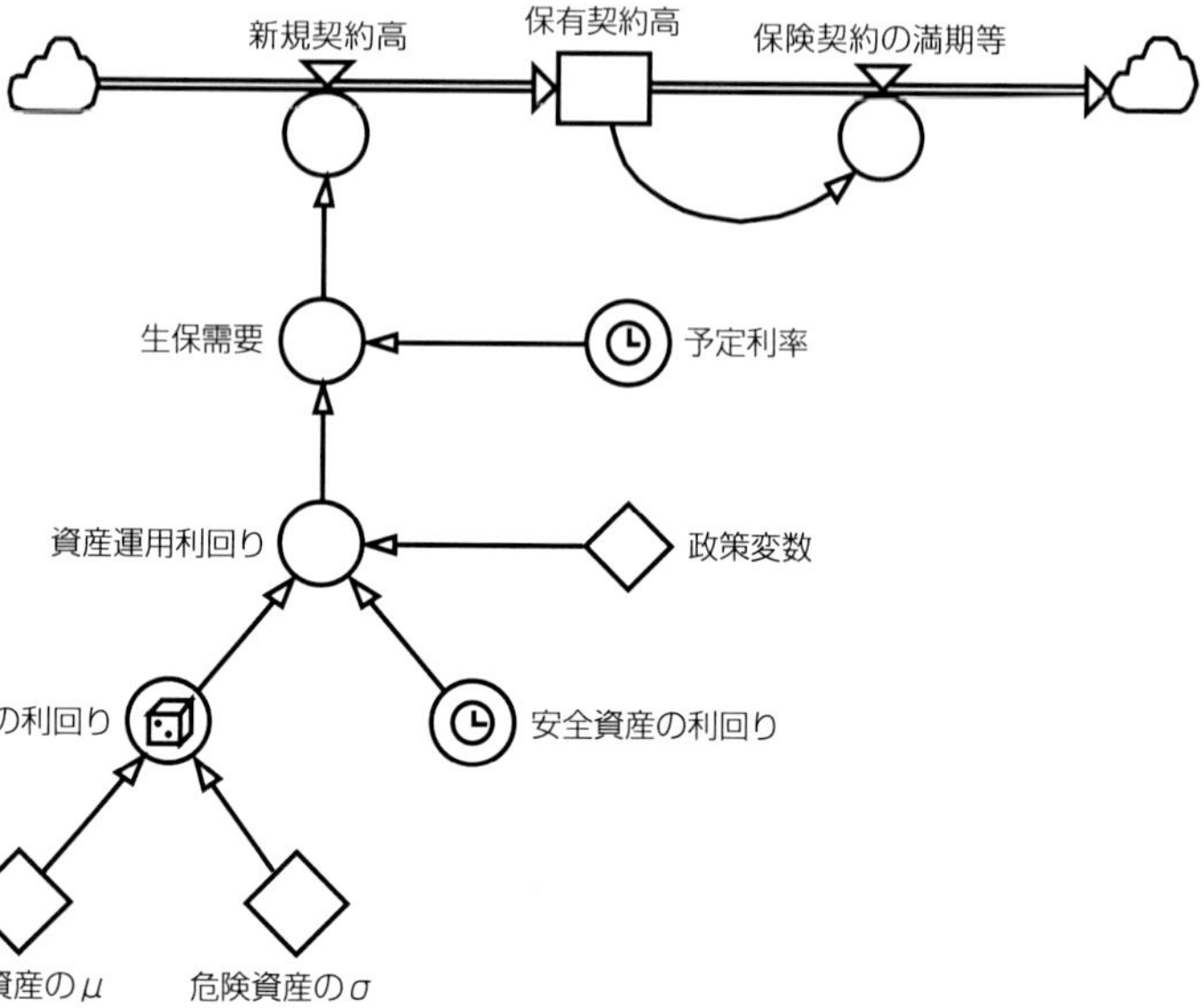

詳細な設定に関する説明は割愛するが、方程式の定義等は章末の**付録4-1・生保モデルの方程式**を見ることで理解できるようになっている。

まず、生保の資産運用から見ていこう。生保の「**資産運用利回り**」は「**安全資産の利回り**」と「**危険資産の利回り**」、そして両者の割合を示す「**政策変数**」（安全資産の割合）から決定される。危険資産の利回りは「**危険資産のμ**」（期待値）と「**危険資産のσ**」（標準偏差）で定められた正規分布の確率変数として扱われている。したがって、資産運用利回りは絶えず変動を示すことになる。それに対して「**予定利率**」は一定の水準に定められている。

図表4－7　2種類の運用利回りと予定利率の動き

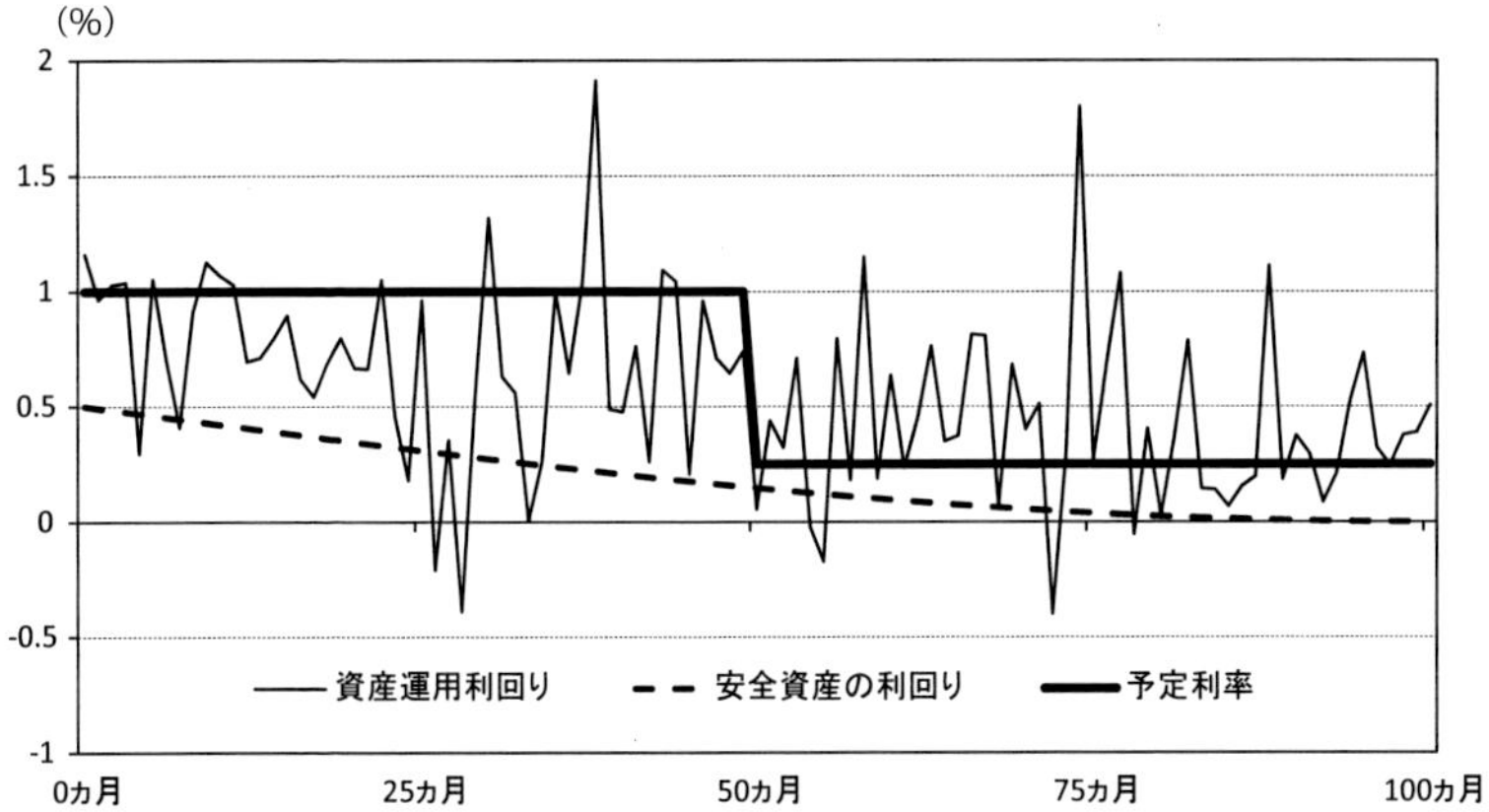

図表4－7はこのモデルで設定した条件に従って資産運用利回り、安全資産の利回り、そして予定利率の動きを１００ヵ月にわたって描いたものである。予定利率は当初１・０％であるが、50ヵ月を過ぎると０・25％にまで下がっている。安全資産の利回りは低下傾向にあり、しかも予定利率を絶えず下回る水準にある。これでは逆鞘が常態化してしまう。

だが、危険資産も加わることで資産運用利回りはすべての期間ではないが、全体的に安全資産の利回りを上回ることができるようになる。それでも前半は予定利率を下回る状態が現れているが、後半は圧倒的に予定利率を上回っている。

「**生保需要**」を決定づける要因は基本的に予定利率の水準である。予定利率が下がれば、生保需要も減少する。一方で、資産運用利回りが予定利率を上回れば、わずかではあるが生保需要も増大する。逆に資産運用利回りが予定利率を下回ると、生保需要

図表4－8　新規契約高と保有契約高の動き

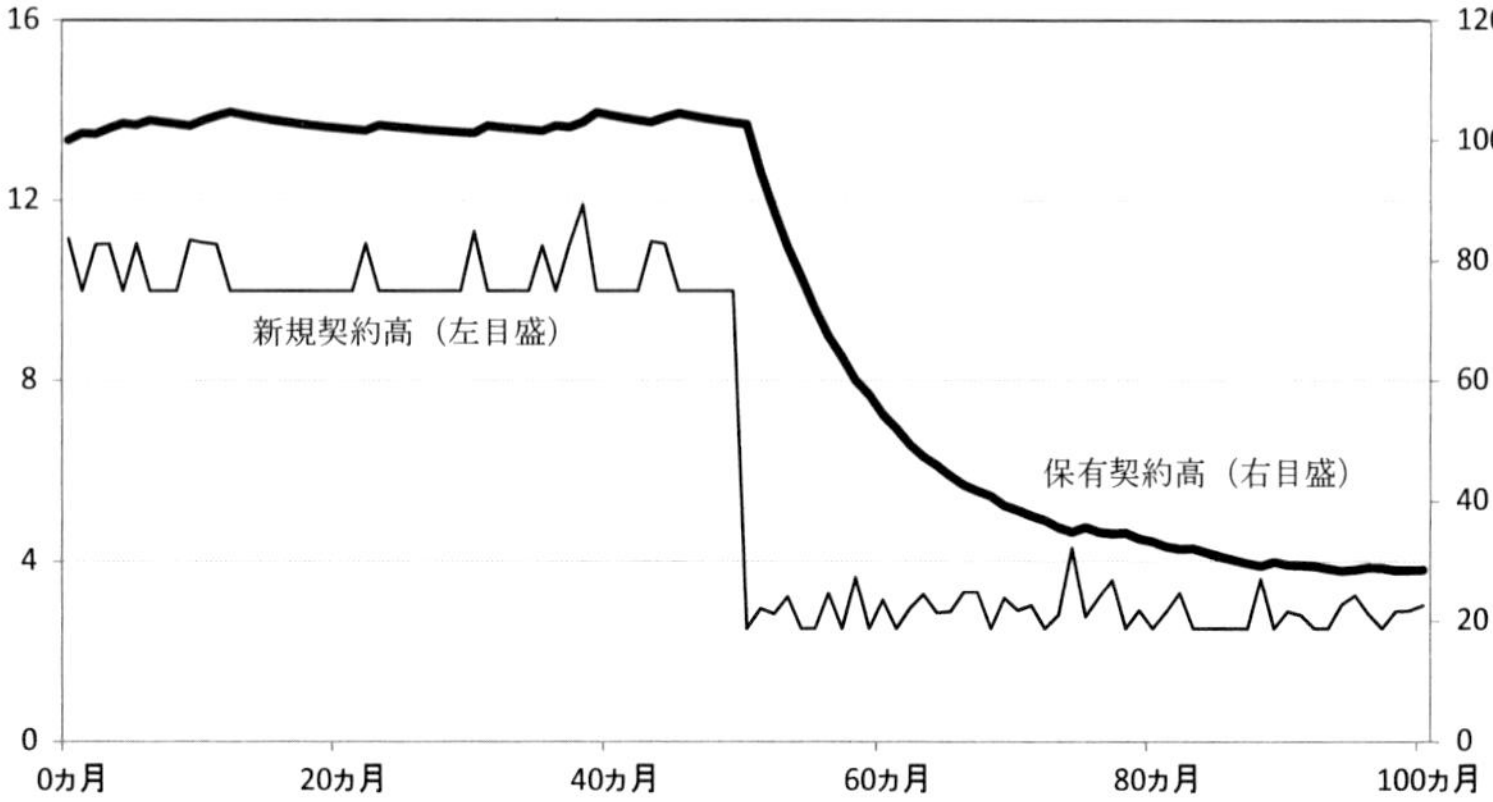

は予定利率の水準に決定づけられた大きさのままとなる。逆鞘が発生した状態であるが、一時的な現象なので経営に直接の打撃を及ぼさないと考えている。

もちろん、このような状態がいつまでも続けば経営そのものが揺らいでいく。それゆえ、後半では予定利率が引き下げられている。これならば逆鞘問題がある程度回避できる。だが、予定利率の引き下げは生保需要を減少させることにつながる。財務を安定化させるために生保需要を犠牲にするのである。

予定利率の引き下げそして運用利回りとの乖離が生保需要を通じて「**新規契約高**」を決定づけ、そのことが「**保有契約高**」に流入し、一部が「**保有契約の満期等**」として流出していく。**図表4－8**は生保需要に対応して変動する新規契約高と保有契約高を描いたものである。50ヵ月後に予定利率が引き下げられ、そのことが新規契約高そして保有契約高を大幅に減らしていることがわかる。これにより予定利率の引き下げが生保経営に大きな影響を及ぼしていることが確認できる。

(3) ポートフォリオ・リバランス効果の打ち消し作用

日銀の異次元緩和策は生保にとって厳しい運用環境を強いたため、運用利回りの低下から予定利率の引き下げを実行せざるを得なくなった。本来ならば日本経済を浮揚させ、自ずと生保需要も高まり、新規契約高の増大から保有契約高も上向くと思われた。しかしながら、期待に反して日本経済はデフレから脱却できず、金利水準が異常なまでに低下する事態を迎えてしまった。そのことは生保にとって逆風となってしまった。

それに対して日銀が試みたポートフォリオ・リバランス効果は、当初の思惑通りに今後も進んでいくであろうか。金利水準が全体的に下がれば国債に代表される安全資産の魅力は落ち、危険資産である外債のウエイトが高まるので、外国為替相場は円安に向かっていくと考えられる。実際、生保は国債保有の割合を下げながら外債保有の割合を引き上げている。

その中で予定利率の引き下げは、生保にとって逆の流れを生み出すかもしれない。なぜなら、予定利率が引き下げられれば、従来の資産構成のもとで生み出される運用利回りでも逆鞘が発生する可能性が小さくなるからである。それならば財務の安定性を重視する立場から、国債保有の割合を高めながら外債保有の割合を低める動きに転じてもおかしくないであろう。

そこで、先ほどのモデルを利用しながら予定利率が引き下げられた場合の最適な政策変数

（安全資産の割合）を求めてみることにしたい。ここでは安全資産の期待値と標準偏差がともに0・5％であり、危険資産の期待値と標準偏差がそれぞれ2・0％であると仮定する。こうした条件のもとで予定利率が1・0％と0・25％の2つのケースに分けながら、運用利回りが予定利率を上回る確率が最大になる最適な政策変数をケースごとに求めることにする。

図表4―9はその結果をまとめたものである。これを見ると、予定利率が1・0％の場合、最適な政策変数である安全資産の割合は2・0％であり、資産運用利回りが予定利率を上回る確率は70％である。それに対して予定利率が0・25％の場合、最適な政策変数は62％であり、資産運用利回りが予定利率を上回る確率は85％となっている。両者を比較するとわかるように、予定利率の引き下げは安全資産の割合を高め、危険資産の割合を低める方向にある。

日銀は異次元緩和策から金利水準を引き下げ、生保などの金融機関に対してポートフォリオ・リバランス効果を期待し、国債から外債へのシフトを促している。しかしながら、生保が予定利率の引き下げを行えば、反対の流れが生じる可能性がある。その時、外債から国債へシフトし、日銀が目指す円安の動きを打ち消すことになろう。

図表4－9　予定利率と最適な政策変数の関係

	ケース1	ケース2
（1）予定利率	1.0% ↓	0.25% ↓
（2）最適な政策変数（安全資産の割合）	2％	62%
（3）資産運用利回りが予定利率を上回る確率	70%	85%

（参考）安全資産の利回り　μ＝0.5%，σ＝0.5%，危険資産の利回り μ＝2.0%，σ＝2.0%　とする。

第3節　予想に反した政策効果

日銀の異次元緩和策が思惑通りに日本経済を刺激すれば、経済活動の活性化から生保市場にとって好ましい影響をもたらすであろう。それは新規契約高ならびに保有契約高の増大となって現れていく。また、2％のインフレ率を実現するため外国為替相場を円高から円安に転換しようと、生保に対してポートフォリオ・リバランス効果も期待されている。

だが、日銀の積極的緩和策は生保に関する限り、有益な効果をもたらしているとは言えない。生保経営の代表的指標である新規契約高や保有契約高は変動を繰り返しながらも低迷状態に陥っている。それでも生保の資産運用は国債から外債へ着実にシフトしつつある。それゆえ、日銀による生保のポートフォリオ・リバランス効果への働きかけはある程度成功しているいると言えるかもしれない。

この中で生保は、一時払いだけでなく平準払いの生保商品に対しても予定利率を引き下げている。日銀による異次元緩和策が金利水準を全体的に引き下げたからである。本章ではそうした予定利率引き下げの影響を、モデルを作成しながら理論的に探ってきた。そこから得られた結論は、保険料の上昇から保険契約そのものが下落傾向をたどるだけでなく、ポートフォリオ・リバランス効果を打ち消す可能性もあるということである。

付録 4－1　生保モデルの方程式

	変数	単位	定義
□	保有契約高	JPY	100<<JPY>>
	保険契約の満期等	JPY/month	保有契約高 /TIMESTEP/10
	新規契約高	JPY/month	生保の需要
○	予定利率	%	1 <<%>>+STEP(-0.75<<%>>,STARTTIME+50<<month>>)
○	危険資産の利回り	%	NORMAL(危険資産の μ , 危険資産の σ ,0.5)
○	安全資産の利回り	%	0.5<<%>>+SINWAVE(0.5<<%>>,400<<month>>,200<<month>>)
○	生保の需要	JPY/month	IF(資産運用利回り >= 予定利率 , 資産運用利回り ＊ 100<<JPY/month>>, 0 <<JPY/month>>)+ 予定利率＊1000<<JPY/month>>
○	資産運用利回り	%	危険資産の利回り＊ (1 - 政策変数)+ 安全資産の利回り＊政策変数
◆	政策変数		0.8
◆	危険資産の μ	%	2 <<%>>
◆	危険資産の σ	%	2 <<%>>

結局、日銀の異次元緩和策は、時間の経過とともに予想に反した結果をもたらすように見える。保険契約はさらに低下し、また外債の保有は必ずしも拡大の動きに転じないかもしれない。あまりにも強烈な金融緩和策から金利水準が大幅に低下し、生保が予防的な措置として保険料の上昇を意味する予定利率の引き下げを実行したからである。その影響は長期にわたるほど鮮明に現れていくと思われる。

第5章　金融庁が求める生保と地銀の適正な関係

第1節　地域経済活性化への取組み

(1) 金融庁による批判

金融庁は2016年10月に「平成28事務年度　金融行政方針」を発表して以来、地銀の大株主である生保に向けて機関投資家としての責務を十分に果たすべきことを求めている。そのことは2017年2月17日に開かれた生命保険業界との意見交換会で、金融庁幹部が生保に向けて地銀との関係を適正にするように促した発言からも明らかにされている（『日本経済新聞』2017年2月18日、同年2月22日）。

本来ならば全国の地銀は、地域経済活性化に取り組むリーダーとして地元企業への融資を積極的に進めていかなければならない。担保・保証が無くても事業に将来性があったり、あるいは地域にとって必要であると判断すれば大胆に融資を行うべきである。

ところが、依然として担保・保証を重視した融資姿勢を取り続けているため、過去と同様に事業内容を見ないままで融資の判断を決定しがちの状態になっている。これでは地域経済は活性化できず、いつまでも低迷状態から抜け出せないで終わってしまう。金融庁は地銀に融資の在り方を根本から改め、地域経済に貢献することを求めている。

金融庁はこうした地銀の融資姿勢を「日本型金融排除」と呼び痛烈に批判している。十分な担保・保証のある先や高い信用力のある先ばかり融資していても地域経済の発展は望めない。担保・保証が無くても事業に将来性があれば進んで融資すべきであり、決して排除すべきではない。そうすれば企業価値の向上が実現できると考えている。

しかしながら、地銀は従来の保守的な融資姿勢を取り続けているばかりか、手数料獲得のビジネスにもウエイトを置いている。銀行窓口で証券会社や保険会社が扱う金融商品を販売することで手数料稼ぎの動きを強めている。しかも地銀が受け取る手数料の大きさによって推奨する金融商品が変わるため、顧客不在のビジネスとして批判されている。

金融庁はフィデューシャリー・デューティー（顧客本位の業務運営）の確立と定着を図っている。その方針に基づきながら手数料がいかなるサービスの対価なのか、金融商品に伴うリスクはどのようなものなのかを具体的に説明するとともに、顧客本位の取組みも自主的に開示することを強く求めている。

ところが、地銀は金融庁が望むような担保・保証に依存しない融資に対して依然として消極的であり、しかも顧客の意向からかけ離れた手数料稼ぎを目的とした経営姿勢を取っている。批判の矛先はもちろん地銀の運営そのものにあるが、金融庁は上場地銀の大株主である

図表5－1　主要地銀の大株主保険会社（2016年9月末）

	生保会社						損保会社				
主要地銀	日本生命	第一生命	明治安田生命	住友生命	太陽生命	朝日生命	東京海上日動火災	日新火災海上保険	三井住友海上火災	あいおいニッセイ同和損害保険	損保ジャパン日本興亜
コンコルディアＦＧ	8位(1.88%)	9位(1.69%)	4位(2.88%)	16位(1.11%)			26位(0.81%)		27位(0.8%)	13位(1.32%)	28位(0.77%)
ふくおかＦＧ	4位(2.06%)	7位(2.01%)	5位(2.06%)	6位(2.02%)					19位(0.97%)		18位(0.97%)
千葉銀行	4位(3.06%)	5位(2.99%)	8位(2.08%)	9位(2.03%)					29位(0.59%)		6位(2.8%)
静岡銀行	3位(4.47%)	9位(1.73%)	4位(4.37%)	7位(1.96%)	30位(0.57%)		8位(1.74%)	24位(0.76%)	25位(0.75%)		
常陽銀行	3位(3.28%)	8位(2.22%)	10位(1.49%)	9位(2.14%)							5位(3.02%)
西日本シティ銀行	5位(2.42%)		6位(1.73%)	13位(1.22%)		20位(0.91%)	9位(1.35%)				18位(1.04%)
七十七銀行	2位(4.02%)	7位(3.2%)	1位(4.93%)	3位(4.02%)						11位(2.01%)	
広島銀行	7位(1.93%)		2位(3.04%)	8位(1.93%)							3位(2.66%)
京都銀行	1位(4.00%)		3位(3.29%)	9位(1.73%)			2位(3.53%)				8位(1.88%)
八十二銀行	4位(3.32%)	29位(0.67%)	3位(3.49%)				10位(1.87%)		21位(0.78%)		28位(0.68%)

（注1）常陽銀行のみ，2016年3月末時点。
（注2）「大株主総覧」（東洋経済）2016年11月15日より。

生保に対しても厳しい目を向けている。

図表5－1は、主要地銀の大株主として存在する生損保の大手保険会社を整理したものである。ここでは株主順位と割合が並べられている。保険会社が主要地銀の大株主であることが確認できるとともに、とりわけ大手生保のほうが大手損保よりも圧倒的な存在感を見せている。それは上位10位以内に位置づけられていることからも理解できる。

本来ならば大株主の生保は、効率性を重視した経営を地銀に求めていくべきである。そうであれば担保・保証に依存しなくても、将来性があると判断すれば積極的に融資するように促すであろう。これにより地銀の利益が高まるだけでなく、地域経済もさらに活性化する。好循環が実現できれば、大株主の生保は保有する地銀の株価が上昇するだけでなく配当も増大し、機関投資家としての使命を果たすことになる。

しかしながら、生保は地銀の経営に干渉しない物言わぬ株主の姿勢を貫き通している。言うまでもなく、契約者から預かった積立金をできる限り高い収益を生み出すように運用し、その収益を契約者に還元するのが機関投資家としての生保の役目である。だが、実際は大株主の立場を利用して、生保商品の銀行窓口での販売に結びつけているのが現状である。地銀にとっても生保商品の販売は手数料の獲得につながるので、両者の思惑が一致した行動として捉えられている。

これでは金融庁が唱える機関投資家による投資先企業の価値向上を目指すスチュワードシップコード（責任ある機関投資家の諸原則）に反する行為である。生保は機関投資家としての本来の責任を果たしていないことになる。大株主として効率的な運用に重きを置けば、地銀の経営内容が改善されるだけでなく地域経済の活性化にもつながっていく。

それゆえ、大株主として生保は、地銀の行動をしっかりと監視しながら効率的な経営を促さなければならない。その意味から金融庁は、生保に対して地銀との関係を適正にするよう求めている。

（2）現状に対する認識の相違

確かに生保は、地銀の大株主として効率的な経営を求めていかなければならない。いつまでも担保・保証にとらわれた融資ばかりでは地銀の企業価値が上がらないだけでなく、地域経済の発展も望めない。

だが、金融庁が地銀に向けて無担保・無保証の融資を指導したのは今日に始まったものではない。かなりの年数が経過している。それでも地銀の経営行動はほとんど変わっていないのが現状である。しかも大株主の生保も、地銀に対してそれほど変化を強く求めているわけではない。このことは地銀にしても生保にしても、金融庁が描く理想の姿とまったく違ったものが描かれているからであろう。

金融庁は2003年に発表した「リレーションシップバンキングの機能強化に向けて」および「リレーションシップバンキングの機能強化計画（アクションプログラム）」の中で、すでに中小企業金融への取組みの強化策として無担保・無保証の融資を全国の地域金融機関に打ち出している。

2003年度から04年度のアクションプログラムだけでは成果が見られなかったせいか、2005年度から06年度でもほぼ同じ内容の新アクションプログラムを発表している。それでも期待したほどの十分な成果が得られないまま今日に至っている。これだけ長期間にわたって金融庁が繰り返し指導してきたにもかかわらず、地銀に変化が見られないのはそれなりの理由があるからであろう。

それは現状に対する認識の相違である。金融庁は地銀が積極的に融資さえすれば地域経済は活性化できると信じている。融資を怠っているために、いつまでも低迷状態が続いていると解釈している。だからこそ目利き機能を重視したリレーションシップバンキングの必要性を訴えている。

それに対して生保・地銀は地域経済に対して悲観的である。なぜなら、日本全体が確実に人口が減っていく中で、地方の人口は都市部に比べてかなり深刻であることが伝えられているからである。そのため、いくら融資を行っても焦げ付く恐れがあると考えている。

地域経済は人口減少に伴って疲弊していくのが自然な考え方であろう。そう受け止めれば生保・地銀が積極的に融資を望むのは難しい。融資する場合でも担保・保証を取らない限り、実行するのは難しいであろう。まして、無担保・無保証による融資は消極的にならざるを得ない。

金融庁と生保・地銀では地域経済に対する見方が異なっていることがわかる。金融庁が楽観的であるのに対して、生保・地銀は悲観的である。両者の将来に対する捉え方が異なっているために融資姿勢に食い違いが生じていると判断できる。

あるいは両者の目的の相違もあげられるかもしれない。金融庁は日本の発展を考えながら生保・地銀に融資を働きかけていると考えられる。何もしない状態が続けば確実に地域経済は疲弊していく。それを阻止するために生保・地銀に協力を要請しているとも捉えられる。

それに対して生保・地銀は財務の健全性を重視する傾向にある。人口減少に悩まされる状況の中で、無担保・無保証の融資はかなりの不確実性を伴う。リスクが顕在化すれば損失が発生し、そのことは自己資本を毀損する。そうであれば融資に対して慎重に振る舞わざるを得ない。

金融庁は、大株主であり機関投資家の生保が純投資の立場から地銀の経営を監視し、指導することを望んでいる。そのことが生保の契約者にとっても好ましいことであり、地銀の経営改善とともに地域経済も活性化できると考えている。だが、生保や地銀が将来に対して悲観的な見方を取る限り、金融庁がいくら無担保・無保証の融資を進めても無理があるかもしれない。

そこで、本章では、金融庁の思惑に反して生保ならびに地銀が慎重な経営行動を取る姿を簡単なモデルを通じて説明していきたい。金融機関が絶えず財務の健全性を重視せざるを得ないことを考えれば、金融庁が描く理想のシナリオは実現しにくいことがわかるであろう。

その一方で生保・地銀による保守的な経営行動を認めれば、地域経済は衰退の道を歩み続けるのも明らかである。やはり金融庁が唱えるように、有望な融資先を見出しつつ積極的に融資を行わなければならない。そうでなければ日本経済そのものも衰退してしまうであろう。

経営の健全性を満たしながら民間金融機関が積極的に融資を行うには、運用環境の変化が必要である。日銀は長きにわたって超低金利政策を取り続けている。とりわけ2013年4月に実施した異次元緩和策によって金利はさらに下がっていった。しかも2016年1月にはマイナス金利政策の導入から金利がゼロを下回る状態に至っている。

異常なほど低迷した金利水準のもとでは、融資から得られる利鞘はかなり薄くなる。これでは地銀の貸出は低迷するうえ、大株主の生保も地銀の消極的姿勢を黙認せざるを得ないであろう。そうであれば、民間金融機関に活力を与えるには、金利水準を少しでも引き上げる方向に日銀が誘導すればよいと思われる。

ここで展開されるモデルでは、運用環境の変化として日銀の超低金利政策を転換した場合の効果も探ってみることにしたい。これによりいままでとまったく違った結果が得られると思われる。

第2節　生保・地銀の経営モデル

(1) 楽観的ケースと悲観的ケース

金融庁は、地元の地銀が目利き機能を発揮し無担保・無保証で融資すれば地域経済が活性化されるだけでなく、地銀の利益も拡大すると想定している。もちろん、実現できれば大株主の生保も地銀から得る配当が増大するので歓迎するであろう。

図表5－2（1）　金融庁が描く楽観的ケース

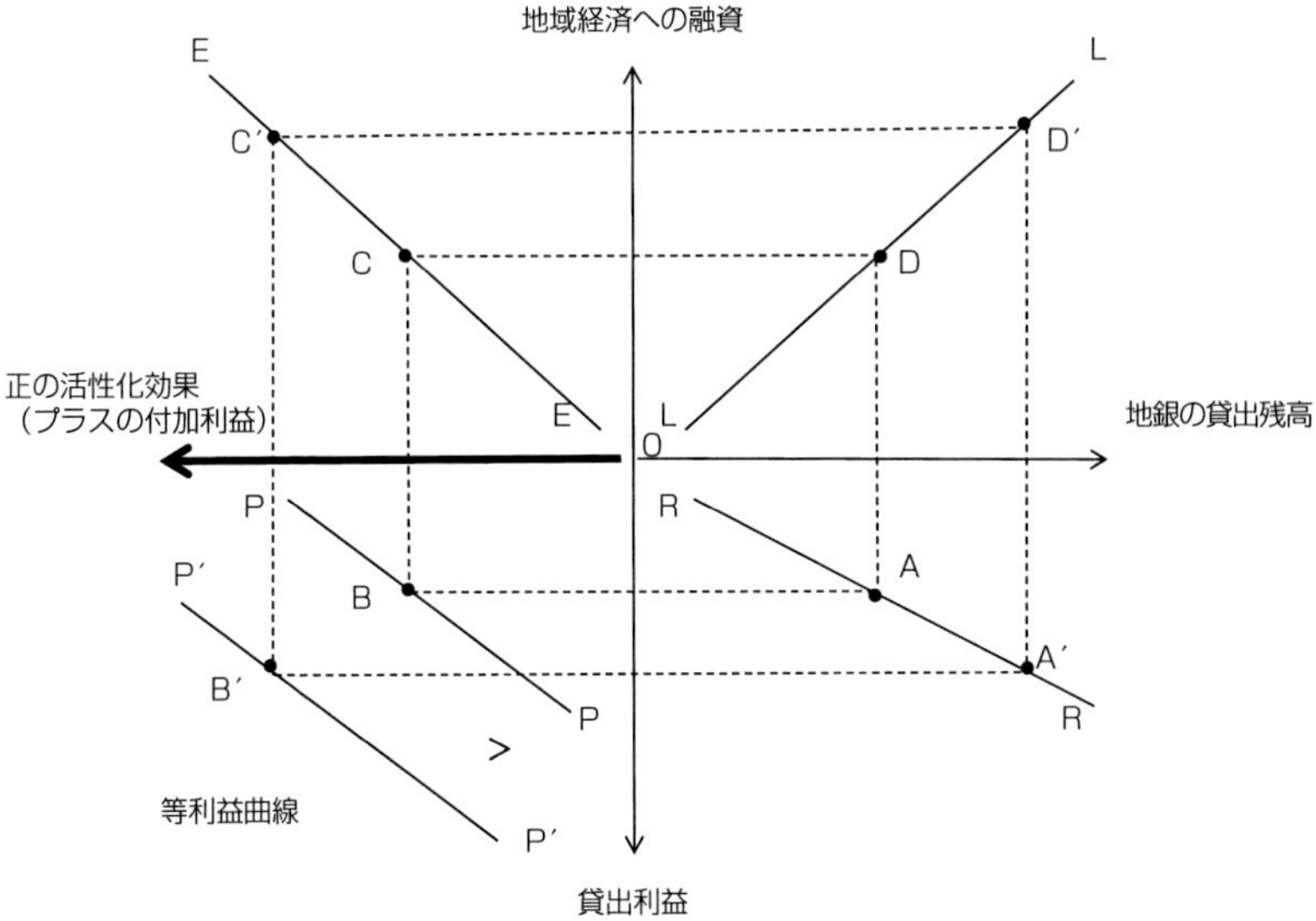

図表5－2（1）は金融庁が描く楽観的ケースを示している。ＬＬ曲線は地銀による地域経済への融資を表している。これにより地銀はＲＲ曲線から本来の利益が得られる。ここでは融資により地域経済が活性化されることを前提としているので、本来の利益に追加利益が加わると考えられる。ＥＥ曲線は地元企業を通じた地域経済への融資と追加利益の関係を示したものであり、正の関係が描かれている。

地銀による全体の利益は、貸出残高から生じる本来の利益に地域経済の活性化から得られる追加利益を加えたものである。ＰＰ曲線は全体の利益を表したものであり、同額の利益を表す等利益曲線になっている。また、ＰＰ曲線が南西の方向にシフトするにつれて増額した等利益曲線を表すことになる。

今、地銀の貸出残高から発生する諸効果がこの図のA点・B点・C点・D点にあったとしよう。つまり、貸出残高から生み出される本来の利益のほかに、地域経済への融資から得られる追加利益、そして両者を加えた全体の利益がそれぞれ位置づけられている。

地銀がさらに貸出残高を増やした場合の効果は、A′点・B′点・C′点・D′点となる。地元企業への貸出が増えるにつれて本来の利益だけでなく、地域経済の活性化から追加利益も高まるため、全体の利益は増大する。そのことは等利益曲線のPP曲線からP′P′曲線へのシフトで示されている。

だが、地銀が地元企業を通じて地域経済に融資しても必ずしも成功するとは限らない。反対に好ましくない方向に進む場合もある。人口減少が著しい地域経済ならば、いくら融資しても焦げ付く恐れがある。これでは地域経済ばかりでなく地銀にとっても好ましいことではない。なぜなら全体の利益が減少していくからである。その状態がいつまでも続けば自己資本は毀損し、破綻に向かってしまうかもしれない。

地銀はそうした最悪の事態を回避するため、地元企業に無担保・無保証の融資を行おうとはしないのであろう。また、大株主の生保も同じように考えていると思われる。したがって、生保・地銀は金融庁と違って地域経済の将来を悲観的に捉えているので、消極的な経営姿勢を取り続けていると言える。

図表５－２（２）　生保・地銀が描く悲観的ケース

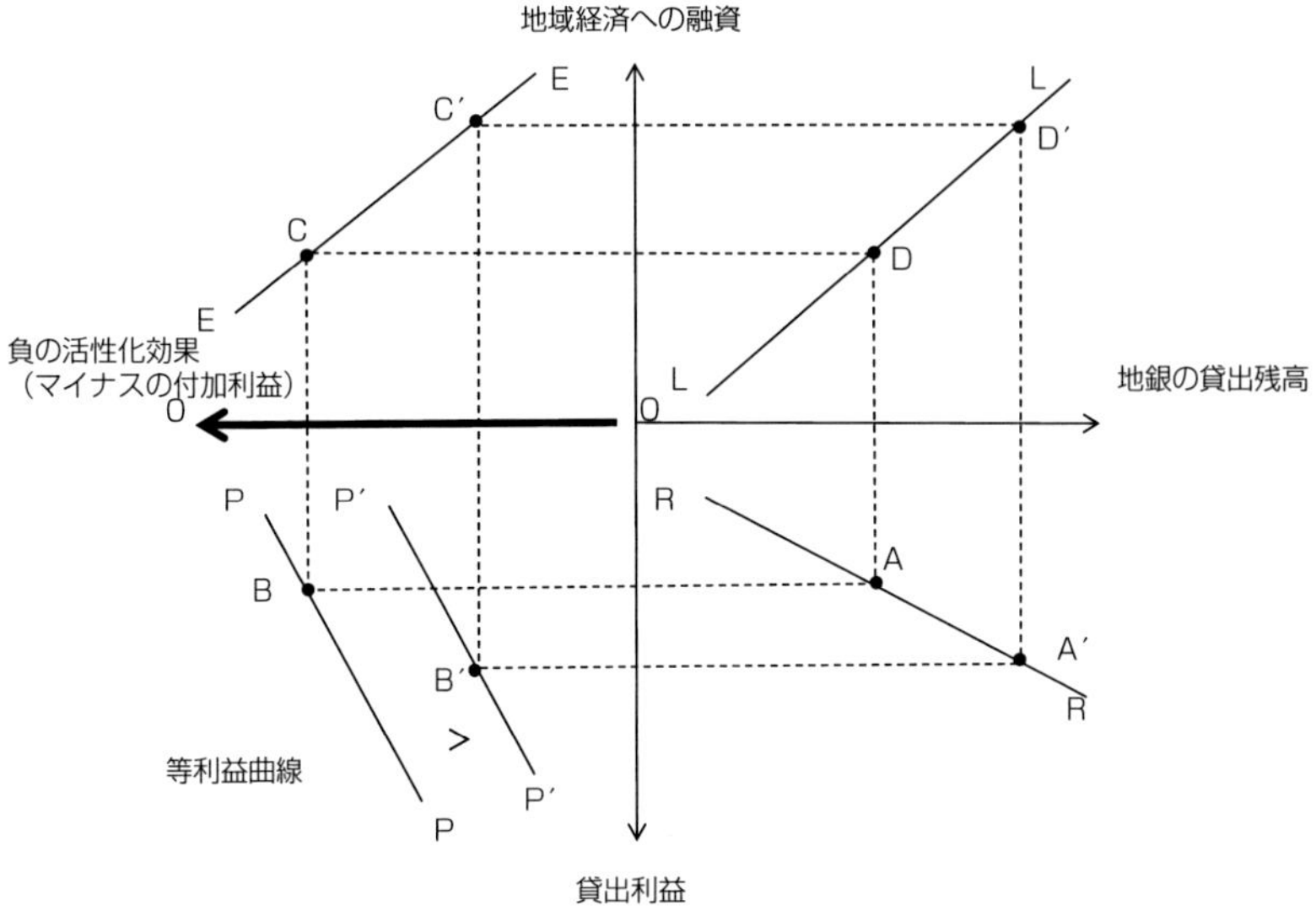

図表5－2（2）は生保・地銀が描く悲観的ケースを表している。右側の2つの象限に示されたLL曲線とRR曲線は楽観的ケースで示したものと同じである。つまり、地銀の貸出残高から本来の利益が生み出され、地域経済への融資も拡大していく。

だが、地域経済に融資してもうまく活かされないので、貸出残高の一部が焦げ付き、損失が発生する。それゆえ、地域経済の活性化は逆方向に進む結果、EE曲線の傾きが回転し、負の追加利益が発生してしまう。総利益は本来の利益に負の追加利益が加わり、等利益曲線を示すPP曲線上に位置づけられる。

例えば、A点・B点・C点・D点に

関係づけられた初期状態から新たに地域経済に向けて融資が行われると、´A点・´B点・´C点・´D点となる。この場合、負の追加利益が広がっていくため全体の利益は減少し、PP曲線から北東にシフトした´P´P曲線に位置づけられる。結局、地銀が地元企業に向けて貸出を行っても地域経済を活性化できないばかりか、自らの利益も蝕んでしまうことになる。

(2) 生保が地銀の経営に及ぼすメカニズム

地銀の貸出によって生み出される利益は、地域経済の活性化に依存している。そのため、金融庁が描くような楽観的ケースでは地域経済の繁栄に伴って利益が増えていく。だが、生保・地銀のように悲観的ケースでは地域経済の衰退から利益が減っていくことになる。

こうした特徴を組み入れながら、大株主の生保が地銀に求める経営をシステムダイナミクスのソフトであるSTUDIOを用いて体系的に描いたものが**図表5-3**である。ここではモデルの詳細な設定に関する説明は割愛するが、方程式の定義等は章末の**付録5-1・生保・地銀の経営メカニズムの方程式**を見ることで理解できるようになっている。

まず、地銀にはハイリスク・ハイリターンの貸出Aとローリスク・ローリターンの貸出Bの2種類の貸出があると想定する。貸出Aは金融庁が望む無担保・無保証で将来性のある企業への貸出であり、もう1つの貸出Bは担保・保証を伴う従来型企業への貸出である。

大株主の生保は「**生保の政策判断(1)**」として「**新規貸出A**」と「**新規貸出B**」の間に

図表5－3　生保・地銀の経営メカニズム

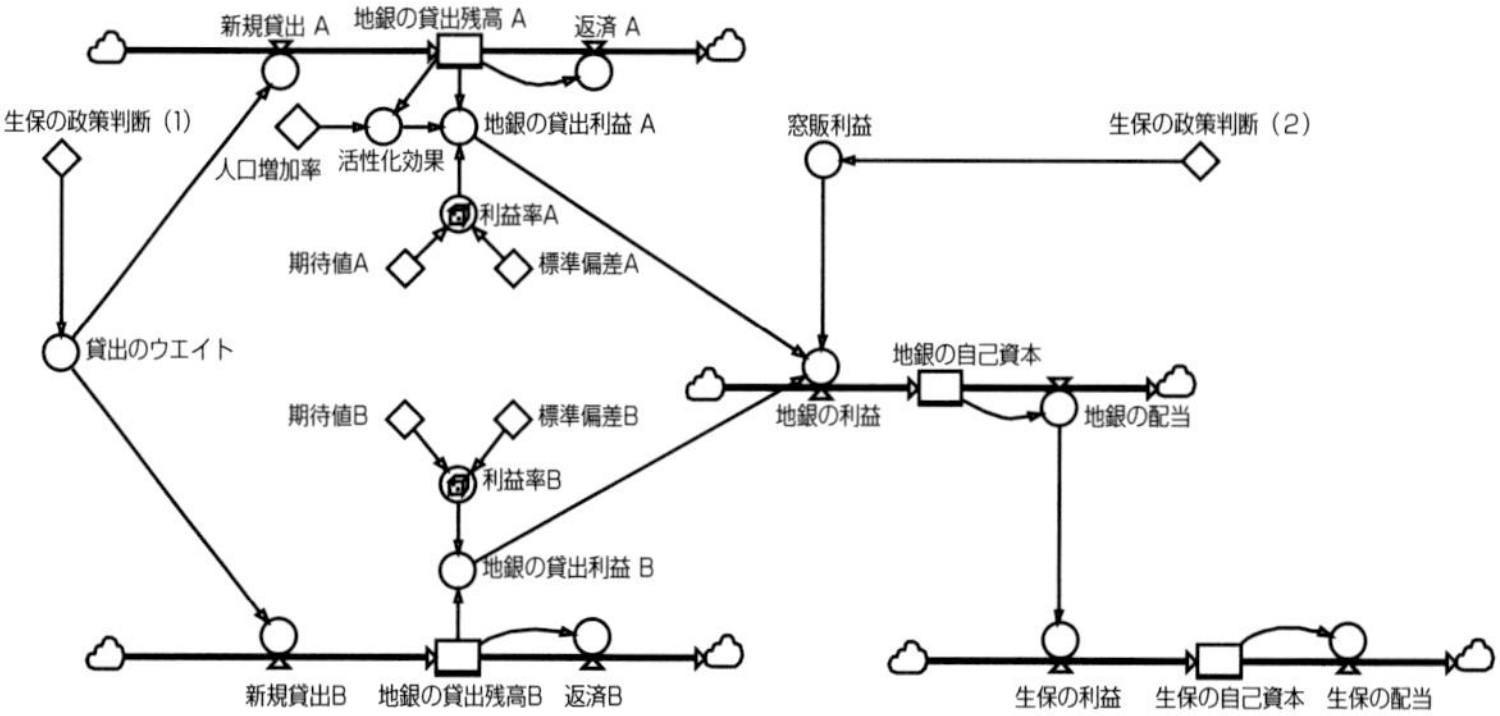

形成される「**貸出のウエイト**」を地銀に要求する。貸出のウエイトが1である場合、新規貸出Aと新規貸出Bは同じ割合であり、数値が低くなるにつれて新規貸出Aよりも新規貸出Bの割合が高くなるように設定している。例えば貸出のウエイトが0・5である場合、新規貸出Aの割合は0・25であり、新規貸出Bの割合は0・75となる。

新規貸出Aは「**地銀の貸出残高A**」に流入し蓄積されていくが、一部が「**返済A**」として流出していく。同様に新規貸出Bは「**地銀の貸出残高B**」に流入し、一部が「**返済B**」として流出していく。こうして形成される2種類の貸出残高から利益が生み出される。

貸出残高Aの「**利益率A**」は「**期待値A**」と「**標準偏差A**」で定められた正規分布の確率変数であり、同様に貸出残高Bの「**利益率B**」は「**期待値B**」と「**標準偏差B**」による正規分布の確率変数である。これにより「**地銀の貸出利益A**」と「**地銀の貸出利益B**」が変動を伴いながら発生する。

ただし、ここで注目しなければならないのは貸出利益Ａである。貸出Ａは将来性があると見込まれるが、無担保・無保証であるためハイリスク・ハイリターンの性格を持つ貸出である。うまくいけば「**活性化効果**」が作用し、利益率Ａに上乗せされた利益率が発生する。有望な地元企業が地銀の融資によって事業が拡大すれば、地銀の利益に貢献するだけでなく、地域経済も活性化に向かう。まさに金融庁が描く理想的な展開パターンである。

ところが、活性化効果は「**人口増加率**」によってかなりの影響を受けると思われる。過去のように人口が増え続けた時代ならば活性化効果はプラスとなり、地銀の利益を上向かせるだけでなく地域経済の発展にもつながっていったであろう。だが、今日のように人口が減少する時代ではまったく逆の動きに転じる。活性化効果はマイナスになり、地銀の利益は減少するばかりか、地域経済は低迷状態に向かっていく。

わが国の人口は確実に減り続け、とりわけ地方の人口は大都市に比較してかなり落ち込んでいる。この傾向は今後も確実に続くであろう。そうであれば、人口増加率のマイナスから、活性化効果は地銀の貸出利益Ａを引き下げる方向に作用することになる。

ただし、貸出Ｂは従来型の貸出であり、人口増加率による活性化効果を受けないと想定しているため、地銀の貸出利益Ｂは減少傾向をたどることはない。貸出Ａと貸出Ｂの相違点は、単に本来の利益率の性格だけでなく、活性化効果の存在の有無も関係している。

「**地銀の利益**」は貸出利益Ａと貸出利益Ｂだけでなく、「**窓販利益**」も加わる。これは銀行窓口での生保商品の販売から得られる手数料収入であり、「**生保の政策判断（2）**」によって決定づけられると仮定している。生保が地銀に生保商品の販売強化を求めれば、窓販利益は増大することになる。モデルに組み込まれた係数1は窓販が行われる場合であり、係数0は窓販が行われない場合を表す。

こうして2種類の貸出と窓販から得られた利益は「**地銀の自己資本**」に流入し、一部が「**地銀の配当**」として流出していく。生保は地銀の大株主なので、ここでは地銀の配当が「**生保の利益**」となり、「**生保の自己資本**」に流入し、一部が「**生保の配当**」として流出していくように描かれている。

地銀の利益が増大すれば最終的に生保の配当も大きくなる。生保は契約者あるいは株主のために配当を最大化しようと、生保の政策判断（1）（2）をうまくコントロールすることでその目的を実現していくと想定している。こうしたメカニズムを通じて、生保は地銀の経営に影響を及ぼしていくことになる。

第3節　生保の政策判断と地銀の経営

(1) 4種類のケース

金融庁は、地銀が地元企業の事業性を見極めながら担保・保証にとらわれない融資を積極的に行うように求めている。同時に生保にも大株主として、これまで以上に地銀と向き合うように求めている。これにより地銀の融資姿勢の転換を促している。しかしながら、金融庁の思惑とは裏腹に、生保・地銀は従来通りの慎重な融資姿勢を取り続けている。

それは人口減少に伴うマイナスの影響が確実に地域経済に浸透しているからだ。そのため将来の展開について悲観的に捉えざるを得なくなっている。その結果、地銀は大胆な融資を行うことに躊躇し、生保はそうした姿勢を黙認しているのが現状だと思われる。

ここでは先ほどの生保・地銀の経営モデルに、人口増加率と活性化効果がともにマイナスであることを前提としながら、次に示す4種類のケースからシミュレーションを行っていきたい。**図表5-4**はシミュレーションの結果を数値で整理したものであり、**図表5-5**と**図表5-6**は4種類のケースごとに地銀ならびに生保の自己資本の推移を描いている。これにより、生保・地銀がなぜ金融庁の意図に反した行動を取るのかが理解できると思われる。

【ケース1】 新規貸出A・Bが同額で、窓販無し

（条件） 生保の政策判断（1）＝1 生保の政策判断（2）＝0

【ケース2】 新規貸出A・Bが同額で、窓販有り

（条件） 生保の政策判断（1）＝1 生保の政策判断（2）＝1

図表5－4　生保・地銀の経営モデルによるシミュレーション

（1）ケース1　　・・・　生保の政策判断（1）＝1，生保の政策判断（2）＝0

期間	地銀の貸出残高A	地銀の貸出残高B	活性化効果	地銀の貸出利益A	地銀の貸出利益B	窓販利益	地銀の利益	地銀の自己資本	生保の利益	生保の自己資本
0期	100.00	100.00	▲3.00	0.80	1.90	0.00	2.70	100.00	0.11	100.00
10期	127.44	127.44	▲3.82	0.85	2.33	0.00	3.18	104.41	0.12	100.14
20期	149.86	149.86	▲4.50	▲1.58	1.46	0.00	▲0.12	107.87	0.12	100.34
30期	168.18	168.18	▲5.05	4.21	4.63	0.00	8.83	77.30	0.09	100.47
40期	183.14	183.14	▲5.49	▲2.64	1.43	0.00	▲1.22	100.07	0.11	100.38
50期	195.37	195.37	▲5.86	▲6.47	▲0.31	0.00	▲6.78	117.35	0.13	100.54
60期	205.37	205.37	▲6.16	▲0.43	2.87	0.00	2.44	93.99	0.10	100.67
70期	213.53	213.53	▲6.41	▲2.58	1.91	0.00	▲0.67	99.57	0.11	100.72
80期	220.20	220.20	▲6.61	▲6.56	0.02	0.00	▲6.53	107.42	0.12	100.83
90期	225.65	225.65	▲6.77	▲2.61	2.08	0.00	▲0.53	88.52	0.10	100.88
100期	230.11	230.11	▲6.90	▲1.08	2.91	0.00	1.84	77.79	0.09	100.79

（2）ケース2　　・・・　生保の政策判断（1）＝1，生保の政策判断（2）＝1

期間	地銀の貸出残高A	地銀の貸出残高B	活性化効果	地銀の貸出利益A	地銀の貸出利益B	窓販利益	地銀の利益	地銀の自己資本	生保の利益	生保の自己資本
0期	100.00	100.00	▲3.00	0.80	1.90	0.20	2.90	100.00	0.11	100.00
10期	127.44	127.44	▲3.82	0.85	2.33	0.20	3.38	106.38	0.12	100.15
20期	149.86	149.86	▲4.50	▲1.58	1.46	0.20	0.08	111.74	0.12	100.38
30期	168.18	168.18	▲5.05	4.21	4.63	0.20	9.03	83.02	0.09	100.56
40期	183.14	183.14	▲5.49	▲2.64	1.43	0.20	▲1.02	107.57	0.12	100.54
50期	195.37	195.37	▲5.86	▲6.47	▲0.31	0.20	▲6.58	126.58	0.14	100.80
60期	205.37	205.37	▲6.16	▲0.43	2.87	0.20	2.64	104.88	0.12	101.03
70期	213.53	213.53	▲6.41	▲2.58	1.91	0.20	▲0.47	112.08	0.12	101.21
80期	220.20	220.20	▲6.61	▲6.56	0.02	0.20	▲6.33	121.49	0.13	101.46
90期	225.65	225.65	▲6.77	▲2.61	2.08	0.20	▲0.33	104.09	0.12	101.67
100期	230.11	230.11	▲6.90	▲1.08	2.91	0.20	2.04	94.83	0.11	101.74

（3）ケース3　　・・・　生保の政策判断（1）＝0.5，生保の政策判断（2）＝0

期間	地銀の貸出残高A	地銀の貸出残高B	活性化効果	地銀の貸出利益A	地銀の貸出利益B	窓販利益	地銀の利益	地銀の自己資本	生保の利益	生保の自己資本
0期	100.00	100.00	▲3.00	0.80	1.90	0.00	2.70	100.00	0.11	100.00
10期	104.57	150.30	▲3.14	0.69	2.75	0.00	3.45	106.36	0.12	100.15
20期	108.31	191.41	▲3.25	▲1.14	1.86	0.00	0.72	115.54	0.13	100.39
30期	111.36	224.99	▲3.34	2.79	6.19	0.00	8.98	97.24	0.11	100.65
40期	113.86	252.43	▲3.42	▲1.64	1.96	0.00	0.32	128.61	0.14	100.83
50期	115.90	274.85	▲3.48	▲3.84	▲0.43	0.00	▲4.27	156.84	0.17	101.37

60期	117.56	293.17	▲ 3.53	▲ 0.24	4.09	0.00	3.85	151.30	0.17	102.02
70期	118.92	308.14	▲ 3.57	▲ 1.44	2.76	0.00	1.32	171.66	0.19	102.76
80期	120.03	320.37	▲ 3.60	▲ 3.57	0.04	0.00	▲ 3.54	194.62	0.22	103.73
90期	120.94	330.36	▲ 3.63	▲ 1.40	3.05	0.00	1.65	195.36	0.22	104.82
100期	121.68	338.53	▲ 3.65	▲ 0.57	4.29	0.00	3.72	203.31	0.23	105.96

（4）ケース4　・・・　生保の政策判断（1）=0.5，生保の政策判断（2）=1

期間	地銀の貸出残高A	地銀の貸出残高B	活性化効果	地銀の貸出利益A	地銀の貸出利益B	窓販利益	地銀の利益	地銀の自己資本	生保の利益	生保の自己資本
0期	100.00	100.00	▲ 3.00	0.80	1.90	0.20	2.90	100.00	0.11	100.00
10期	104.57	150.30	▲ 3.14	0.69	2.75	0.20	3.65	108.33	0.12	100.16
20期	108.31	191.41	▲ 3.25	▲ 1.14	1.86	0.20	0.92	119.42	0.13	100.44
30期	111.36	224.99	▲ 3.34	2.79	6.19	0.20	9.18	102.96	0.11	100.74
40期	113.86	252.43	▲ 3.42	▲ 1.64	1.96	0.20	0.52	136.12	0.15	100.99
50期	115.90	274.85	▲ 3.48	▲ 3.84	▲ 0.43	0.20	▲ 4.07	166.07	0.18	101.62
60期	117.56	293.17	▲ 3.53	▲ 0.24	4.09	0.20	4.05	162.19	0.18	102.38
70期	118.92	308.14	▲ 3.57	▲ 1.44	2.76	0.20	1.52	184.17	0.20	103.25
80期	120.03	320.37	▲ 3.60	▲ 3.57	0.04	0.20	▲ 3.34	208.69	0.23	104.36
90期	120.94	330.36	▲ 3.63	▲ 1.40	3.05	0.20	1.85	210.93	0.23	105.60
100期	121.68	338.53	▲ 3.65	▲ 0.57	4.29	0.20	3.92	220.34	0.24	106.92

（注）▲はマイナスを意味する。

図表5－5　ケース別に見た地銀の自己資本の動き

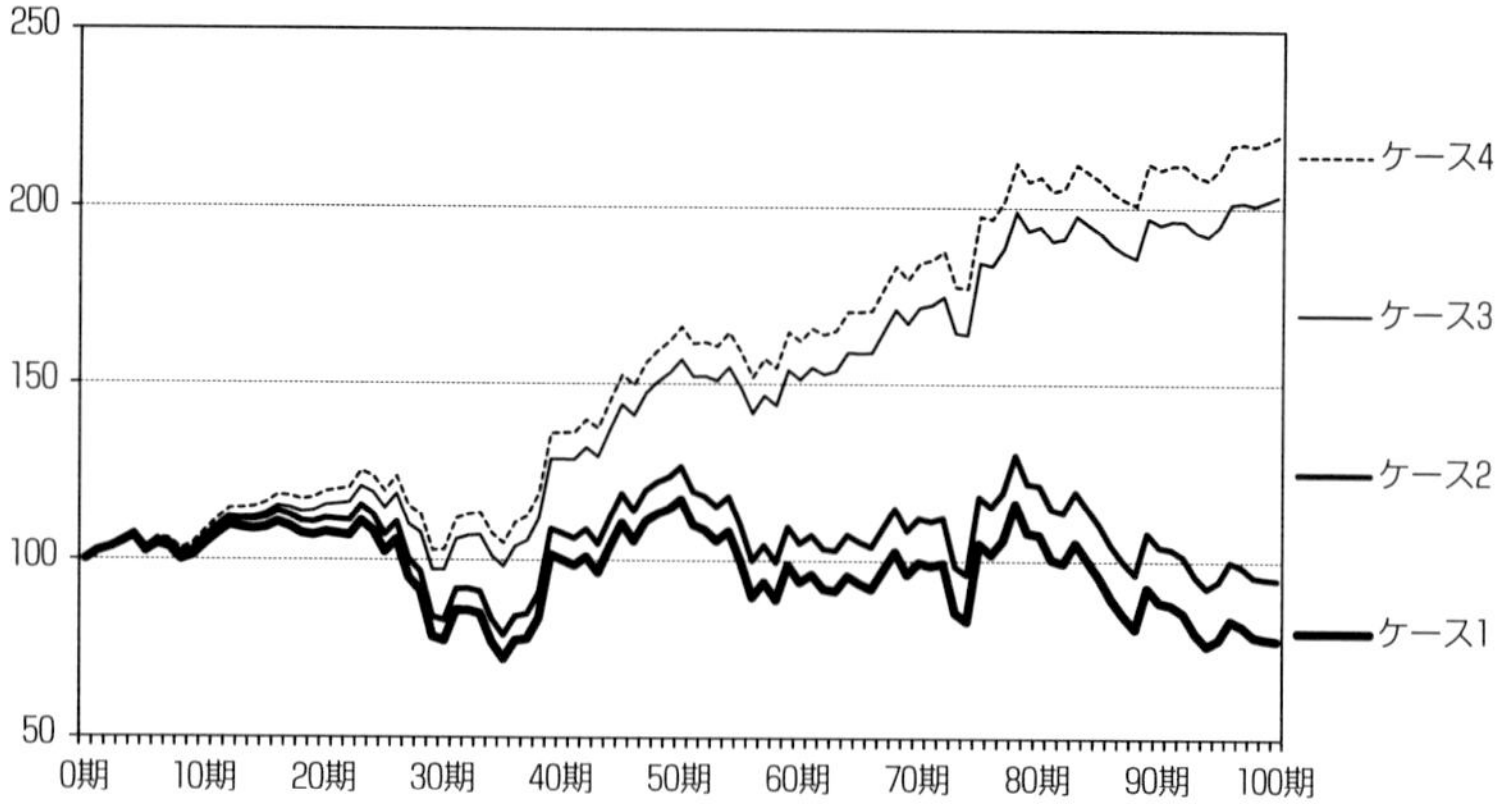

図表5－6　ケース別に見た生保の自己資本の動き

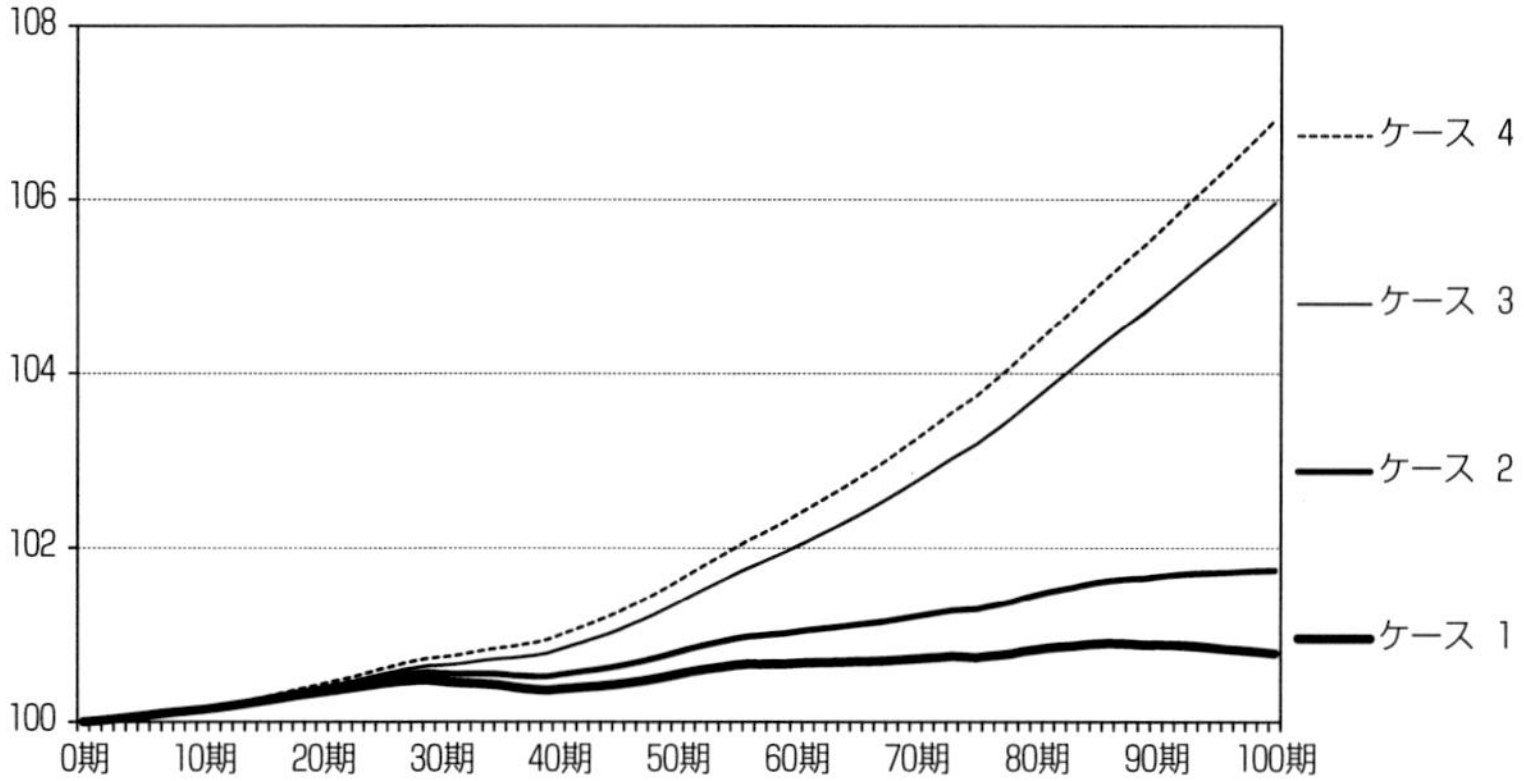

【ケース3】　新規貸出A・Bが異なり、窓販無し

（条件）生保の政策判断（1）＝0・5

生保の政策判断（2）＝0

【ケース4】　新規貸出A・Bが異なり、窓販有り

（条件）生保の政策判断（1）＝0・5

生保の政策判断（2）＝1

まず、ケース1はこのモデルの基本ケースである。生保の政策判断（1）の係数が1であることから新規貸出A・Bが同額で、それぞれ毎期10×0・5＝5である。また、生保の政策判断（2）の係数がゼロであることから地銀に窓販を求めないため、窓販利益は毎期ゼロである。

貸出のウエイトが同じであっても新規貸出Aから損失が発生するため、全体的に損失が発生しやすくなっている。それゆえ自己資本の毀損が起きている。

生保の自己資本は初期の値を維持しているが、これは地銀の利益からある程度離れた状態でも配当が得られるように設定しているからである。それでも地銀の損失が拡大すれば影響が出てくる。

ケース2はケース1と同様に新規貸出A・Bが同額で、それぞれ毎期10×0・5＝5である。ただ、異なっているのが窓販が行われる点である。新規貸出Aから発生する損失を窓販による毎期0・2の利益で補うケースである。それゆえ、地銀の全体の損失はケース1よりも小さくなる傾向にある。その結果、地銀の自己資本も生保の自己資本も先程よりもやや上方にシフトしている。

2つのケースはともに最終的に地銀の自己資本が初期時点に比べて下回っている。これは人口減少から活性化効果がマイナスになり、新規貸出Aから損失が発生するからである。そうであるならば、新規貸出Aに向かう割合を減らし、その分を新規貸出Bに振り替えれば良い。すなわち、生保の政策判断（1）で決定づけられる貸出のウエイトを変化させるのである。

ケース3は新規貸出Aの割合を下げ、その分だけ新規貸出Bの割合を増やしたケースを扱っている。モデルでは生保の政策判断（1）の係数が0・5となるため、新規貸出Aの割合は0・5×0・5＝0・25となる。それゆえ、新規貸出Aは毎期10×0・25＝2・5となり、新規貸出Bは毎期10×（1−0・25）＝7・5となる。

損失が発生しやすい貸出残高Aよりも利益が発生する可能性が高い貸出残高Bのほうが増えていくため、地銀の自己資本は初期時点の水準をかなり上回っていく。もちろん、生保の自己資本も増大していく。どちらもケース1やケース2よりも上方にシフトしていることがわかる。

ケース4も同様に生保の政策判断（1）の係数が0・5であることから新規貸出Aが毎期2・5、新規貸出Bが毎期7・5となっている。さらに生保の政策判断（2）の係数が1であるので窓販利益が発生する。それゆえ地銀の自己資本も生保の自己資本もともに初期時点の水準を上回るだけでなく、ケース3よりもさらに上方にシフトしていくことになる。

(2) 貸出金利の引き上げ効果

生保の政策判断（1）（2）の条件を変えながら4種類のケースを調べてきた。そこから得られた結論は、人口増加率がマイナスで地域の活性化効果がうまく発揮できない状況のもとでは、貸出Aで表された無担保・無保証の貸出は地銀の利益を押さえ込み、損失を発生させる可能性があるということであろう。その結果、地銀の自己資本は蝕まれ、大株主の生保も同じように自己資本が減少していく。

これにより生保も地銀もともに金融庁が指導するような無担保・無保証の貸出に向かっていかないことが理解できる。もちろん、目利き機能を十分に発揮し、高い利益が望める貸出先をたくさん見つけ出せば状況は一変する。しかしながら人口増加率はこれからも全国的にマイナスの幅を広げていく傾向にある。このことはあらゆる研究機関から発表されている調査レポートからも明らかであろう。

そうであれば金融庁がいくら生保・地銀に積極的な取り組みを働きかけても、なかなか動こうとはしない。そのほうが合理的で自然な行動であろう。無理に無担保・無保証の貸出を実施すれば、損失の拡大から自己資本は毀損し、最悪の場合、破綻に追い込まれてしまう。その時は、地銀だけでなく大株主の生保も犠牲を強いられることになる。

確かに生保・地銀が地元企業に向けた大胆な融資を回避しようとするのは、金融機関として納得できる行動だと思われる。その一方で、金融庁の意向も十分に理解できる。いつまでも地域経済の低迷を黙認しておく訳にもいかない。この状態が続けば、疲弊する地域経済はさらに悪化の一途をたどるのが目に見えているからだ。

そうした中で金利水準のわずかな引き上げが、生保・地銀に無担保・無保証の貸出を促すきっかけを与えるのではないかと推測される。日銀が推し進める超低金利政策は長期にわたって実施されている。いまでは政策金利がゼロを通り越し、マイナスにまで至っている。その影響から民間銀行の貸出金利と預金金利が異常なほど低位に置かれている。これでは十分な利鞘が得られず、リスクを取り難い環境が生み出されている。

やはり金融庁が望むような大胆な貸出は難しく、やむをえず従来通りの担保・保証を有し

図表5-7　地銀の自己資本の動き ——金利上昇の効果——

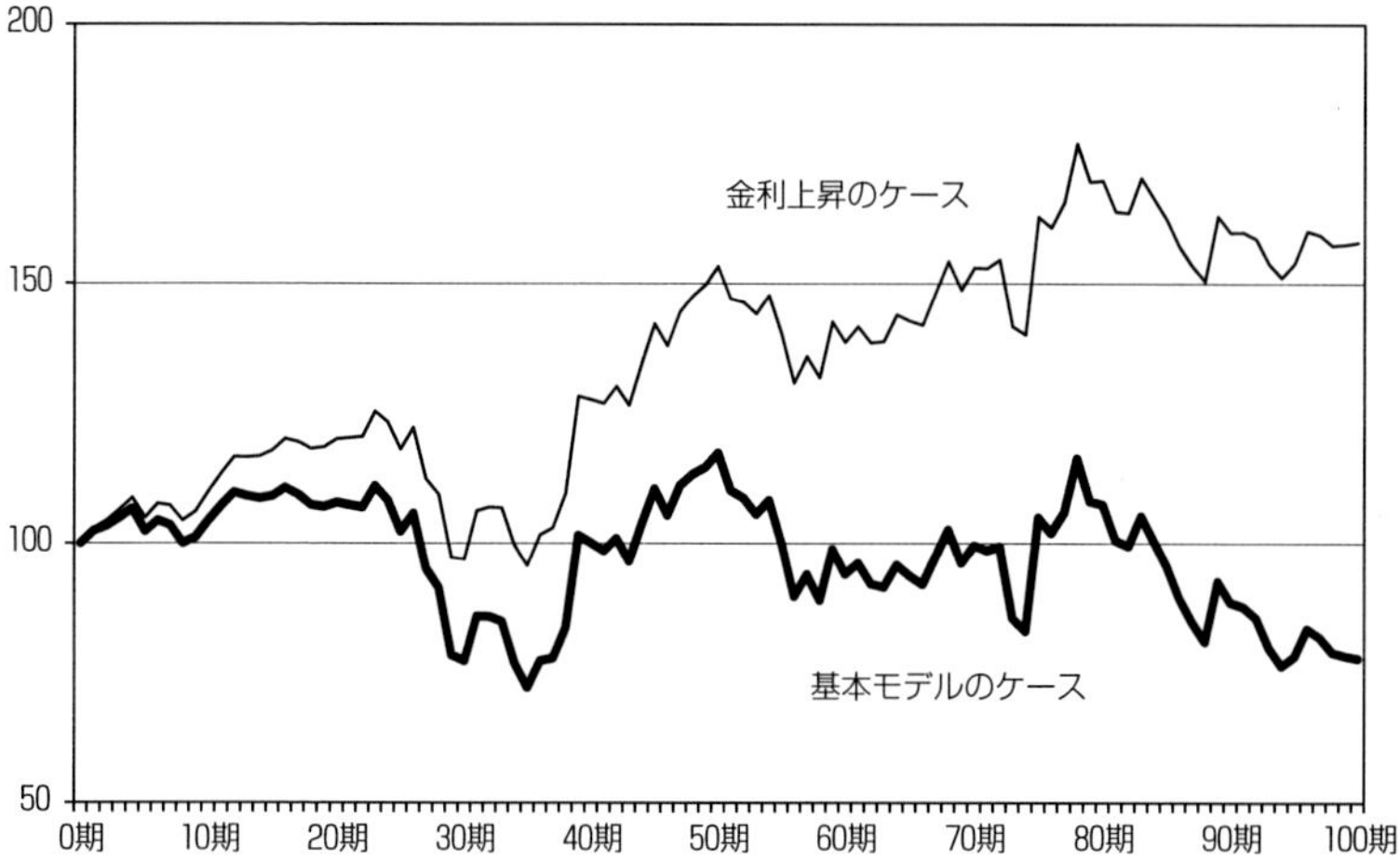

た貸出に向かわざるを得ない。そうであれば、わずかでも貸出金利を引き上げるような方向に政策を転換すれば状況が変わるかもしれない。もちろん、大幅な引き上げは引き締め効果が作用するので難しいが、わずかな引き上げならば地域経済の活性化を促すと思われる。

そこで、先ほどの基本モデル（ケース1）を再び取り上げながら、貸出Aの貸出金利に相当する期待値Aだけを2％から2・5％に引き上げた場合の効果を見てみることにしよう。**図表5-7**は地銀の自己資本の動きを、先ほどの基本モデルのケースと金利引き上げのケースに分けながら描いたものである。この図を見るとわかるように、基本モデルでは自己資本が低迷を続けながら元本割れを起こしているが、このモデルに貸出Aの貸出金利をわずかに引き上げるだけで自己資本は初期水準を上回っている。
これならば無担保・無保証の貸出でも積極的に取り組んでいこうとするであろう。貸出Aからも利益が持続的に得られるので、自己資本は積み増しされ、経営の安定度が高まっていくからである。そうであれば地銀だけでなく大株主の生保も、こうした経営スタンスを是認することになろう。

第4節　生保・地銀を取り巻く経済環境の変化

(1) 予想の相違

金融庁は、機関投資家の生保に対して投資先企業の価値増大を求めている。ところが生保の経営行動は、純投資よりも政策投資の姿勢を取り続けているように見える。とりわけ地銀との関係は生保商品が銀行窓口で販売されるルートが確立しているので、政策投資の色彩が強まっているように感じられるのであろう。

生保にとって保険料収入が銀行窓販を通じて拡大するだけでなく、地銀にとっても販売手数料が確保できるメリットがある。それゆえ、両者にとって適度な利益をもたらす銀行窓販は相互に魅力的なルートとして位置づけられている。

だが、そのために生保が大株主としての本来の役割を怠り、地銀に無担保・無保証による積極的な融資を迫らないのは、機関投資家のあり方からかけ離れた行動であると言える。その意味では、金融庁による生保批判は十分に納得できる。しかしながら、将来に向けて発生する恐れのあるリスクを予見すれば、生保・地銀が安易に無担保・無保証の融資に進まないのも合理的な判断であるとも解釈できる。

結局、生保・地銀が勇気を持って地域経済の活性化に働きかければ、貸出から利益をもたらすことで、生保・地銀にとっても地域経済にとってもメリットがあると楽観的に予想するのが金融庁の考え方である。逆に貸出を行っても損失を発生させるだけであり、地域経済の活性化に結びつきにくいと悲観的に予想するのが、生保・地銀といった民間金融機関の考え方であろう。

(2) 民間経済の知恵

生保・地銀がネガティブに捉える根本的な悪材料の代表は人口減少であり、地方ではその傾向が年々強まっている。しかも人口そのものが減少するだけでなく、少子高齢化が極端に進行している。この傾向に改善の見込みがない限り、やはり生保・地銀による大胆な融資は行われにくいであろう。金融庁の強引な指導のもとで実行すれば、最終的に地銀は自己資本を毀損してしまう恐れがある。それゆえ、生保が機関投資家として地銀に積極的に働きかけないのもうなずける。

もし地域経済を活性化させようとするならば、金融庁が生保・地銀に向けて辣腕を振るうよりも、生保・地銀が自ずと貸出に向かう環境を整備する方向に歩んでいくべきであろう。人口減少と少子高齢化が進む中で有効な手段が見い出せないのが現状であるが、その中で大胆な手法として地域通貨を流通させるのはいかがであろうか。

コンピュータ・通信技術の発達により地域ごとに独自の仮想通貨を流通させ、決済手段として機能させるのである。その際、地域通貨ごとの交換比率が経済の諸条件に従って変動する外国為替相場のような機能が発揮できれば、自然と地域経済も活性化する方向に歩んでいくと思われる。その時には地元の地銀もビジネスが増えるだけでなく、それぞれの地域経済が得意とする産業も繁栄していくであろう。

新たな枠組みを政府が率先して作り上げていけば、わざわざ生保・地銀を強引な手段で動かす必要もなくなる。まさに理想な世界であり、民間経済がさらに知恵を出すことで人口減少と少子高齢化の逆風を跳ね飛ばせるのではないかと期待できる。

地域通貨は金融に関わる1つの提言に過ぎないが、そのほかにもさまざまな新制度が考えられる。これらが実現できた時には、大株主の生保が本来の機関投資家として地銀に積極的な貸出を求めていくと思われる。

付録 5－1　生保・地銀の経営メカニズムの方程式

	変数	単位	定義
□	地銀の自己資本	JPY	100<<JPY>>
□	地銀の貸出残高　A	JPY	100<<JPY>>
□	地銀の貸出残高　B	JPY	100<<JPY>>
□	生保の自己資本	JPY	100<<JPY>>
	地銀の利益	JPY/year	地銀の貸出利益　A＋地銀の貸出利益　B＋窓販利益
	地銀の配当	JPY/year	地銀の自己資本 /TIMESTEP/300
	新規貸出　A	JPY	10<<JPY>> ＊貸出のウエイト
	新規貸出　B	JPY	10<<JPY>> ＊（1－貸出のウエイト）
	生保の利益	JPY/year	地銀の配当 / 3
	生保の配当	JPY/year	生保の自己資本 /TIMESTEP/1000
	返済　A	JPY/year	地銀の貸出残高　A/TIMESTEP/50
	返済　B	JPY/year	地銀の貸出残高　B/TIMESTEP/50
○	利益率　A	%	NORMAL（期待値　A, 標準偏差　A, 0.5）
○	利益率　B	%	NORMAL（期待値　B, 標準偏差　B, 0.5）
○	地銀の貸出利益 A	JPY/year	地銀の貸出残高　A/TIMESTEP ＊利益率　A ＋活性化効果
○	地銀の貸出利益 B	JPY/year	地銀の貸出残高　B/TIMESTEP ＊利益率 B
○	活性化効果	JPY/year	地銀の貸出残高　A/TIMESTEP ＊人口増加率＊0.6
○	窓販利益	JPY	0.2<<JPY>> ＊生保の政策判断（2）
○	貸出のウエイト		0.5＊生保の政策判断（1）
◆	人口増加率	%	－5 <<%>>
◆	期待値　A	%	2 <<%>>
◆	期待値　B	%	1 <<%>>
◆	標準偏差　A	%	2 <<%>>
◆	標準偏差　B	%	1 <<%>>
◆	生保の政策判断（1）		1 or 0.5
◆	生保の政策判断（2）		1 or 0

第6章　損保の収益構造と最適配当政策

第1節　損保の経営課題

契約者から保険料を受け取ることでさまざまなリスクを請負い、事故が生じた時に速やかに保険金を支払うのが保険会社の務めである。その保険会社には生保と損保が存在するが、このうち損保のほうが生保よりもむしろ不確実な要因にさらされているように思われる。

生保ならば基本的に死亡率が生命表からほぼ正確に弾き出されるので、保険金支払の不確実性はある程度払拭されるであろう。だが、損保は地震や台風など自然災害を取り扱う関係から、いくら大数の法則に従いながら保険料が統計的に計算されると言っても、経営が不安定になりがちである。

しかも損保は予期せぬ大規模な保険金支払に対しても迅速に応じなければならないので、保有資産は流動性を考慮して有価証券の形で大量に保有している。そのため運用環境の変動から、保険引受リスクのほかに資産運用リスクにも絶えずさらされている。

2種類のリスクを負う損保が安定的な経営を展開していくには言うまでもなく、それぞれのリスクを正確に把握することが重要である。過去のデータを集積し、それを統計的に分析しながら将来の動きを予想しなければならない。

それでも自然災害であれ市場変動であれ、データでは把握できない想定外の大規模な変動が損保を直撃する。そうした厳しい経営環境の中で、損保はゴーイングコンサーンとして事業を継続させていかなければならない。

本章ではこのような不安定な要因に覆われた損保の姿を、決算書の数字から明らかにしていく。とりわけ損益計算書から保険引受利益と資産運用粗利益の動きを追うことで、損保の経営実態を探っていくことにしたい。

また現状の把握だけにとどまらず、2種類のリスクが引き起こす利益の変動をできる限り和らげる手法として、最適配当政策の必要性も強調したい。保険引受と資産運用から生じる2種類の利益を適切に分配することで、資本の健全性を確保しながら株主価値の増大にも応えていくのである。

損保は資本の健全性を守るため、生み出された利益のすべてを配当として分配せず、一部を自己資本の積立に当てる。これにより予期せぬ保険金の支払いに対して対応可能となり、事業の継続性を満たすことができる。

一方で、株主の要求にも応えていかなければならない。利益を自己資本の積立だけに当てるわけにもいかない。株主に十分な配当金を分配しない限り、株主は満足しないであろう。

これにより株価も上昇し、株主価値の向上を図ることができる。

したがって、資本の健全性と株主価値の向上をバランス良く満たすのが重要な経営課題と言える。ただ、損保は絶えず保険引受と資産運用の不確実性にさらされているため、単純に確定的な世界での最適配当率を求めるようなわけにはいかない。

そこで、本章ではリスク管理機能を備えたシステムダイナミクスのソフトであるＳＴＵＤＩＯを用いることで、不確実性下の最適配当政策について探っていくことにしたい。これにより現実の損保の経営行動が把握できると思われる。

第2節　損保の収益構造

(1) 保険引受利益と資産運用粗利益

まず、損保の収益構造から眺めていくことにしよう。**図表6－1**は損保の損益計算書を示している。ここから主要な収益指標として保険引受利益と資産運用粗利益、そして最終的な利益である当期純利益又は純損失が導出される。

このうち損保の収益源である保険引受利益と資産運用粗利益の定義を示すと、次のようになる。

保険引受利益　＝　保険引受収益　－　保険引受費用　－　保険引受に係る営業費及び一般管理費　±　その他収支

資産運用粗利益　＝　資産運用収益　－　資産運用費用

これら2種類の利益の動きを描いたものが**図表6-2**である。この図を見ると、保険引受利益がプラスの時期よりもマイナスの時期のほうが多いことに気づく。本来業務である保険ビジネスでは、利益よりも損失を生み出すケースのほうが多いと言える。これでは損保事業の持続性に疑問が持たれる。

だが、資産運用粗利益が本業の保険ビジネスの穴埋めの役割を果たしている。全体的に資産運用粗利益はプラ

図表6-1　損保の損益計算書

経常損益	保険引受収益 （うち正味収入保険料） （うち収入積立保険料） 保険引受費用 （うち正味支払保険金） （うち損害調査費） （うち諸手数料及び集金費） （うち満期返戻金） （うち支払備金繰入（▲戻入）額） （うち責任準備金繰入（▲戻入）額）
	資産運用収益 （うち利息及び配当金収入） （うち有価証券売却益） 資産運用費用 （うち有価証券売却損） （うち有価証券評価損）
	営業費及び一般管理費 （うち保険引受に係る営業費及び一般管理費）
	その他経常損益
	経常利益又は経常損失（▲） （うち保険引受利益又は損失（▲））
特別損益	
税引前当期純利益又は純損失（▲） 法人税及び住民税 法人税等調整額 法人税等合計 当期純利益又は純損失（▲）	

（資料）日本損害保険協会より。他の図表のデータも同資料に基づく。

図表6－2　保険引受利益と資産運用粗利益の推移

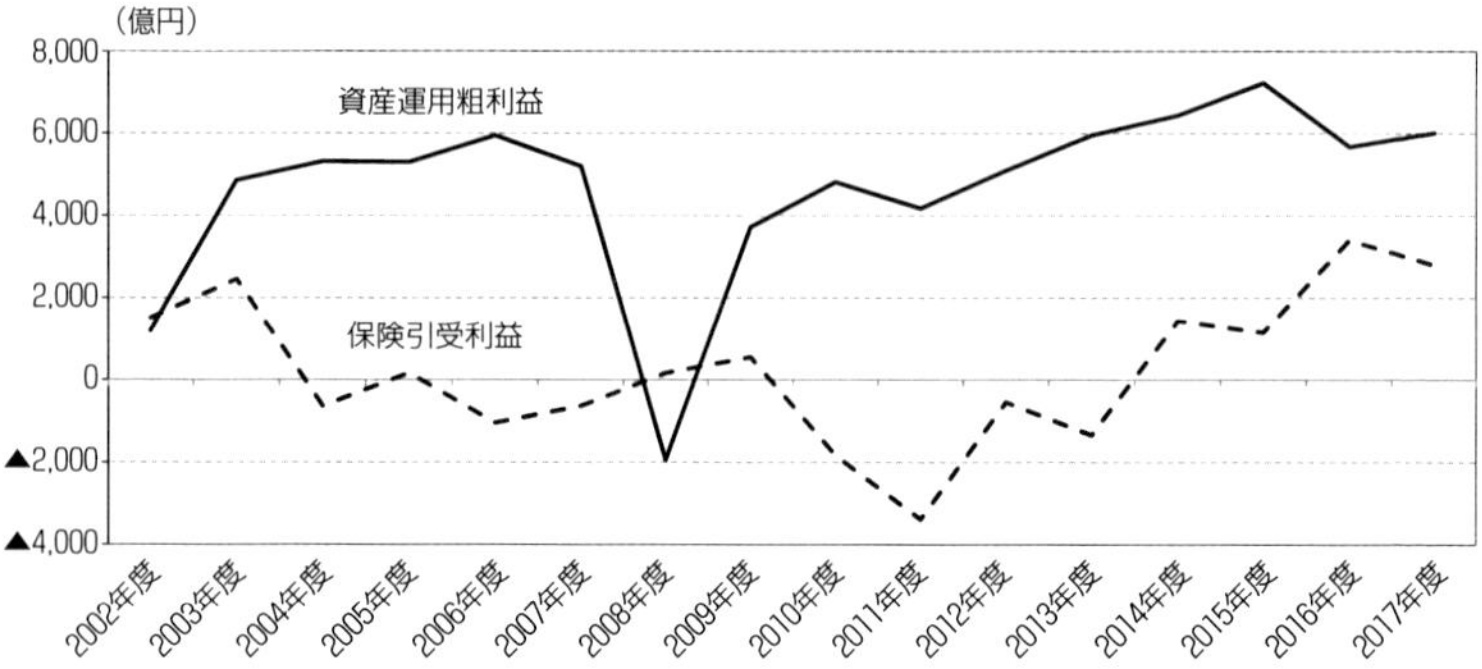

スのケースのほうが多く、しかも保険引受利益がマイナスであっても十分にカバーできるほどの金額である。それゆえ、2つの利益を合わせた合計額に相当する当期純利益は安定性を保つことができる。

損保間の競争は保険料自由化の流れとともに強まり、保険引受だけではなかなか利益が出にくい状況に置かれている。その中で資産運用が損保経営に果たす役割が高まっている。保険会社の中では生保のほうが金融機関としての色彩が強いが、損保も決して無視できない存在にある。これは損保業務において資産運用が重要な位置を占めているからである。

こうした厳しい経営環境に立たされた損保の本来業務の姿をさらに詳細に見るため、保険引受の収益構造を損害率、事業費率、コンバインドレシオに分けて分析していくことにしよう。3種類の経営指標の定義は次の通りである。

損害率　＝（正味支払保険金＋損害調査費）÷ 正味収入

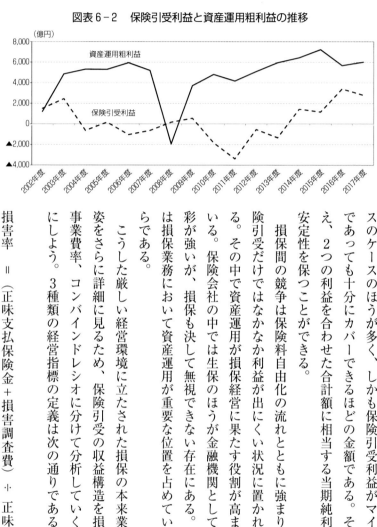

図表6－3　損害率，事業費率，コンバインドレシオの推移

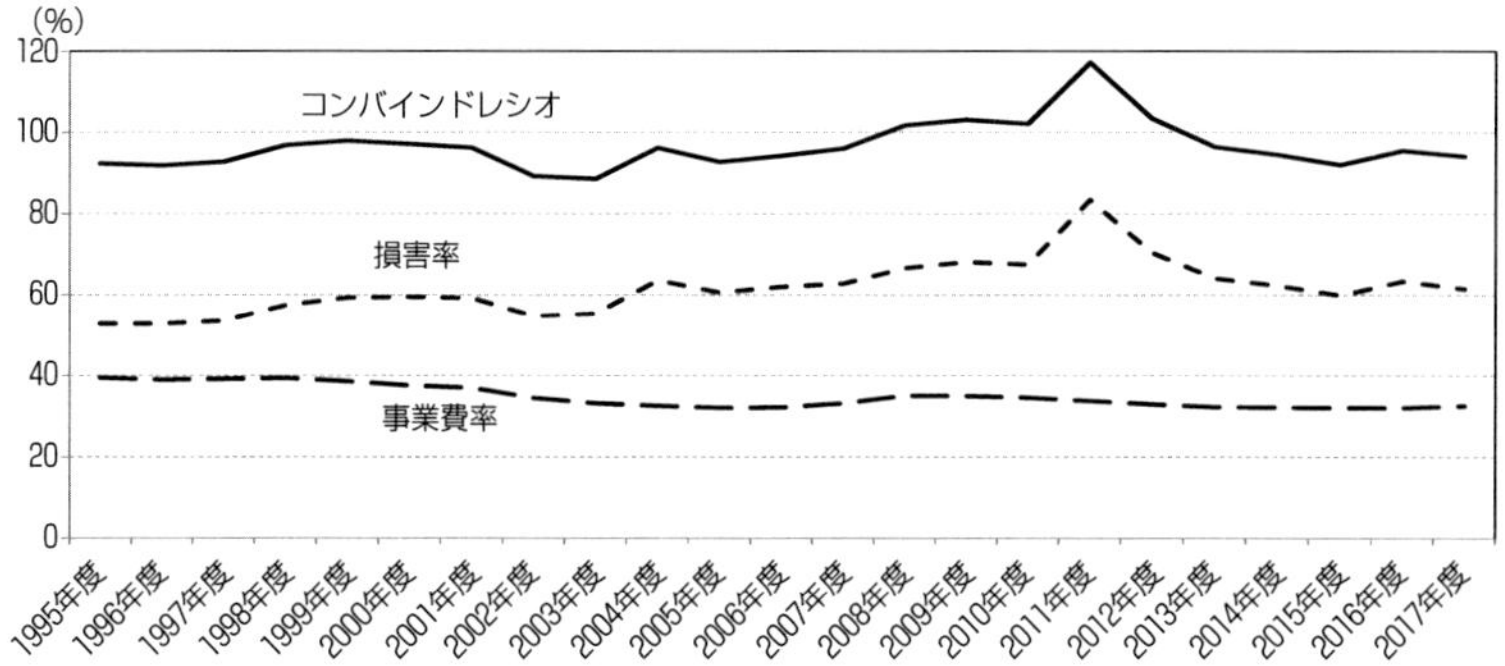

保険料

事業費率　＝（諸手数料及び集金費＋保険引受に係る営業費及び一般管理費）÷ 正味収入保険料

コンバインドレシオ　＝　損害率　＋　事業費率

損害率と事業費率を加えたコンバインドレシオが１００％を超えれば、本業の保険引受利益は赤字になる。そのため損害率ならびに事業費率を抑えることで、利益を生み出すようにしなければならない。

図表6-3は、実際にこれら3種類の経営指標の動きを追ったものである。この図を見ると、２００８年度から２０１２年度にかけて損害率の上昇からコンバインドレシオが１００％を超えていることがわかる。コンバインドレシオの動きと保険引受利益マイナスの時期が必ずしも一致しているわけではないが、これにより損保の本来業務において、利益が生み出しにくい状況に置かれていることが確認できる。

（2）資産運用の特徴

損保が持続可能な成長を遂げるには、最終的利益が赤字の状態をいつまでも続けるわけにはいかない。その意味で本業の赤字をカバーする資産運用の役割は極めて重要である。そこで、損保の資産運用について見ていくことにしたい。

図表6－4は資産運用の成果を直接利回り、キャピタル損益率、評価損率の3種類の指標に分けたものである。これらの定義は次の通りである。

直接利回り　＝　利息及び配当金収入　÷　運用資産

キャピタル損益率　＝　（有価証券売却益－有価証券売却損）　÷　運用資産

評価損率　＝　有価証券評価損　÷　運用資産

この図を見ると、直接利回りは2％前後、キャピタル損益率は1％前後であり、2つを合わせると3％前後の運用利回りがほぼ確実に得られている。その一方で、評価損率は当然ながらマイナスで、しかも変動が大きい。２００８年度の激しい落ち込みはリーマンショックの影響をもろに受けたためである。

直接利回りとキャピタル損益率が安定的にプラスの運用利回りを生み出しても、評価損率がマイナスの幅を広げれば、全体の運用利回りはかなり落ち込んでしまう。その結果、資産

図表6－4　3種類の運用指標の推移

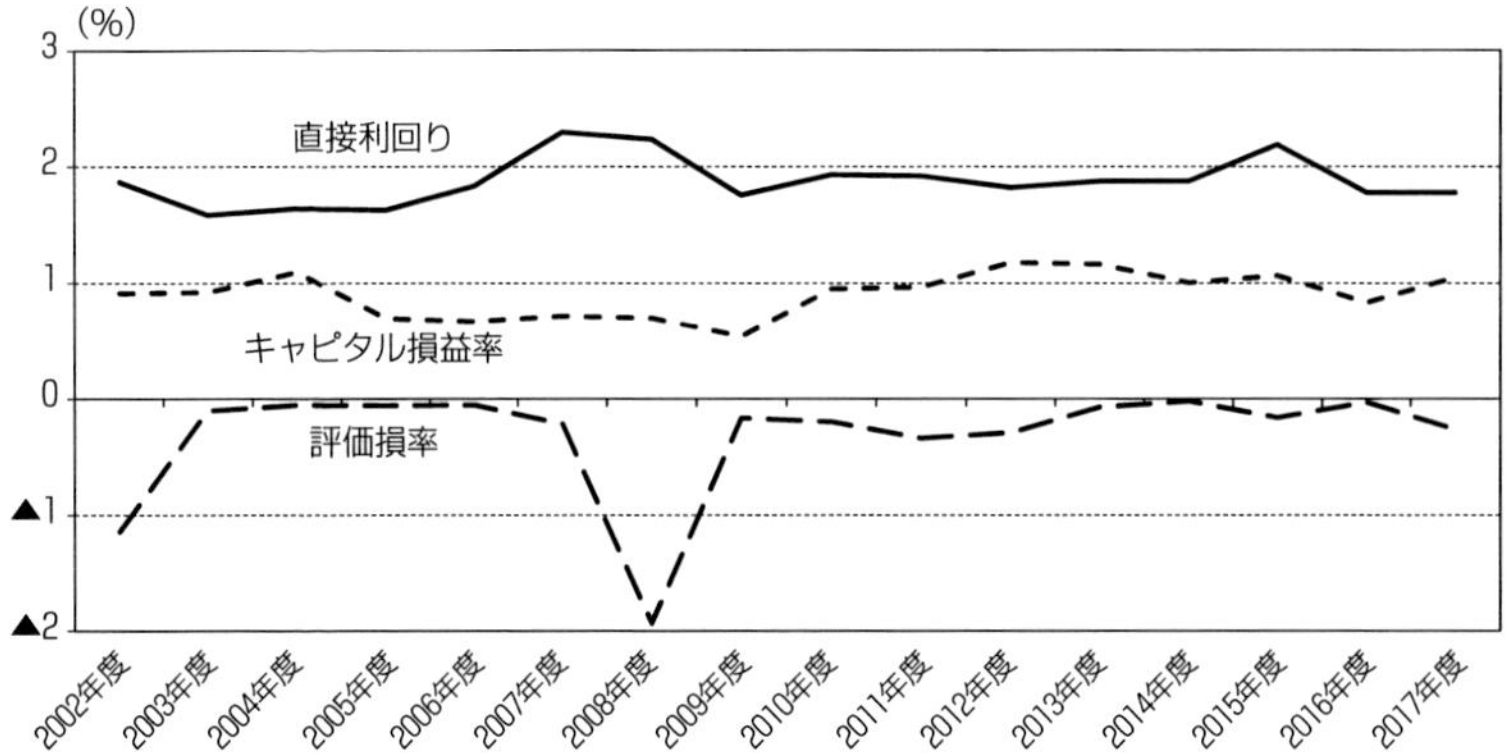

運用粗利益は不安定な動きをすることになる。

こうした特徴が生じるのは**図表6-5**から明らかなように、評価額の変動を伴う有価証券を大量に保有しているためである。損保は運用資産として預貯金等、貸付金、有価証券、土地・建物を保有している。このうち有価証券が80％前後の割合を占めている。他の資産はどれも1桁台の割合である。

有価証券の割合が高いのは、損保の本来業務と密接な関係がある。なぜなら、資産運用は収益性だけでなく、迅速な保険金支払を実行するうえで流動性の側面も重視しなければならないからである。有価証券は収益性と流動性のメリットを兼ね備えた運用資産と言える。

図表6-6は、損保が保有する4種類の運用資産を対象にしながら、収益性、流動性、安全性の3種類の選好基準から順位付けをしたものである。これらの基準から有価証券を見ていくと、収益性は第1位であり、流動性は第2位、安全性は第4位である。

図表6－5　損保の資産運用の推移

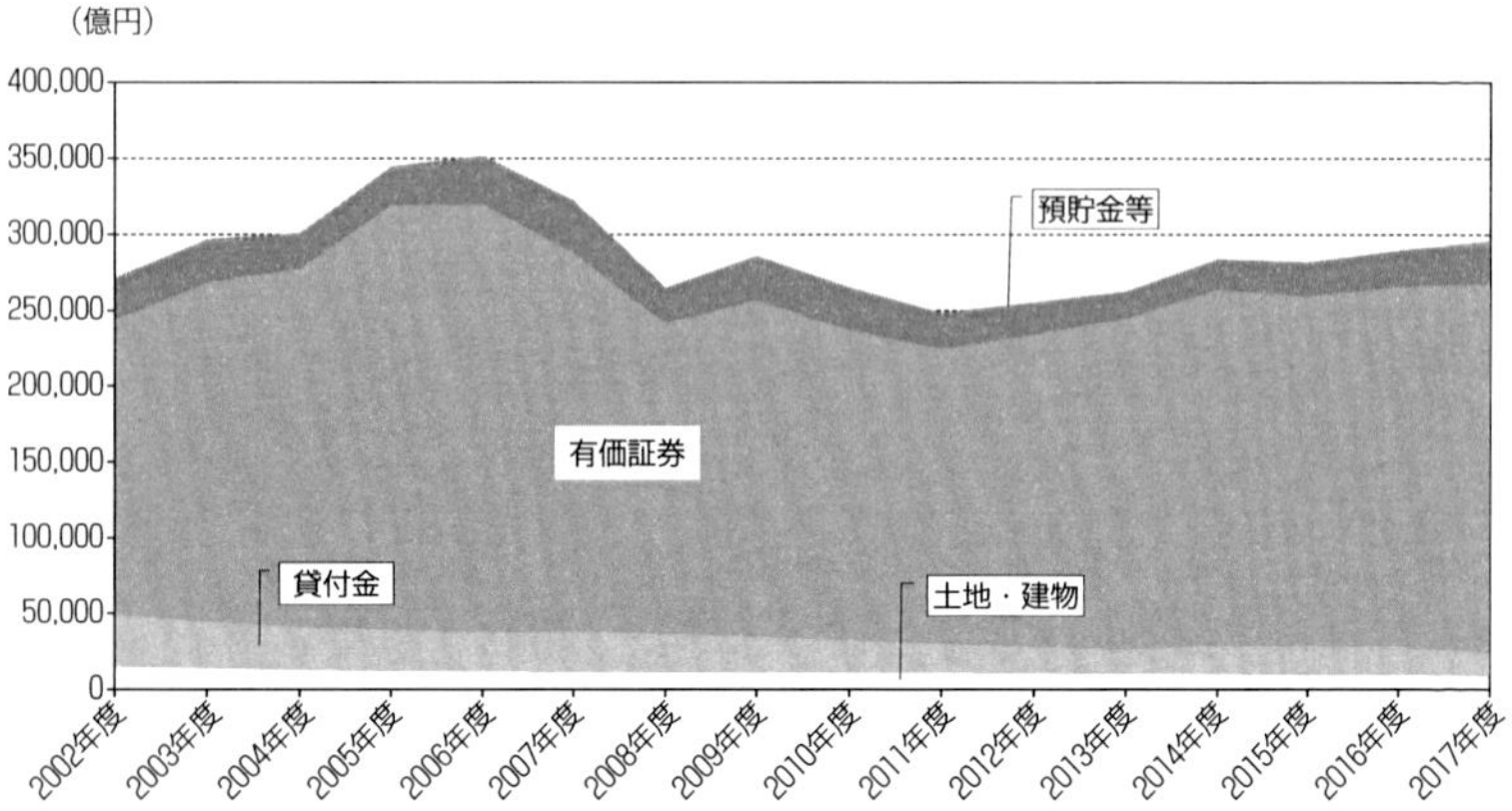

図表6－6　資産選択の選好基準

	資産選択の選好順位		
	第1位	第2位	第3位
	収益性	流動性	安全性
預貯金等	×	◎	◎
有価証券	◎	○	×
貸付金	○	△	△
土地・建物	△	×	○

（注）記号の意味は相対的順位を表す。◎＝第1位，○＝第2位，△＝第3位，×＝第4位。

しかも、選好基準にも優先順位が付けられている。利益を得るために資産運用に向かっているので、収益性が最優先されると考えられる。そのうえで流動性にも配慮し、さらに資産価値の安全性も重んじていく。それゆえ、選好基準の優先順位は収益性＞流動性＞安全性となる。

そうすると、資産運用の対象として総合的に判断すれば、有価証券が最も魅力的な資産となる。選好基準で重視される収益性が一番高く、そのうえで流動性が現預金等の次に高いからである。安全性では順位が最下位であるが、この基準は収益性や流動性よりも劣位に置かれている。

こうして有価証券は、運用資産の選好基準から見て最も魅力的な資産であることがわかる。それゆえ、圧倒的な保有割合を維持しているのである。もちろん、欠点として他の運用資産に比べて安全性の基準が低いことにも注意を払わなければならない。

第3節　損保の経営メカニズム

損保の収益構造は本業の保険引受利益と、それを補完する資産運用粗利益の2種類から成り立っている。これらの利益は絶えず変動を繰り返しながら、一部は株主の配当金として流れ、残りは自己資本の蓄積に回っていく。

配当金を増やすことで株価も上昇し、株主の要求に応えることができるが、自己資本も増やさなければ、損保が抱えるあらゆるリスクを十分に吸収することが難しくなる。それゆえ、損保は株主価値の向上と資本の健全性という相反する2つの目標をバランス良く達成しなければならない。それが損保の経営目標と言える。

そのための有力な政策手段の1つが配当率である。生み出された利益のうち、どれだけを配当金として株主に流していくかを合理的に決定づけなければならない。もちろん、自己資

図表6－7　損保の経営メカニズム

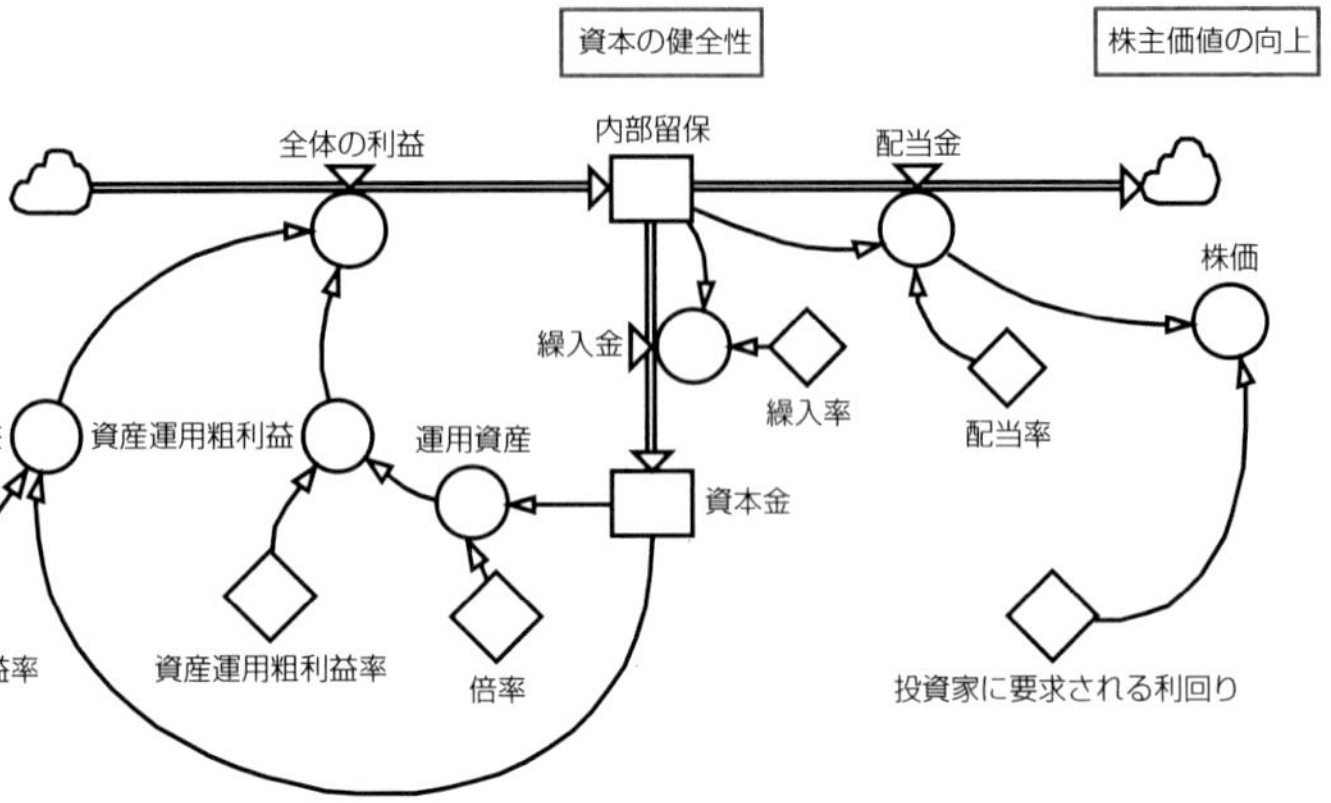

本への流れはそれに伴って同時に決定づけられる。

まさに損保が選択する最適配当率とは、株主価値の向上と資本の健全性をバランス良く保ちながら経営の満足度を最大にするものである。早速、このことを簡単なモデルで表現してみたい。

図表6－7は損保の経営メカニズムを示したものである。まず、「**全体の利益**」は「**保険引受利益**」と「**資産運用粗利益**」の2種類から成り立っている。このうち保険引受利益は「**資本金**」と「**保険引受利益率**」から決定され、資産運用粗利益は資本金に「**倍率**」を掛けた「**運用資産**」と「**資産運用粗利益率**」から求められる。

全体の利益は「**内部留保**」に流れ、そのうち「**繰入率**」にしたがって「**繰入金**」が資本金に向かっていく。資本金は保障業務を遂行するうえで必要な金額であり、ここでは損保が請負うリスクに相当する金額とみなしている。

また、内部留保に「**配当率**」を掛けた金額が「**配当金**」として株主に流れていく。「**株価**」は割引配当モデルの決定式に従い、配当金を「**投資家に要求される利回り**」で割ることから求められる。

全体の利益は自己資本と配当金として流れ、残りは内部留保として留まる。損保は株主価値の向上を目指し、配当率を高めることで内部留保から多くの資金を配当金として分配しようとする。だが、その動きには制約が生じる。

なぜなら、内部留保から配当金として資金が流出すれば、資本金と内部留保で構成される自己資本が細り、資本の健全性が弱まるからだ。全体の利益は絶えず変動するので、高い配当率を設定すれば一時的に内部留保がマイナスの状態に陥り、資本金を毀損する可能性も出てくる。これは損保が抱えるリスクを吸収できないことを意味する。

もちろん、全体の利益が確定しているならば、資本の健全性についてそれほど考慮しなくても構わないかもしれない。内部留保がゼロになるまで配当率を引き上げていけば良いからである。

だが、不確実な世界では全体の利益が予測できないので、内部留保を確実にゼロまで落とすような配当率を見出すのは難しい。保険引受利益と資産運用粗利益という不確実な要因によって損保経営が揺さぶられるため、資本の健全性が侵される恐れが生じるのである。

したがって、損保は株主価値の向上だけを経営目標にするのではなく、資本の健全性も考慮しながらリスク下での最適配当率を見出していかなければならない。以下ではその問題について、ここで展開した経営モデルに基づきながら説明していきたい。

第4節　不確実性下の最適配当率

損保の経営メカニズムが明らかになったところで、次にそれぞれの変数について独自の数値を代入しなければならない。章末の**付録6―1・損保の経営メカニズムの方程式**では経営モデルに対応した方程式が示され、それぞれの変数の数値も具体的に設定されている。これにより注目したい変数の動きが明確に把握できることになる。

前節で強調したように、不確実性の根源は2種類の利益の変動にある。それゆえ、利益の変動を生み出す保険引受利益率と資産運用粗利益率について、過去の決算データを参考にしながら正規分布の期待値と標準偏差を次のように定めることにしよう。ただし、保険引受利益率は保険引受利益の純資産に対する割合であり、資産運用粗利益率は資産運用粗利益の運用資産に対する割合である。▲印はマイナスを意味する。

保険引受利益率　・・・　期待値　▲0.80《%》　標準偏差　3.06《%》
資産運用粗利益率　・・・　期待値　1.42《%》　標準偏差　0.81《%》

まず、株主価値の立場から、これらのデータを組み入れた場合の確率シミュレーションの計測結果を見ると、2種類の利益が変動する中で最大の株価をもたらす配当率は90％となる。ここで言う最大の株価とは将来10期目の期待値である。自己資本への繰入率を10％と設定しているので、配当率は最大値となる。その場合の株価の期待値は615であり、内部留保の将来10期目の期待値は7となる。

次に資本の健全性から、内部留保が将来10期目に0を上回る確率が最も高い配当率を求めると、21％となる。その時の内部留保が0を上回る確率は93％であり、株価の期待値は478、内部留保の期待値は23となる。

図表6-8は、これらの計測結果から不確実性下の最適配当率の決定メカニズムを描いたものである。この中でLL曲線は配当率と株価の期待値の関係を示している。配当率が高まるにつれて株価の期待値も上昇するので、正の関係が描かれている。

それに対してMM曲線は、配当率と内部留保が0を上回る確率の関係を示している。配当率が高まるにつれて内部留保が0を上回る確率が低くなるので、負の関係が描かれている。

その結果、株価と内部留保の期待値は、NN曲線のように負の関係が得られる。株価を押し上げるように配当率をコントロールすれば内部留保は下がり、逆に内部留保を高めるように配当率を動かせば株価は下げる傾向にある。

こうした関係は、先ほどの配当率90％のケースではA_1点、A_2点、A_3点で対応づけられ、

図表6－8　不確実性下の最適配当率の決定メカニズム

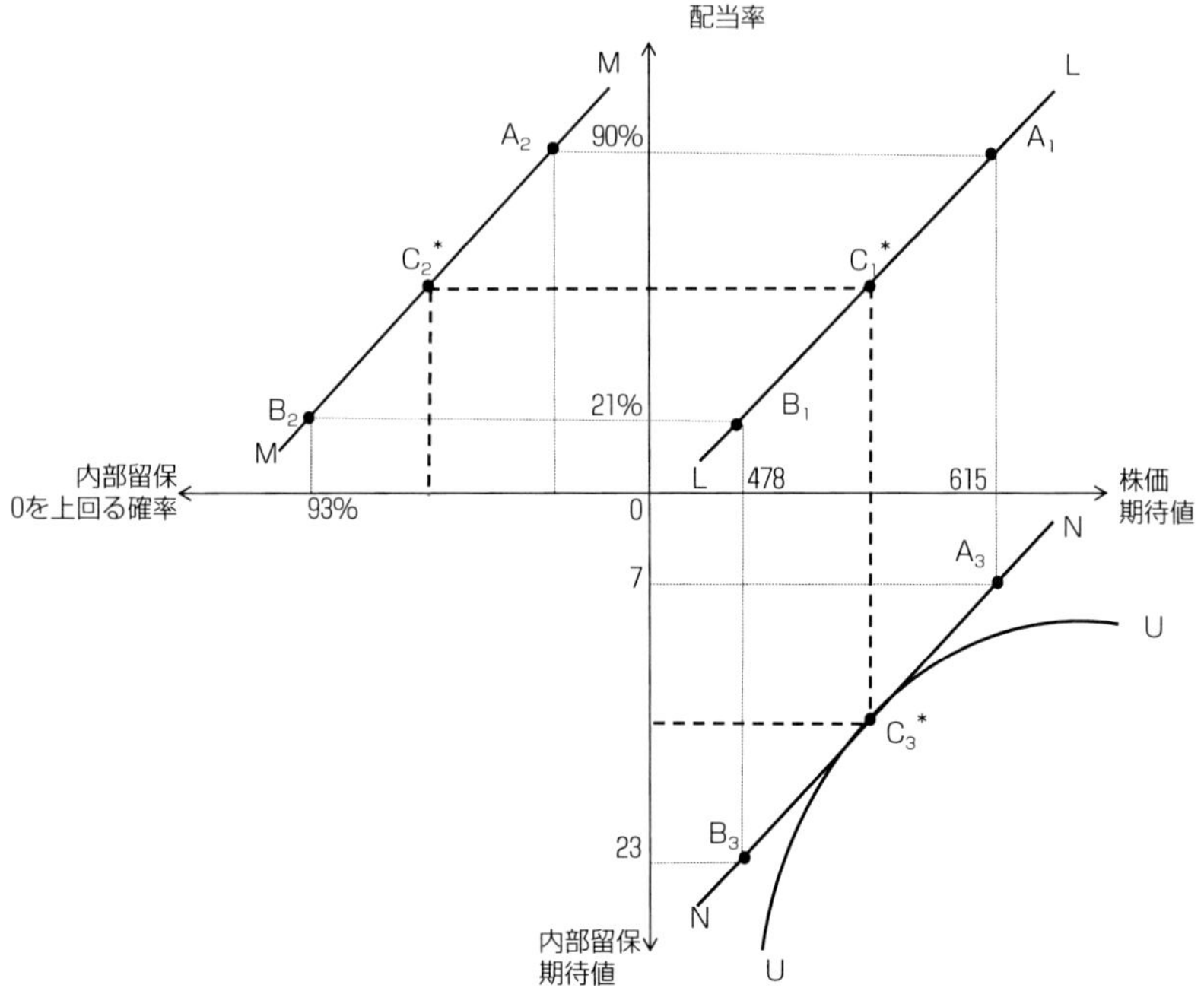

配当率21%のケースではB_1点、B_2点、B_3点となる。ここで注目すべき曲線は、株価の期待値と内部留保の期待値の組み合わせを表すNN曲線である。

無数に存在する組み合わせの中で最適配当率を求めるには、NN曲線のほかに損保の無差別曲線を描かなければならない。UU曲線が同じ効用水準を表す無差別曲線であり、株主価値の向上と資本の健全性は相反する経営目標であるため、原点に対して凸の曲線として示されている。

この場合、損保による2つの経営目標への選好度によって無差別曲線の形状が定まる。例えば、株価の期待値を引き上げて株主価値の向上を目指す損保ならば、下方に伸びた無差別曲線になる。あるいは内部留保の期待値を引き上げて資本の健全性を目指す損保ならば、右方に伸びた無差別曲線になる。

いずれにせよ、無数に存在する無差別曲線の中で、NN曲線に接する$^*C_3$点が損保にとって最も好ましい状況を表している。これにより株価や内部留保の期待値だけでなく、$^*C_1$点と$^*C_2$点から最適配当率が決定される。

こうして求められた最適配当率に従うことで、株主価値の向上と資本の健全性という2つの経営目標をバランス良く達成できる。最適配当率よりも高い配当率であれば資本の健全性を侵すことになり、逆に低い配当率であれば株主価値の向上が犠牲になる。

すでに確認したように、株主価値の向上だけを目標とした経営を展開すれば配当率は90%

となり、反対に資本の健全性だけを目標にした経営ならば配当率は21％となる。それゆえ、最適配当率は21％から90％の間に位置づけられることになる。

第5節　株価水準と内部留保の変動

不確実な要因にさらされる中で、損保は変動をできる限り抑えるように最適配当率を見出さなければならない。株価水準の変動だけでなく、資本の健全性を守る意味から、内部留保の変動にも注意を払わなければならない。もちろん、最適配当率をモデルに適用しても、それらの変数にある程度の変動が生じる。

図表6－9と図表6－10は、最適配当率が21％の場合の株価水準と内部留保の確率分布を第10期まで追ったものである。前節で内部留保が将来10期に0を上回る確率が高い配当率として求めたケースであり、10パーセンタイルから90パーセンタイルまでの5本の曲線が描かれている。

2つの図を見ることからも、最適配当率を適用したとしても不確実性の問題を完全には解消できないことがわかる。それでも変動の幅を最小限に抑えるため、不確実性下の最適配当率を求める経営行動は損保経営にとって必要不可欠である。

変動をもたらす要因として保険引受利益と資産運用粗利益の2種類を取り上げたが、今日

図表６－９　株価の確率分布（パーセンタイル）

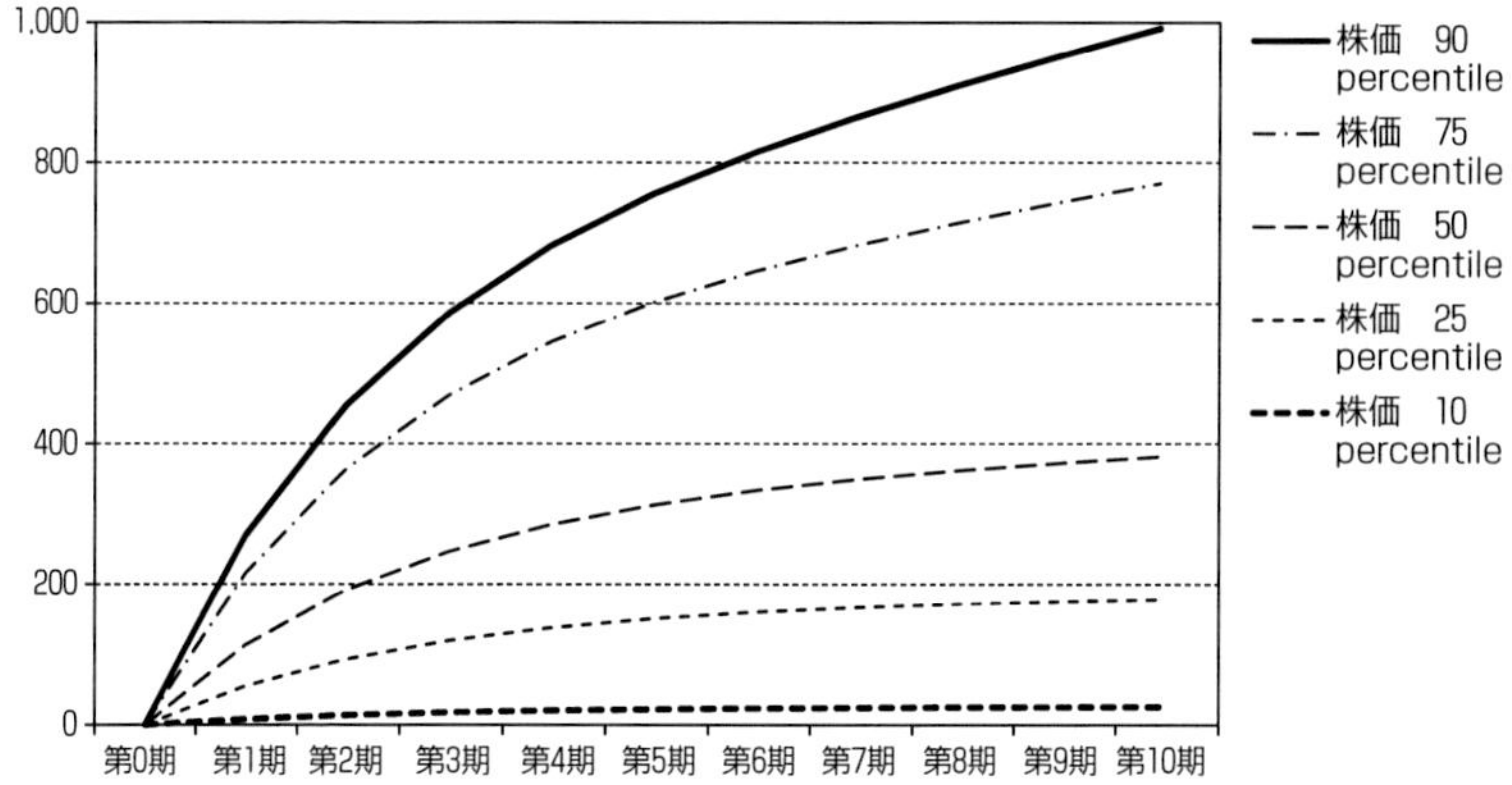

図表６－10　内部留保の確率分布（パーセンタイル）

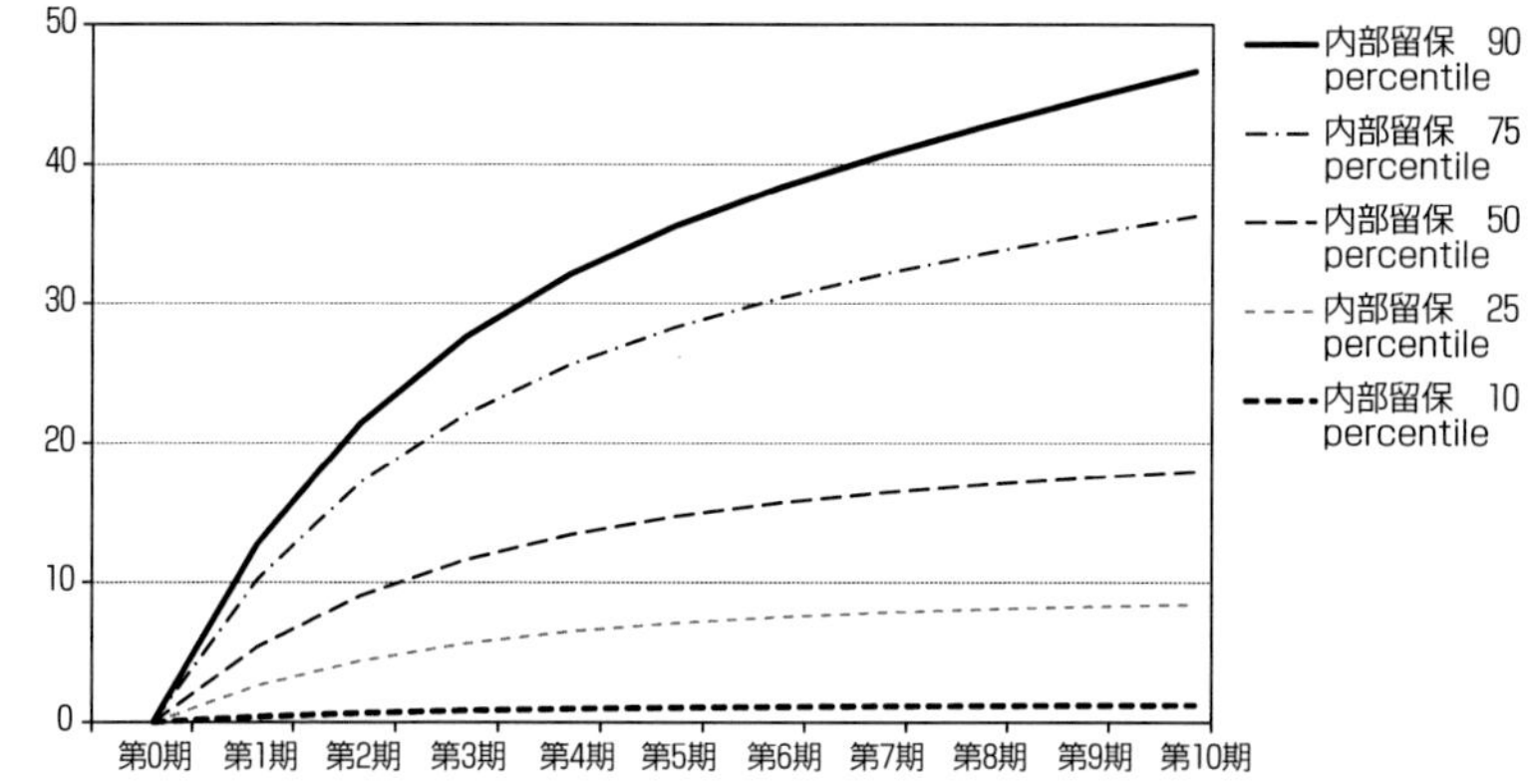

付録6－1　損保の経営メカニズムの方程式

	名前	単位	定義
【基　本　モ　デ　ル】			
□	内部留保	JPY	0 <<JPY>>
□	資本金	JPY	100<<JPY>>
◎	全体の利益	JPY/period	資産運営利益＋保険引受利益
◎	繰入金	JPY/period	内部留保 /TIMESTEP ＊繰入率
◎	配当金	JPY/period	内部留保 /TIMESTEP ＊配当率
○	保険引受利益	JPY/period	資本金 /TIMESTEP ＊保険引受利益率
○	資産運営利益	JPY/period	運用資産＊資産運用利益率
○	運用資産	JPY/period	資本金 /TIMESTEP ＊倍率
○	株価	JPY/period	配当金 / 投資に要求される利回り
◆	投資に要求される利回り	%	1<<%>>
◆	倍率		5
◆	繰入率	%	10<<%>>
【不確実性下の最適モデル】			
◆	保険引受利益率	%	正規分布　期待値　▲0.80<<%>>　標準偏差　3.06<<%>>
◆	資産運用利益率	%	正規分布　期待値　1.42<<%>>　標準偏差　0.81<<%>>
◆	配当率	%	株価の期待値が最大の場合　90.00<<%>>
◆	配当率	%	内部留保が 0 を上回る確率が最大の場合　21.26<<%>>

では海外子会社や生保子会社の利益も無視できない要因として存在する。これらの異なった性格の利益がうまい具合に分散化効果を発揮できれば、組織内部でも変動をある程度抑える役割を果たせるであろう。

だが、分散化効果も時には限界があるうえ、それぞれの利益が増減を拡大させる逆の効果を発揮する場合も生じるかもしれない。それゆえ、いかなる状況においても最適配当率を追求する姿勢を崩すわけにはいかないであろう。

第7章　損保のグローバル化を促す諸要因

第1節　損保を取り巻く経営環境

(1) 変貌する損保市場

日本の損保市場は1990年代後半以降、かつてのような勢いがあまり見られなくなった。バブル崩壊後の日本経済が長期にわたるデフレ化に陥る中で、損保市場もそれに伴って縮小化の方向に向かっていったからだ。政府や日銀による大胆な財政金融政策が繰り広げられたにもかかわらず、日本経済はなかなか浮上できないままにいる。国民の所得水準が伸び悩む中で、保険料収入だけが増えていくのは難しい。

戦後の長期にわたるGDPと保険料収入のデータをそれぞれ並べると、高度成長期では保険料収入もGDPの動きに応じるように上昇しているが、デフレ経済に突入してからは目立った成長が見られないようである。日本経済が低迷しているからこそ損保に成長が見られないのであって、損保が本格的に復活するには日本経済そのものに活力が湧かなければならない。

ところが、日本経済の成長を抑えるファンダメンタルな要因は、深刻な人口減少と少子高齢化にある。これらは短期的に解決できない構造問題であり、政府の取組みにも限界が生じている。それゆえ、日本経済の成長は押さえ込まれるだけでなく、将来の明るい希望も持てなくなっている。それに伴い損保市場も縮小化に向かいつつある。

とりわけ、人口減少と少子高齢化は所得水準の低迷をもたらすだけでなく、損保商品の販売に悪影響をもたらす直接的な要因でもある。そのため、損保市場の拡大は望めず、今日では保険料収入の低迷となって現れている。

こうした行き詰まった困難な局面の打開策として打ち出されているのが、グローバル化である。今日の損保は国内事業だけに専念するのではなく、海外事業にも積極的に進出している。アジアや欧米の現地会社を買収したり出資に応じることで、保険料収入に占める海外事業の割合が年々増え続け、海外事業が生み出す収益も確実に増えている。

最近では欧米での海外M&Aが勇猛果敢に繰り広げられ、資金規模も巨額になっている。新聞等で発表された記事から取り上げると、次のようになる。

ＭＳ&ＡＤ ＨＤによる英アムリン（6、420億円　2015年9月）と英ＢＩＧ（200億円　2013年12月）の買収、東京海上ＨＤによる米ＨＣＣインシュアランスＨＤ（9、400億円　2015年6月）と米デルファイ（2、000億円　2011年12月）の買収、損保ジャパン日本興亜ＨＤによる仏スコール（1、100億円　2015年3月）の出資と英キャノピアス（1、000億円　2013年12月）の買収があげられる。

(2) グローバル化を促す諸要因

大規模な海外買収が次々と発表されるたびに、損保のグローバル化が確実に進行していることが感じ取れる。こうした動きを促す直接の要因は、やはり人口減少や少子高齢化を背景にした長期にわたる国内経済の低迷状態にあろう。その困難な状況からわが国の損保が逃れるための抜本的な解決策が、グローバル化である。

一方で、損保を取り巻く経営環境の変化といった個別の要因も無視できない。例えばリスクとリターンを十分に認識し管理するERM経営の浸透や外国法人株主の存在、そして国際的な保険会計基準や保険監督規制などである。

損保は資本の効率性を高めながら、健全性についても十分に配慮しなければならない。これにより成長の持続性が達成され、最終的に企業価値の最大化が得られる。そのためには損保が抱えるすべてのリスクを認識しながら、リターンの獲得に向かっていくべきである。ERM経営はまさにリスクとリターンのバランスを取りながら着実な経営を展開する手法と思われる。

国内市場が狭まる中で従来の経営を踏襲し続ければリスクが高まり、リターンの上昇も期待できない。海外事業への進出はそうした歪みの是正につながる。ERM経営が浸透してい

図表7－1　3メガ損保の株主構成 ――外国法人比率の推移――

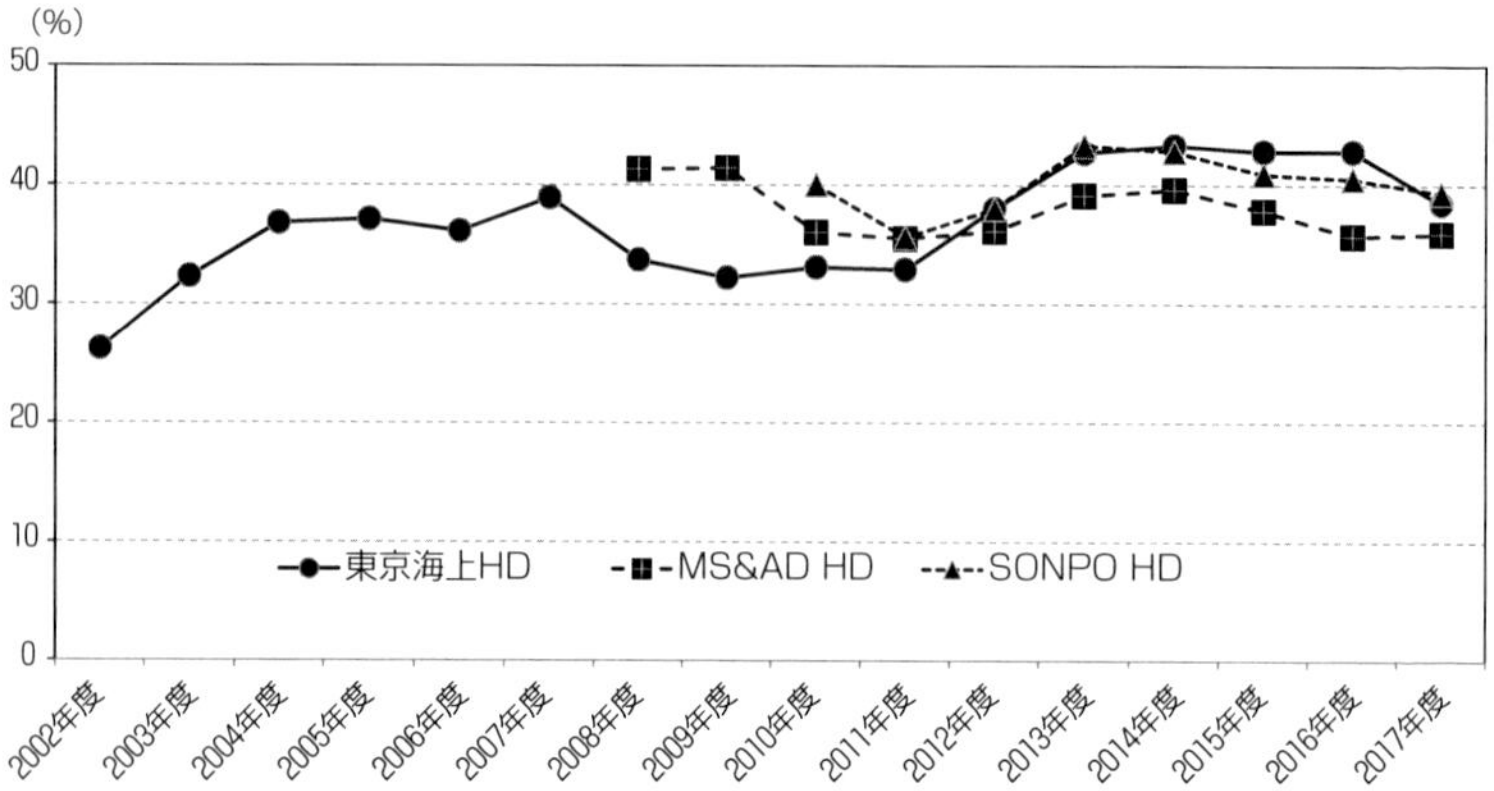

（資料）『会社四季報』より。

るからこそグローバル化の動きが促されているものと考えられる。

その中で3メガ損保の株主構成に占める外国法人の割合は上昇傾向にある。**図表7－1**から明らかなように、いまでは40％前後に至っている。一般的に外国法人株主は、国内法人株主に比べて短期的に高いリターンを求めがちである。損保に高いROEを要求するため、国内業務にとどまれない状況に追い込まれている。要求されるリターンの高さから、海外事業に向かって行かざるを得ないことになる。

先進諸国の損保はかなり以前からグローバル化に取り組んできたが、わが国ではようやく世界の流れに乗ろうとしている。グローバル化は高いリターンの獲得といったプラスの側面を持っているが、それとは裏腹に大規模なリスクが実現した時のマイナスの側面も合わせ持っている。その場合、保険システムを一気に不安定化させる恐れも生じる。

今日では保険IFRS（国際財務報告基準）やIAIS（保険監督者国際機構）、あるいはEUでのソルベンシーⅡに見られるように、国際的な保険会計基準や保険監督規制が強められている。これにより時価評価した資産と負債の差額に相当する純資産が、リスク総量をどれだけ上回っているかを確認できる仕組みが整いつつある。

なかでもIAISでは、保険監督原則を定めながら具体的な取組み事項を明文化している。そこでは国際的に活動する保険グループを対象にした監督の枠組みを作成し、リスクに見合う適正な保険資本のルールを設定している。これによりグローバルに展開する保険グループの基礎的資本要件を満たしながら、高度な損失吸収性の仕組みが構築されようとしている。まさに保険契約者保護を図りながら、同時にグローバル保険市場の安定性を目指している。

このようにわが国損保のグローバル化は、人口減少と少子高齢化による市場規模の縮小化を背景としながらも、ERM経営の浸透や外国法人株主の拡大、そして国際的な保険会計基準や保険監督規制の強化といった要因も合わさりながら推し進められていると思われる。

本章ではこれらの要因に注目しながら、わが国損保のグローバル化を説明するモデルを作りたい。これにより今後のグローバル化の動きが予想できるであろう。

進め方として、まず、ERM経営を前提としたフレームワークに基づきながら、外国法人株主による高い利益率が求められた場合のグローバル化に及ぼす効果が分析される。続いて保険監督規制の強化から、自己資本の増額が求められた場合の効果も検討される。こうした分析から導き出された結果から、わが国損保の動向を占っていくことにしたい。

第2節　外国法人持ち株比率と国際的保険資本規制の影響

(1) 損保の経営モデル

最初に損保の経営モデルを明示しよう。本章ではリスク管理機能を備えたシステムダイナミクスのソフトであるＳＴＵＤＩＯを用いることで、不確実性下の最適な行動を探っていくことにしたい。**図表7-2**はそのために描かれたものである。なお、章末の**付録7-1・損保のグローバル化と経営メカニズムの方程式**では、経営モデルに対応した方程式ならびに変数の具体的な数値が示されている。

ここでは海外損保へのウエイトを表す係数として「**グローバル化**」(0以上1以下)が用いられている。当然のことながら、国内損保の割合は1からグローバル化の係数を引いた値となる。したがって「**資本金**」は、グローバル化の係数によって国内損保向けの資本金と海外損保向けの資本金に分けられる。それに伴い「**国内損保利益**」は資本金×(1－グローバル化)に「**国内損保利益率**」を掛けたものとなり、「**海外損保利益**」は資本金×グローバル化に「**海外損保利益率**」を掛けたものになる。

図表7－2　損保のグローバル化と経営メカニズム

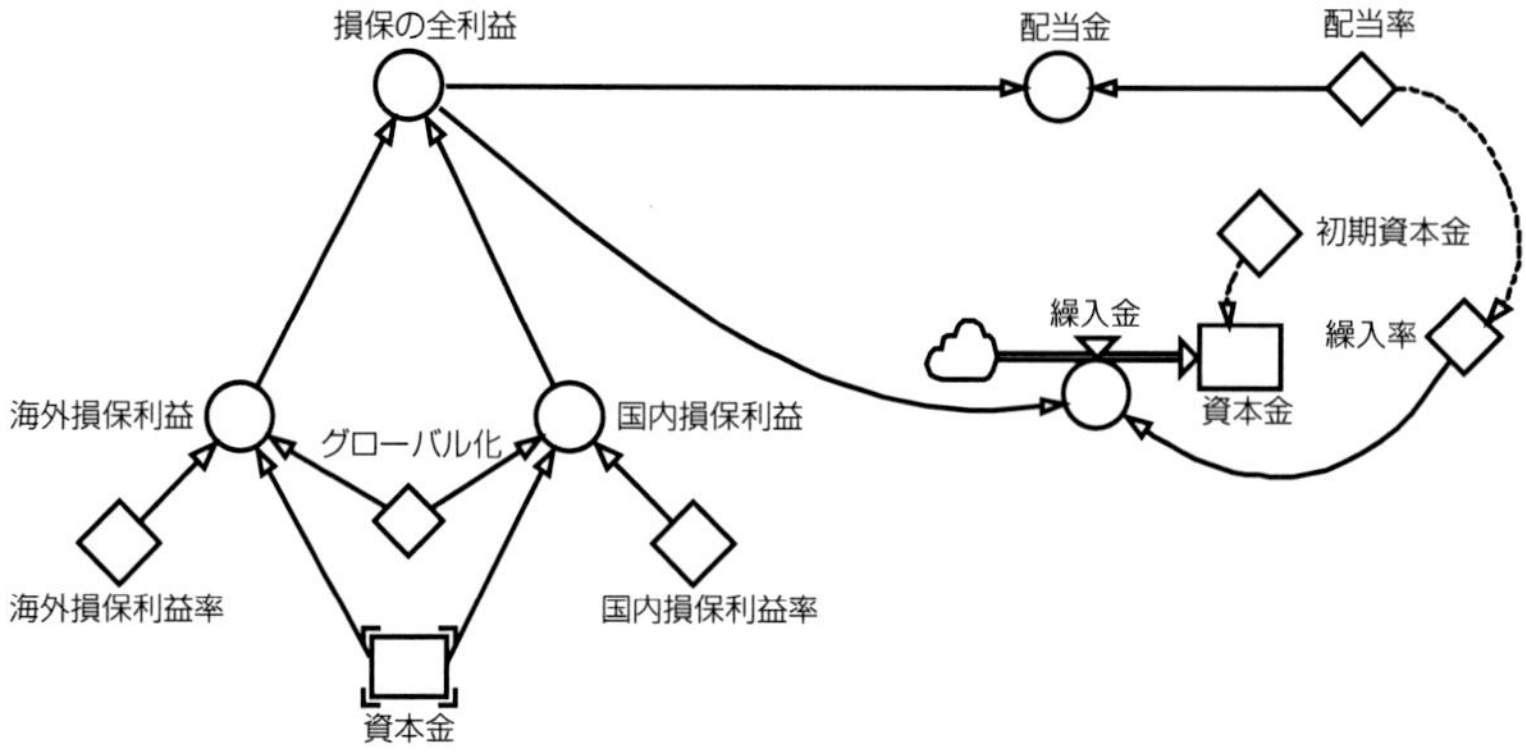

「**損保の全利益**」は国内損保利益と海外損保利益の合計であり、その一部が「**配当率**」（0以上1以下）にしたがって「**配当金**」として流出していくが、その一方で「**繰入金**」が「**繰入率**」（0以上1以下）にしたがって資本金に流入する。これにより「**初期資本金**」に繰入金が加わり資本金が変動していく。ただし、配当率と繰入率の合計は1であり、配当金と繰入金を加えたものが損保の全利益に相当する。

こうした損保の経営モデルの中で注目すべき要因は国内損保利益率と海外損保利益率である。これらは絶えず変化するため、確率変数として扱うほうが好ましいであろう。また、同じ損保事業でも国内と海外では経営環境が異なっている。海外事業のほうが国内事業よりも利益率が高い傾向にあるが、その反面、損失の可能性も高い。

そこで切断正規分布（truncated normal distribution）に従い、期待値、標準偏差、上限、下限を以下のように定めることにする。損保事業は自然現象を対象とする要素が強く損失を被る可能性が大きいので、期待値に対して標準偏差が高いうえ、上限が抑えられ、下限のマイナスの数値が大きくなっている。

〈国内外の損保利益率〉
国内損保利益率・・・期待値 3％ 標準偏差 3％ 上限 4％ 下限 ▲3％
海外損保利益率・・・期待値 6％ 標準偏差 6％ 上限 7％ 下限 ▲20％

初期資本金として100が与えられ、その資金をグローバル化にしたがって国内損保と海外損保に振り分けながら損保事業が進められる。そこから生み出された全利益の一部が配当金として支払われ、残りが資本金に組み入れられていく。国内外の利益率が確率変数として扱われているため、全利益は絶えず変動することになる。

(2) 最適なグローバル化

この経営モデルでは、グローバル化と配当率から全利益と資本金の大きさがコントロールできる。今日の損保は外国法人株主比率の上昇から高い利益が求められる傾向にある。そのため、グローバル化を推し進めることで利益の拡大を図るようになる。その一方で、国際的な監督規制の強まりから保険資本の拡充も求められている。その場合、配当率を低め繰入率を高めることで資本金を増大させることになろう。

こうして損保はグローバル化と配当率を動かしながら経営目標を達成する。**図表7-3（1）（2）**は損保の利益と資本金の決定メカニズムを示したものである。**図表7-3（1）**では、第1の経営目標である利益について損保が投資家の要求にできる限り応じる姿が描かれている。つまり、「**投資家の要求利益率**」と「**資本金**」から生じる「**投資家の要求利益**」に対して「**損保の全利益**」がどれだけ乖離しているかを求め、2乗した金額である「（**利益差額**）＾**2**」の合計に相当する「（**利益差額**）＾**2の累積**」を最小にする最適なグローバル化と配当率を求めていく。

また、**図表7-3（2）**では、第2の経営目標である資本金について保険監督機関の要求に対してできる限り応じる姿が描かれている。つまり、外部から定められた「**健全な資本金**」と「**資本金**」の乖離を求め、2乗した金額である「（**資本金差額**）＾**2**」の合計に相当する「（**資本金差額**）＾**2の累積**」を最小にする最適なグローバル化と配当率を求めていく。

図表7-4は、損保の経営モデルに乱数を発生させる確率シミュレーションから得た最適なグローバル化と配当率の値をまとめたものである。ここでは投資家の要求利益率として4％、5％、6％を設定するとともに、資本金を100、120、150と置いた場合のそれぞれの結果が示されている。

図表7－3　損保の利益と資本金の決定メカニズム

（1）　利益の決定

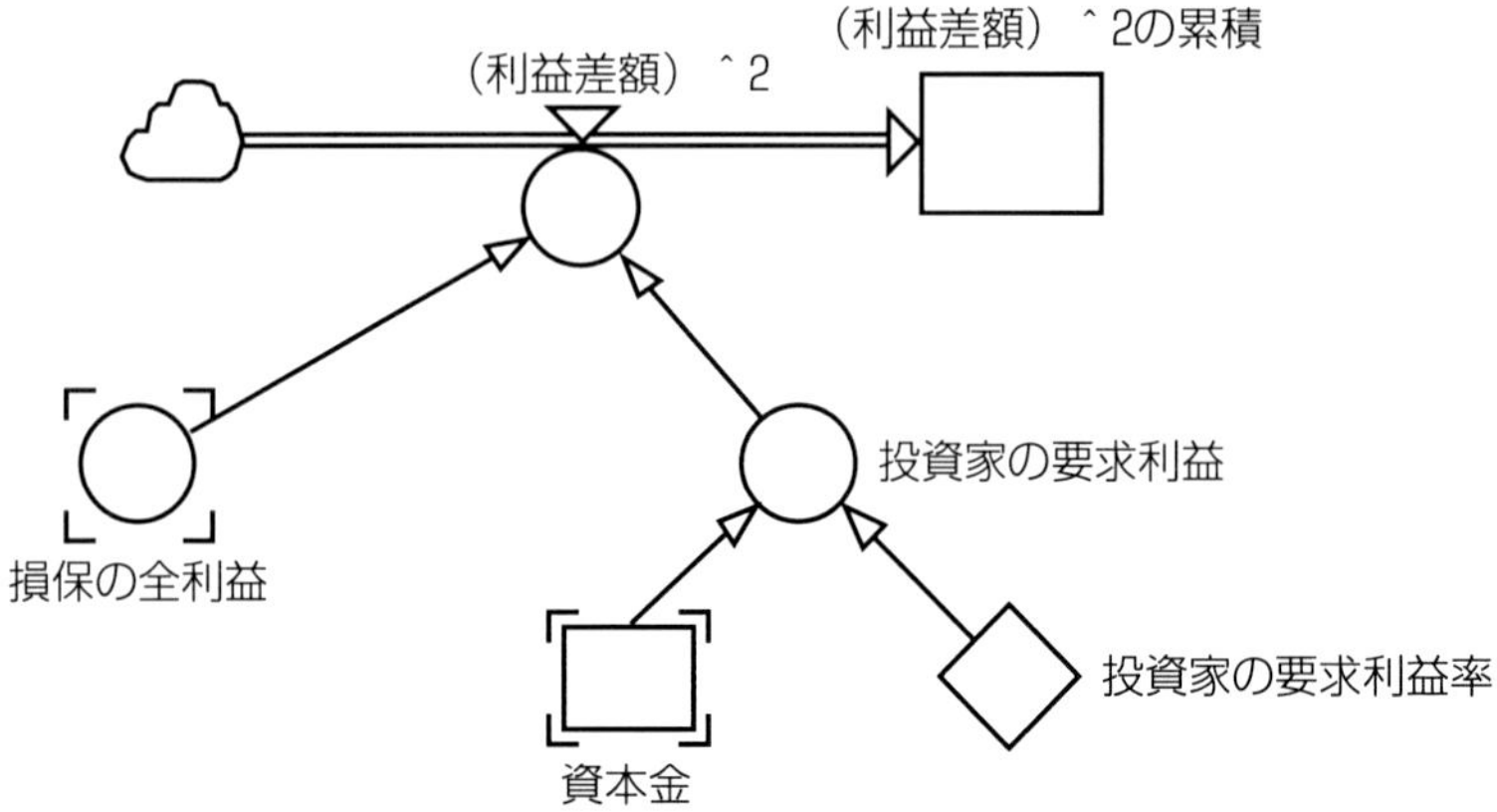

（2）　資本金の決定

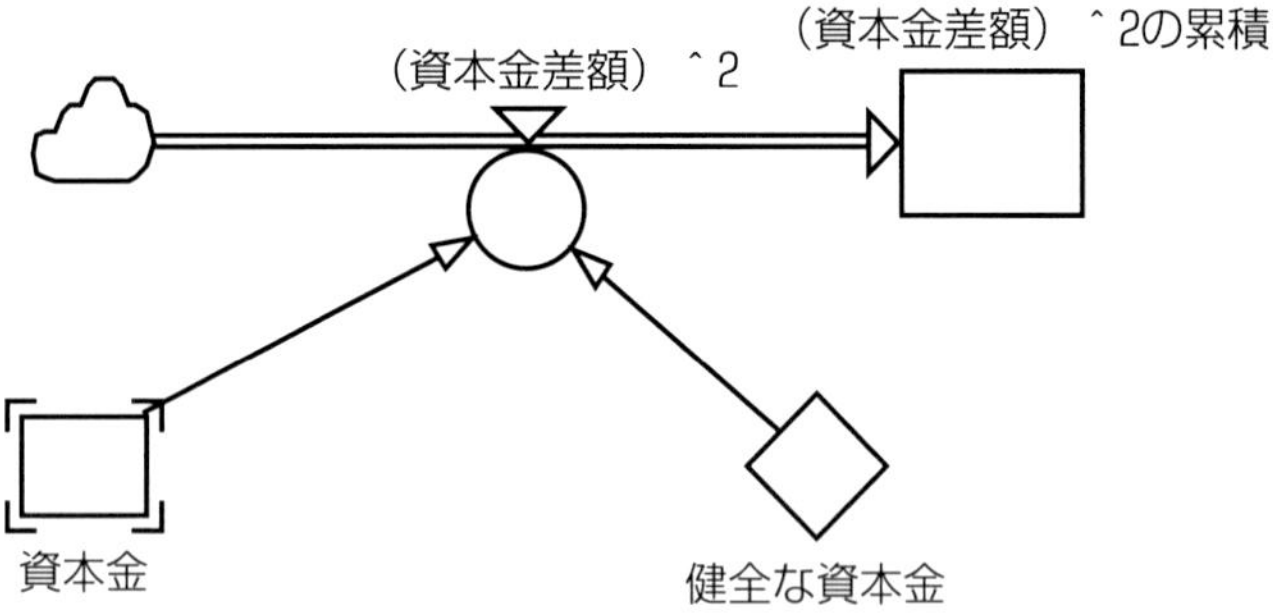

図表7－4　要求利益率と健全な資本金が損保に及ぼす影響

	要求利益率４％	要求利益率５％	要求利益率６％
健全な資本金	0.25	0.27	0.30
100	(1.00)	(1.00)	(1.00)
健全な資本金	0.21	0.21	0.21
120	(0.91)	(0.91)	(0.91)
健全な資本金	0.20	0.20	0.20
150	(0.81)	(0.81)	(0.81)

（注）上段はグローバル化，下段は配当率を示す。

例えば投資家の要求利益率が４％、資本金が１００の場合、国内損保利益率の期待値が３％、海外損保利益率の期待値が６％であるので、投資家の要求利益率である４％を達成するためにはグローバル化を進めなければならない。それでも外部が要求する健全な資本金が初期資本金と同じ１００であれば、新たに繰り入れる必要がない。それゆえ、最適なグローバル化は０・25、配当率は１・00となる。

資本金を１００のままで投資家の要求利益率だけが５％に上がると、最適なグローバル化は０・27となり、上昇している。言うまでもなく高い要求利益率が求められれば、海外損保の割合を高めなければならない。同様に投資家の要求利益率が６％になれば、最適なグローバル化は０・30と拡大する。

図表7－5は健全な資本金１００、１２０、１５０に分けながら、投資家の要求利益率４％、５％、６％から生じる最適なグローバル化の動きを描いたものである。これを見るとわかるように、資本金１００のケースでは、投資家の要求利益率が高まれば最適なグローバル化も上昇することが確認できる。

図表７－５　損保のグローバル化と要求利益率の関係

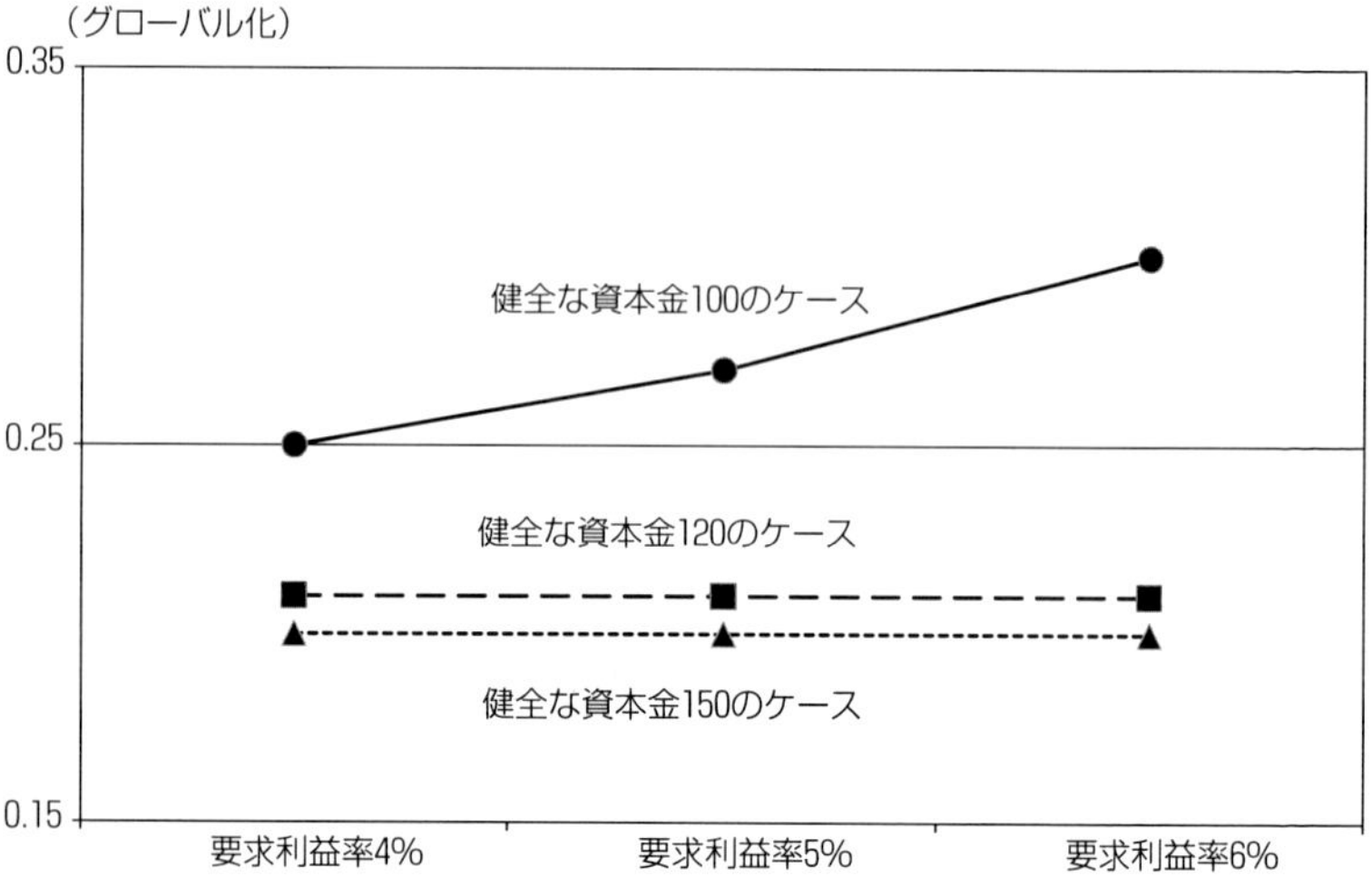

だが、健全な資本金が１２０、そして１５０と上昇すれば、投資家の要求利益率をつなぐ曲線は下方にシフトしていく。すなわち、外部から要求される健全な資本金が高まれば、損保のグローバル化は押さえ込まれることになる。初期資本金が１００である限り、資本金を積み増さなければならないので配当率を下げ、繰入金を拡大しなければならない。

その場合、海外損保利益率の期待値は高いが、標準偏差も高く、しかも下限の損失も大きい。そのためグローバル化の推進は、健全な資本金を達成する可能性をむしろ引き下げる恐れが生じる。それゆえ外部から健全な資本金を拡大させる要求が強まれば、海外事業よりも国内事業にウエイトを置くことになる。

第3節　グローバル化のメリット

今日の損保は外国法人株主比率が上昇している。国内株主に比較して、外国法人株主は利益を追求する姿勢が強い。損保の経営は人口減少と少子高齢化に直面した国内業務に限界を感じ、海外業務にウエイトを徐々に移し始めている。これにより高いＲＯＥが得られると考えられている。

それに対して国際的保険資本規制が強まる傾向にある。損保のグローバル化が進む状況の下で経営危機に陥った場合、世界経済に及ぼすダメージは計り知れない。最悪の事態を回避するため保険会社の資本規制が打ち出されている。このことはグローバル化の動きを抑える方向に作用するであろう。

こうして国内のマクロ経済環境が好転しない状況の下で、損保のグローバル化は外国法人株主比率の上昇がアクセルとなり、国際的保険資本規制が一種のブレーキの役割を果たしながら着実な動きを見せていると言える。

グローバル化は全体の利益を着実に拡大させる原動力となる。だが、そのほかにも損保経営にとってさまざまなメリットをもたらす。その１つとして国内業務と海外業務の分散化効果があげられる。国内業務だけに専念するよりも海外業務も展開することで、損保が抱えるリスクを引き下げることが可能となる。再保険の利用からもリスクの分散化を試みているが、グローバル化のほうが総合的に見て有効な手段であろう。

また、海外損保の買収により国内で学べない有効な資産運用の手法も得ることができる。今日の損保は資産運用から得られる収益が重要な支えとなっている。本体の保障業務が赤字であれば、資産運用の位置づけはなおさら無視できない。そのため高い運用成果を達成するためにも、海外損保の買収を通じて高度な資産運用の手法を学ぶ必要がある。

同様に海外損保の経営陣との交流も損保本体の活性化につながる。従来の日本流の経営とは異なる手法による展開は、経営に活力を与えるであろう。さらに人材育成プログラムを通じた国内損保と海外損保の従業員との交流も新たな経営を生み出す。こうしたメリットも損保のグローバル化を促す要因として無視できないと思われる。

付録7－1　損保のグローバル化と経営メカニズムの方程式

	名前	単位	定義
【基本モデル】			
□	資本金	JPY	初期資本金
□	(利益差額)＾2の累積	JPY^2	0<<JPY ＊ JPY>>
□	(資本金差額)＾2の累積	JPY^2	0<<JPY ＊ JPY>>
	(利益差額)＾2	JPY^2/year	(損保の全利益－投資家の要求利益) ^2/TIMESTEP
	(資本金差額)＾2	JPY^2/year	(資本金－健全な資本金) ^2/TIMESTEP
	繰入金	JPY/year	損保の全利益/TIMESTEP ＊繰入率
○	国内損保利益	JPY	(1－グローバル化)＊国内損保利益率＊資本金
○	投資家の要求利益	JPY	資本金＊投資家の要求利益率
○	損保の全利益	JPY	(国内損保利益＋海外損保利益)
○	海外損保利益	JPY	グローバル化＊海外損保利益率＊資本金
○	配当金	JPY	損保の全利益＊配当率
◆	グローバル化		0.5
◆	健全な資本金	JPY	100<<JPY>>　120<<JPY>>　150<<JPY>>
◆	初期資本金	JPY	100<<JPY>>
◆	国内損保利益率	%	3<<%>>
◆	投資家の要求利益率	%	5<<%>>
◆	海外損保利益率	%	6<<%>>
◆	繰入率		1－配当率
◆	配当率		0.5
【不確実性下の最適モデル】			
◆	国内損保利益率		Truncated Normal 期待値3.00<<%>> 標準偏差3.00<<%>>
			下限　▲3.00<<%>>　上限　4.00<<%>>
◆	海外損保利益率		Truncated Normal 期待値6.00<<%>> 標準偏差6.00<<%>>
			下限　▲20.00<<%>>　上限　7.00<<%>>

おわりに

金利の上昇から十分な利鞘が確保できれば、金融機関の経営は安定化するだろう。だが、長期にわたって異常なまでの低金利が続く限り、わが国の金融機関はいずれ疲弊してしまう。これでは十分な資金が円滑に流れなくなり、経済活動は停滞するどころか不幸なことに縮小化に向かっていく。

日本経済がマイナス成長に陥らないためにも金融機関が受ける副作用を緩和する必要がある。そのためには異次元緩和策の出口を見つけ出さなければならない。日銀自身もそのことを十分に認識しているであろう。

ところが、わが国の消費者物価上昇率はマイナスの領域から離脱したものの、依然として日銀目標の2％に到達できない状態が続いている。これでは出口に向かうのがなかなか難しく、金利の上昇は望めそうもない。

そもそも物価の動きを決定づける周囲の環境が過去と比べて大きく変貌したように感じられる。経済学のテキストに書かれているような単純なマクロ経済モデルでは説明できなくなっている。そのため、いくらマネタリーベースを引き上げても物価が上昇しにくいのが現状である。

今日のわが国の経済は新興国などから安い商品が入ってくるうえ、インターネットによる流通革命も販売コストを引き下げる有力な要因になっている。これでは人々の間にインフレ心理は醸成せず、逆にデフレ心理が根付いてしまう。しかも労働市場は新しいタイプの人々が参入し賃上げにつながらないため、インフレからますます遠のいている。

こうした環境の変化を踏まえれば、2％のインフレ目標の達成を目指す日銀の異次元緩和策はこれからも長期にわたって持続せざるを得ないと思われる。もちろん、インフレが誘発されない限り、金利の十分な上昇は期待できないであろう。

本来、金利は日銀による金融緩和策といった貨幣的な側面だけで決定づけられるものではない。経済活動という実物的な側面が確実な歩みを見せない限り、金利の上昇は望めない。バブル崩壊後の日本経済はかつてのような成長軌道を歩めないまま低迷状態を辿ってきた。失われた10年どころか、20年そして30年に突入している。この状況下では金利も低下傾向を歩まざるを得ないのもうなずける。

日本経済が活性化できない根本的な原因は、やはり人口減少と少子高齢化にある。この要因が日本経済に重くのしかかっているために低成長の状態が続いていると考えられる。とりわけ地方経済は都市部に比べて深刻である。実際、地域銀行の苦悩は単に低金利だけでなく、人口減少と少子高齢化といった要因も複雑に絡んでいる。

これら人口に関わる問題は厄介な問題であり、簡単に解決できるものではない。そう考えれば日本経済の成長は短期に達成するのは難しい。そのため金利の上昇は期待できず、現在のような低迷状態が続くことになる。それゆえ、金融機関が置かれた経営環境は依然として厳しい状態が続いていくと思われる。

もちろん、日銀が景気を活性化させながら異次元緩和策の出口を見つけ出すのが一番の得策である。だが、それが無理ならば、銀行も保険会社も自らが有効な解決策を見つけ出していかざるを得ない。金融機関が危機を脱出する常套手段は合併や統合である。これによりコストだけでなく収益性も高まっていく。

都銀や損保はすでにドラスティックな合併や統合を繰り返し、3メガバンクや3メガ損保に収束してきた。国内でのこれ以上の変化は難しいので、グローバル化が唯一の解決策と思われる。この場合は、国内業務から海外業務へウエイトを徐々に移していくことになる。生保は都銀や損保に比べれば、合併や統合といった再編の動きがかなり緩慢であるが、海外に向けた展開が今後も強められていくと予想される。

それに対して地銀や第二地銀といった地域銀行は、他の金融機関と違って海外にウエイトを置こうとしても限界がある。やはり地元経済を基盤に置かざるを得ない。その結果、今日のような困難な状況のもとでは地域銀行同士の再編しか好ましい選択肢はないように見える。オーバーバンキングと指摘されて久しいが、本来ならばもっと早い段階から再編の動きがあっても不思議ではなかった。

こうした金融機関による自発的な取り組みは絶対に必要であるが、それでも低水準に置かれた金利をある程度は是正しない限り、金融システムの不安定性が深刻な問題となって発生する恐れが高まる。金融機関のグローバル化や再編は時間がかかるため、その間に経営危機に直面する金融機関も現れるかもしれない。やはり、日銀による異次元緩和策の出口を見つけ出す努力は欠かせないであろう。

参考文献

有森　隆（２０１８）「スルガ銀行＜上＞「かぼちゃの馬車」への不正融資疑惑なぜ?」『日刊ゲンダイ』６月６日号

有森　隆（２０１８）「スルガ銀行＜下＞金融庁の森長官が「モデル銀行」と絶賛」『日刊ゲンダイ』６月７日号

石野広治（２００２）「わが国生保会社の90年代以降の資産運用動向」『生命保険経営』第70巻第６号

岩田規久男（２０１３）「「量的・質的金融緩和」のトランスミッション・メカニズム――「第一の矢」の考え方――」日本銀行『京都商工会議所における講演』

岩田規久男（２０１３）「「量的・質的金融緩和」の目的とその達成のメカニズム」日本銀行『中央大学経済研究所創立50周年記念公開講演会における講演』

岡田太志（２０１６）「保険業のドメスティック性とグローバル性」『保険学雑誌』第６３２号

河合美宏（２０１５）「国際保険資本規制の最近の動向」『共済と保険』第57巻第10号

木下孝治（２０１６）「国際保険監督規制の現状と課題」『保険学雑誌』第６３２号

金融庁（２００３）「リレーションシップバンキングの機能強化に向けて」

金融庁（２００３）「リレーションシップバンキングの機能強化に関するアクションプログラム――中小・地域金融機関の不良債権問題の解決に向けた中小企業金融の再生と持続可能性（サステナビリティー）の確保」

金融庁（２００５）「地域密着型金融の機能強化の推進に関するアクションプログラム」

金融庁（２０１６）「平成28事務年度 金融行政方針」

金融庁（２０１６）「企業ヒアリング・アンケート調査の結果について」

金融庁（２０１７）「企業アンケート調査の結果」

金融庁（２０１８）「変革期における金融サービスの向上にむけて」『金融行政のこれまでの実践と今後の方針（平成30事務年度）』

金融庁（2018）「企業アンケート調査の結果」
黒田東彦（2017）「「量的・質的金融緩和」と経済理論」日本銀行『スイス・チューリッヒ大学における講演の邦訳』
小藤康夫（2005）『金融行政の大転換』八千代出版
小藤康夫（2006）『金融コングロマリット化と地域金融機関』八千代出版
小藤康夫（2009）『中小企業金融の新展開』税務経理協会
小藤康夫（2014）『生保金融の長期分析』八千代出版
小藤康夫（2016）『日本の保険市場』八千代出版
齊藤壽彦（2016）「日本銀行のマイナス金利政策とその影響―副作用を中心として―」『千葉商大論叢』第54巻第1号
齋藤雅士・法眼吉彦（2014）「日本銀行の国債買入れに伴うポートフォリオ・リバランス：銀行貸出と証券投資フローのデータを用いた実証分析」日本銀行『Reports and Research Papers』
齋藤雅士・法眼吉彦・西口周作（2014）「日本銀行の国債買入れに伴うポートフォリオ・リバランス：資金循環統計を用いた事実整理」日本銀行『日銀レビュー』
産経新聞「スルガ銀　ずさん融資問題――金融庁、「高収益」と絶賛　監督姿勢に疑問符」『産経新聞』2018年5月15日
塩路悦朗（2015）「ゼロ金利下における信用創造」『ワーキングペーパー』
鈴木衆吾（2016）「損害保険業のグローバル化への対応と課題」『保険学雑誌』第632号
鈴木智弘（2015）「わが国損害保険会社の国際化――新たな成長とリスク管理の観点から――」『保険学雑誌』第629号
損害保険事業総合研究所編（2015）『保険ERM経営の理論と実践』金融財政事情研究会
中島将隆（2017）「非伝統的金融政策と国債金利の低下について」『証券経済研究』第97号
中浜　隆（2016）「保険業をめぐるグローバリゼーションの背景と動向『保険学雑誌』第632号

野口直秀（２０１６）「生命保険業のグローバル化への対応と課題」『保険学雑誌』第６３２号
深沢道広（２０１８）「金融庁の優等生、スルガ銀行の転落――シェアハウス不正融資疑惑で特別検査」『ＷＥＢＲＯＮＺＡ』
松本憲洋（２０１０）『簡易マニュアル　Powersim Studio』ＰＯＳＹ社
山口範大（２０１６）「非伝統的金融政策と本邦生保会社の資産運用」『生命保険経営』第84巻第5号
渡辺哲也（２０１８）「何のための銀行か――スルガ銀行の不正で露呈した地銀の安易な不動産融資」『産経新聞』11月12日号
Markus K. Brunnermeier and Yann Koby (2017), "The Reversal Interest Rate: An Effective Lower Bound on Monetary Policy," mimeo
Markus K. Brunnermeier and Yann Koby (2018), "The Reversal Interest Rate," *Discussion Paper*

資　料

財務省『過去の金利情報』ホームページ
生命保険協会『生命保険事業概況』ホームページ
全国銀行協会『全国銀行財務諸表分析』ホームページ
東洋経済新報社『大株主総覧』
東洋経済新報社『会社四季報』
日本損害保険協会『損害保険会社の決算概況』ホームページ

出　典

本書は過去に発表した論文に基づきながらまとめられている。それぞれの章ごとに論文の出典を示すと、次のようになる。

第1章「日銀の異次元緩和策の副作用」『専修ビジネス・レビュー』14巻1号　2019年1月
第2章「日銀の異次元緩和策と銀行経営」書き下ろし
第3章「日銀の異次元緩和策と地域銀行の実態」書き下ろし
第4章「日銀の異次元緩和策と生保予定利率引き下げの影響」『専修商学論集』105号　2017年7月
第5章「金融庁が求める生保と地銀の適正な関係」『専修商学論集』107号　2018年7月
第6章「損保会社の収益構造と最適配当政策」『社会イノベーション研究』第12巻第1号　2017年2月
第7章「損保のグローバル化を促す諸要因」書き下ろし

マ

ヤ

ラ

ワ

サ

タ

ナ

ハ

索　引

A－Z

ア

カ

《著者紹介》

小藤康夫（こふじ・やすお）

1953年10月　東京に生まれる。
1981年３月　一橋大学大学院商学研究科博士課程修了
現　　　在　専修大学商学部教授　商学博士（一橋大学）

《主な著書》

『マクロ経済と財政金融政策』白桃書房　1989年
『生命保険の発展と金融』白桃書房　1991年
『生保金融と配当政策』白桃書房　1997年
『生保の財務力と危機対応制度』白桃書房　1999年
『生命保険が危ない』世界書院　2000年
『日本の銀行行動』八千代出版　2001年
『生保危機の本質』東洋経済新報社　2001年
『生保危機を超えて』白桃書房　2003年
『金融行政の大転換』八千代出版　2005年
『金融コングロマリット化と地域金融機関』八千代出版　2006年
『中小企業金融の新展開』税務経理協会　2009年
『大学経営の本質と財務分析』八千代出版　2009年
『決算から見た生保業界の変貌』税務経理協会　2009年
『世界経済危機下の資産運用行動』税務経理協会　2011年
『米国に学ぶ私立大学の経営システムと資産運用』八千代出版　2013年
『生保金融の長期分析』八千代出版　2014年
『日本の保険市場』八千代出版　2016年
『生保会社の経営課題』税務経理協会　2018年

（検印省略）

2019年３月25日　初版発行　　　　略称―金融システム

日本の金融システム
―日銀の異次元緩和策を越えて―

著　者　小 藤 康 夫
発行者　塚 田 尚 寛

発行所　東京都文京区 春日2-13-1　株式会社　創 成 社

電　話　03（3868）3867　　FAX　03（5802）6802
出版部　03（3868）3857　　FAX　03（5802）6801
http://www.books-sosei.com　振　替　00150-9-191261

定価はカバーに表示してあります。

ISBN978-4-7944-3197-4 C3033
Printed in Japan

組版：亜細亜印刷　　印刷：亜細亜印刷
製本：宮製本所
落丁・乱丁本はお取り替えいたします。